Torsten Johannknecht
Die Welt von oben



GOLDMANN
Lesen erleben

»Als ich 1978 geboren wurde, war ich 52 Zentimeter groß. Mittlerweile sind es 205. Das war früher nicht immer leicht – und bereitet mir auch heute noch hin und wieder Kopfschmerzen.

Aufgewachsen bin ich im wunderschönen Wiedenbrück. Da bei Bielefeld. Ost-Westfalen. Nach dem Zivildienst zog es mich zum Studieren in die große weite Welt, an die Deutsche Sporthochschule Köln. Reiten, Schwimmen, Lesen. Irgendwann kam dann auch noch Schreiben dazu, sodass ich langsam einen Fuß in die Berufswelt setzte. Angefangen hatte alles bei Eurosport in München, später dann RTL in Köln. In Berlin, das liegt südwestlich der Uckermark, versuchte ich mich bei der *Bild* und aktuell beim Online-Reise-Magazin *Travelbook*. Schreiben und Reisen füllen meinen Berufsalltag. September 2014 dann die siebenmonatige Weltreise: Kolumbien, Peru, Bolivien, Argentinien, Chile, Neuseeland, Australien, Fidschi, Hongkong, Indonesien, Thailand.«

Torsten Johannknecht

Torsten Johannknecht, 205 cm

# Die Welt von oben

## 3 Kontinente, 7 Monate und jede Menge Abenteuer in Schuhgröße 52

GOLDMANN

Originalausgabe

Sollte diese Publikation Links auf Webseiten Dritter enthalten, so übernehmen wir für deren Inhalte keine Haftung, da wir uns diese nicht zu eigen machen, sondern lediglich auf deren Stand zum Zeitpunkt der Erstveröffentlichung verweisen.

Dieses Buch ist auch als E-Book erhältlich.

Die Erzählungen beruhen manchmal ein bisschen auf wahren Begebenheiten. Die meisten Personen wurden zum Schutz der Privatsphäre entfremdet. Ebenfalls kann nicht komplett ausgeschlossen werden, dass auch Handlungen, Charaktere und Dialoge einer Fantasie entsprungen sind.

Bildnachweis:
iStockphoto: Echse ab S. 13 (MrsWilkins), Farn S. 155 (StudioBarcelona), Kiwi ab S. 155 (debela)
shutterstock: Winkekatze ab S. 249: (iconim)

MIX
Papier aus verantwortungsvollen Quellen
FSC® C083411
FSC www.fsc.org

Verlagsgruppe Random House FSC® N001967

1. Auflage
Originalausgabe Juni 2018

Umschlaggestaltung: UNO Werbeagentur, München,
unter Verwendung eines Fotos von © Torsten Johannknecht
Lektorat: Doreen Fröhlich
DF · Herstellung: kw
Satz: Uhl + Massopust, Aalen
Druck und Einband: CPI books GmbH, Leck
Printed in Germany
978-3-442-15949-9
www.goldmann-verlag.de

Besuchen Sie den Goldmann Verlag im Netz:

# Inhaltsverzeichnis

# Vorwort

Ich hab schon mal ein Buch gekauft, also kann ich auch eins schreiben. Das ist in etwa so schlau wie: Ich hab schon mal ein Glas Wasser getrunken, also kann ich auch schwimmen. Das mit dem Schwimmen hab ich irgendwann hinbekommen. Jetzt das Buch.

Ein bisschen ist das wie mit einer Bar. Jeder (Kerl) will irgendwann in seinem Leben mal eine Bar eröffnen – klingt ja auch wirklich verlockend. Ich wollte zudem immer schon mal ein Buch schreiben. Bar oder Buch – beides ein Traum. Das mit der Bar hat sich bislang noch nicht ergeben, das mit dem Buch, offensichtlich, schon.

Während Bärbel und ich also in der Weltgeschichte unterwegs waren, kam mir der Gedanke: Gerade passiert so viel Außergewöhnliches, wenn nicht jetzt ein Buch schreiben, wann dann? Einfacher fallen mir die Geschichten nicht in den Schoß. Knapp sieben Monate am Stück rumreisen, dazu Bärbel an meiner Seite – das Erlebte reicht locker, um damit ein paar Seiten zu füllen. Außerdem findet Bärbel die Idee von einer Bar nicht soooooo prickelnd. Von wegen keine Erfahrung und so ’n Zeug. Sehe ich natürlich komplett anders. Schließlich bin ich schon mal aus einer Bar rausgeflogen, also kann ich auch eine eröffnen.

Ok, das nötige Kleingeld fehlt vielleicht noch. Das ist das Gute an diesem Buch. Das ist für mich nicht ganz so teuer wie 'ne Bar – von den Reisekosten mal abgesehen. Also steht fest: Ich schreib jetzt ein Buch! Über das Reisen. Mit allen Hindernissen – wie zum Beispiel meine Körperlänge. Denn mit meinen 205 Zentimetern Körperlänge ecke ich doch an einigen Dingen und bei einigen Menschen an.

Ich habe beispielsweise eine tiefe Abneigung gegenüber Busfahrten. Diese engen Sitzplätze, grässlich. Im Flieger passe ich eigentlich nur an den Notausgang. Oder in die First Class, hab ich mal gehört. Probiert hab ich's noch nie. Taxifahren ist Glückssache, kommt aufs Auto an. Bootfahren kann auch richtig ekelhaft sein. Dieses Buch handelt also von einem 205 Zentimeter großen Menschen, der in die große weite Welt loszieht. Frauen-Wrestling in Bolivien, »Assi« im Nachtbus, die Hai-Attacke. Natur, Tiere, Begegnungen, Orte – und als ob das allein nicht reichen würde, ist Bärbel ja auch mit dabei.

Menschen mit noch mehr Ahnung vom Bücherschreiben als ich (*räusper*) sagten mir, eine Frage solle ich mir selbst beantworten, bevor ich hastig in die Tasten haue: Was möchte ich mit diesem Werk erreichen? Hmm, gute Frage. Eigentlich das Gleiche wie mit einer Bar: Ich möchte Menschen unterhalten, vielleicht sogar einen Augenblick lang glücklich machen. Sie für einen Moment aus dem Alltag ziehen. Vielleicht wart ihr schon mal da, wo eine der Geschichten passiert. Oder wollt da hin. Vielleicht schmunzelt einer von euch, vielleicht weckt das Werk Sehnsucht. Vielleicht passiert auch nix. Dann könnt ihr immer noch in 'ne Bar gehen.

Ich fänd's toll, wenn Menschen das Buch zuklappen (natürlich erst, nachdem sie es *ganz* gelesen haben) und plötzlich rauswollen. Aus dem Alltag. Aus der Wohnung. Der Stadt. Mal einen Urlaub machen. Eine Reise. Egal, ob ein verlängertes Wochenende in der Uckermark oder vierzehn Jahre durch die Mongolei – ich würde mir wünschen, dass dieses Buch anregt, die eigene Komfortzone zu verlassen. Menschen und Völker kennenlernen. Fremdes Zeug essen, Tiere und Natur bestaunen. Magische Momente gibt's nicht allzu oft auf der eigenen Couch (ok, hin und wieder natürlich schon …). Es muss nicht gleich die Mongolei, Patagonien oder Neuseeland sein. Deutschland ist auch schön. Die Uckermark, die Eifel, das Allgäu, die Alpen, die Mecklenburger Seenplatte, der Müggelsee. Wiedenbrück! Warum denn nicht?!

Bevor Bärbel und ich aufgebrochen sind, haben wir uns Gedanken gemacht, was denn das »Besondere« an diesem Trip sei. Nicht bloß einfach eine Weltreise machen, sondern dem Ganzen einen eigenen »Touch« verpassen. Nach dem Motto: Wir essen nur aus mundgeblasenen Tellern. Wir nehmen überall ein Nilpferd mit hin und nennen es Norbert. Oder Nils. Wir machen von jedem Klo, das wir benutzt haben, Vorher-Nachher-Fotos. Mit einer solch duften Note würde die Reise sicherlich zu etwas ganz Besonderem werden.

Resultat: Wir haben unser Essen nicht vorher fotografiert, sodass es die ganze Welt sehen kann. Wir haben nicht immer und immer wieder dieselbe Pose auf unseren Fotos nachgestellt. Wir haben nicht versucht, mit nur zwei Euro am Tag auszukommen. Wir haben uns vorher keine Fahrräder gekauft, die Hinterräder abgeschraubt und sind damit durch die Sahara gefahren. Es war kein Selbstfindungstrip, auch kein Ausstieg. Auf all das hatten wir keinen Bock. Wir wollten eine stinknormale Weltreise machen. Eigentlich.

Dann aber kamen meine 205 Zentimeter ins Spiel. Mit meiner Körperlänge habe ich ungewollt in manchen Teilen der Welt ordentlich Aufsehen erregt – und bin mehrfach an meine Grenzen gestoßen. Auch im wahrsten und schmerzhaften Sinne. Denn die Welt ist nicht gemacht für Riesen mit einer Bärbel an ihrer Seite. Oder doch? »Fang doch einfach mal an zu schreiben«, hat sie gesagt. Recht hat sie.

Jetzt also mein Sprung ins kalte Wasser. Das Buch. Wenn's richtig gut läuft, mach ich später vielleicht 'ne Bar auf Bali auf. Und schreib dann ein Buch drüber.

# Südamerika

## Niederknien vor Jesus und Maria

*(San Andres, Kolumbien)*

Unbeschwertes Reisen – nee, das wäre zu einfach. Wer mag schon einfach? Deshalb ist Reisen für Riesen wie mich mit meinen 205 Zentimetern Körpergröße, 105 Kilogramm und Schuhgröße 52 auch immer etwas Besonderes. Da wäre zum Beispiel der chronische Platzmangel. Fahrrad, Auto, Bahn, Flieger – sind mir meistens zu klein. Oder zu eng. So schön der Amazonas oder die Karibik ja auch sein mögen, sie sind verdammt weit weg. Und zehn oder mehr Stunden im Flugzeug oder Bus – das will bei meiner Körperlänge gut organisiert sein. Die normale Sitzplatzauswahl »am Gang oder lieber am Fenster« kann ich nur belächeln, ist für mich keine Option. In Tokio habe ich während der Rushhour mehr Platz in der U-Bahn als im Flieger am Fenster. Daher kann ich mich meistens erst vor Ort wirklich für das Urlaubsziel begeistern, denn meine Vorfreude ist gern getrübt von der Ungewissheit der Anreise. Na, dann mal herzlichen Glückwunsch zu der Entscheidung, eine Weltreise zu machen.

Flughafen Frankfurt. Der Start in das größte Abenteuer, das ich mir selbst bislang eingebrockt habe. Ich stehe am Check-in-Schalter. Der Ort, an dem ich versuche, das Schicksal meiner drei direkt vor mir liegenden Flüge zu beeinflussen. Denn ich möchte natürlich auf keinen Fall in einer der bei mir eher unbeliebten Sitzplatz-Pressen landen. Deswegen habe ich extra Notausgangsplätze gebucht. Für alle drei Flüge, bis zur Ankunft in Bogotá. So ein Platz kostet zwar einen Aufpreis, ist aber schlicht unabdingbar. Die Reservierung im Vorfeld inklusive Bezahlung heißt aber noch lange nicht, dass ich auch wirklich an einem der Notausgangsplätze sitze. Sogar, wenn ich beim Einchecken am Flughafen dem netten, hin und wieder gerne mal inkompetenten Bodenpersonal freundlich mitteile, dass ich bitte am Notausgang sitzen möchte, zum einen, weil ich muss, zum anderen, weil ich dafür bezahlt habe, ja sogar dann ist es schon vorgekommen, dass ich im Flieger in der mittleren Viererreihe den zweiten Sitz von rechts bekomme. Oder von links. Ein tolles Gefühl, wenn meine Nachbarn mich mitleidig angrinsen. Nicht! Es tut mir dann immer leid für das Bordpersonal, wenn ich denen mitteile, dass ich leider nicht die nächsten Stunden da sitzen bleiben kann, wo ich gerade hingepfercht wurde. Die müssen den Bockmist ausbaden, den ihnen die Bodencrew eingebrockt hat.

Unangenehm ist es mir schon, wenn dann ein Paar, das es sich gerade am Notausgang gemütlich gemacht hat, auseinandergerissen wird, weil einer von beiden in den rechten Mittelsitz der Viererreihe muss. Oder den linken. Geht aber nicht anders. Schöner wäre es natürlich, wenn ich einfach direkt in die First Class gesetzt werde. Ist aber noch nie passiert. Komisch. Nur bis in die Upper Economy Class hab ich es einmal geschafft. Das ist noch keine Business Class, aber immerhin Beinfreiheit und Porzellangeschirr beim Essen. Für mich die gefühlte First Class.

Kein Wunder also, dass ich mir hier beim Check-in in

Frankfurt den einen oder anderen Gedanken mache, ob und wie ich wohl in Bogotá ankommen werde. Denn ich gebe der Fluggesellschaft in London und Sao Paulo zwei Mal beim Umsteigen die Möglichkeit, mich wieder auf einen der Foltersitze zu klemmen. Trotz Notausgangsreservierung. Jedes Mal Unbehagen beim Betreten des Fliegers: Welcher Platz ist es dieses Mal? Nervt.

Die Dame am Check-in hat aber gecheckt, dass ich auf einen Notausgangsplatz gehöre. Mein persönlicher Jackpot. Frankfurt – London, London – Sao Paulo, Sao Paulo – Bogotá. Ein einziger Notausgangstraum. Also lande ich – Überraschung – halbwegs entspannt in Kolumbien. Allein, wohlgemerkt, Bärbel kommt erst in sechs Wochen nach. Sie muss noch ein bisschen arbeiten. Sechs Wochen. Für uns beide ein kleiner Albtraum. Denn sie hat sich nicht nur intensiv auf diese Reise gefreut, sie ist auch sonst so voller Energie, dass sie kaum weiß, wohin damit. Auf dieser Reise hat sie sich vorgenommen, mal richtig Gas zu geben. Sie will alles machen, erleben, unternehmen, sehen, bereisen, kennenlernen, probieren – dass sie sechs Wochen länger warten muss als ich ist nicht einfach für sie. Und ihre Energie. Hilft aber nix, sie muss arbeiten. Somit bin ich jetzt erst mal alleine unterwegs. Bin ich ja nicht so Fan von.

Allein-Reisen. Was soll das? Macht doch keinen Spaß. Was sollen da die anderen Leute denken? Dass der Riese keine Freunde hat? Ein Alleinreisender ist doch ständig einsam – und mit wem bitte teilt er tolle Momente oder macht Sightseeing? Neee, das ist nix für mich. Das zumindest glaubte ich zu Beginn der Reise – und sollte sich ändern. So weit, so uninteressant. Jetzt geht der Spaß aber mal los:

Am Flughafen von Bogotá gibt's für mich einen traumhaften Start in die Weltreise. Dort wartet ein stark befreundetes Pärchen aus Deutschland auf mich. Sharon und Georg – genannt Schorsch – verbringen ihren Jahresurlaub rein zufällig in Kolumbien. Trifft sich gut. So bin ich zumindest die ersten Tage nicht einsam. Ich freu mich riesig, dass Sharon und Schorsch mich abholen und mir somit den Start in die Reise vereinfachen. Schon von Weitem erblicke ich die beiden – und weil sie bereits ein paar Tage hier sind, haben sie diesen leichten Urlaubsteint im Gesicht. Herrlich. Aber warum tragen beide so dicke Jacken? Ist wohl was frisch hier im September in Bogotá. Viel wichtiger: Schorsch hat ein paar Getränke im Arm.

»Ist das toll, dass ihr da seid!«, begrüße ich überschwänglich die Bierdosen.

»Spacko!« Schorsch grinst, nimmt mich einarmig in den Arm, Sharon umschlingt uns beide. Berauschende Begrüßung in Bogotá. Bravo!

»Man, seht ihr schon erholt aus. Wie gefällt euch Bogotá?«, will ich von ihnen wissen.

»Na ja, das Wetter spielt halt nicht immer mit. Ist manchmal ganz schön kalt. Wenn die Sonne scheint, geht's. Ansonsten aber ist die Stadt recht trist, irgendwie komisch. Die Leute auch, so unpersönlich. Aber jetzt bist du ja da«, sagt Sharon. Genau. Jetzt ändert sich *alles*. Aber Moment mal, das hier ist eine Weltreise für mich – sollte da nicht alles immer abgefahren krass sein? Die Schilderung klingt jetzt eher durchschnittlich.

»Großstadt eben«, haut Schorsch noch raus, öffnet mit einem zischenden »Tschschschipp« das erste Bier und sagt: »Aaahhh. Musik in meinen Ohren.« Na dann – mögen die Abenteuer beginnen!

Bogotá, Playa Blanca, Salzkathedrale in Zipaquirá, Cartagena im Norden Kolumbiens. Alles nett. Alles gut. Tut keinem was. Besonders die wirklich beeindruckende Altstadt von Cartagena nicht. Sharon, Schorsch und ich machen Kolumbien unsicher. Ok, das haben schon genug Leute vor uns gemacht. Wir reisen einfach ein bisschen – aber so richtig aufgetaut sind die Kolumbianer wirklich nicht. Vielleicht auch, weil wir zu dritt nicht den besten persönlichen Kontakt zu ihnen aufbauen. Besonders in den Städten sind die Menschen manchmal sehr direkt. Mitten auf der Straße in Bogotá spricht mich eine Horde von Schulkindern an, erst auf Spanisch, dann wegen meiner Unkenntnisse in Zeichensprache. Sie fragen, ob sie ein Foto mit mir machen können. Aha. Wollen die mich verscheißern? Ich gucke ein bisschen sparsam aus der Wäsche, bin mir nicht sicher, ob ich die Jungs und Mädels richtig verstanden habe. Sharon und Schorsch stehen abseits, grinsen hämisch. Die Kinderhorde nimmt schließlich den Riesen mit dem Fragezeichen auf der Stirn einfach in ihre Mitte und lächelt in die Kamera. Anschließend fragen sie mich nach »Basket«. Immerhin: Das verstehe ich. Ich nicke freundlich und strecke meinen Daumen in die Luft. Ja, ich spiele Basketball, zwar nicht so gut, wie alle immer meinen, aber ich überweise den Vereinsbeitrag. Die Blagen lachen sich einen ab, sagen freundlich »Danke« und verschwinden. Das ist mir so auch noch nicht passiert.

Die meisten Einheimischen kennen in solchen Situationen offensichtlich keine Scheu. Fünf, sechs Mal muss ich allen Ernstes wegen meiner Größe für Fotos posieren, einmal sogar ein Autogramm geben. Stets waren die Leute freundlich und höflich, trotzdem finde ich es etwas kurios. Solche Sachen passieren mir in den größeren Städten; außerhalb, aufm Land, sind die Kolumbianer anders drauf. Ihr Hobby dort: Fleisch. Da wird gerne mal der Grill angeworfen, und die Menschen versammeln sich dann um die zum Teil riesigen Spieße, um sie mit allen zu teilen. Sie wirken nicht so befremdlich wie in der Stadt. Hier will auch keiner Fotos mit dem komischen Schlaks.

So, jetzt aber mal genug von Metropolen und Landidylle. Sharon, Schorsch und ich wollen uns ein paar schöne Tage am Strand machen. Haben wir uns schließlich mehr als verdient. Stellt sich raus: Ist gar nicht so einfach. Die Karibik hier auf dem Festland haben wir uns anders vorgestellt. Da geht mehr. Logische Konsequenz: Wir müssen auf eine Insel. Gemeinsam fliegen wir nach San Andres – mitten hinein in die Karibik. Her mit dem Sonnenmilch-Salz-Sand-Mix auf der Haut.

Unser Appartement (»San Luis Village«) liegt direkt am Meer. Wo auch sonst? Der gesamte Komplex ist nicht sonderlich groß, aber die weißen Gebäude zusammen mit dem netten, grünen Garten und dem kleinen Pool, das macht schon Bock. Ein bisschen eben so, wie man sich das zu Hause in Deutschland vorgestellt hat, dieses »Karibik«.

Sonnenbrille, eincremen, Liegestuhl, Füße hoch, Hände hinterm Kopf verschränken. Jepp, das ist für mich jetzt erst mal mehr Urlaub als reisen. Fehlt eigentlich nur noch das Abenteuer. Aber das lässt nicht lange auf sich warten.

Sharons Plan: mal die Lage checken. Straße und Umgebung angucken, wo wohnen wir hier eigentlich genau? Ist San Luis ein Dorf? Vielleicht kann man hier was zu trinken kaufen. Gibt's einen Laden? Klingt stressig. Dann müsste ich ja aufstehen. Solange Bärbel nicht dabei ist, würde ich auch gerne meine Ruhe genießen. Schorsch spricht es aus: »Aufstehen? Jetzt? Näääää, vielleicht später. Vielleicht aber auch dann nicht.« Tschschschipp.

Sharon aber lässt nicht locker: »Was ist mit dir, Torsten? Los komm, hoch den Hintern. Wir machen auch nur 'nen kurzen Spaziergang. Dann kannste Bärbel erzählen, du hättest was unternommen.« Das ist natürlich nicht unclever, ein gutes Argument.

»Na gut. Ich finde übrigens, dass es ein gutes Zeichen für unseren Urlaub ist, wenn ein kleiner Spaziergang schon Stress macht«, stelle ich fest.

Sie schnappt sich ihren Fotoapparat, wir wollen los. Letzte Chance für Schorsch: »Komm schon. Gib dir 'nen Ruck! Willste nicht doch mit?« Sharon versucht alles.

»Schaff ich zeitlich grad nicht«, sagt er. Diese Entscheidung bereut er noch heute.

Also ziehen wir zu zweit um die Häuser. Um alle vier. Die Gegend hier ist auf den ersten Blick eher ruhig. »Schmeckt interessant« würde man beim Essen sagen. Kurz nach Mittag, die »Läden« geschlossen. Menschen trauen sich nicht wirklich auf die einzige Straße, die durchs Dorf führt. Die Sonne guckt nur hin und wieder hinter den dicken Wolken hervor, der Wind weht vehement. Es wirkt wie ausgestorben. Eine Art Kiosk ist geöffnet, da gibt's immerhin Wasser zu kaufen. Das wird aber nicht unser einziger aufregender Moment bleiben.

Recht ansehnlich ist natürlich der Strand. Der karibische Strand. Endlich! Wir schlendern am Meer zurück Richtung Appartement. Wie eben auf der Straße ist auch hier nix los. Keine Menschenseele unterwegs. Vielleicht macht Schorsch ja doch alles richtig? Das Wetter nicht wirklich karibisch – ich kann die Leute schon verstehen, dass sie gerade lieber Siesta machen. Logisch, dass dieser eine Mensch, der plötzlich wie aus dem Nichts auftaucht, auffällt. Der ist, seinen Klamotten und seinem Gang nach zu urteilen, nicht der Dorfpfarrer. Auch nicht der Juwelier. Eher der angesäuselte Landstreicher – was auf San Andres sicherlich nicht das schlechteste Leben ist! Trotzdem ist er uns auf den ersten Blick alles andere als geheuer. Strubbeliges Haar, wilder Bart, barfuß. Dafür mit entspannter Sonnenbrille. Sharon und ich bewegen uns möglichst unauffällig von ihm weg, versuchen Blickkontakt zu vermeiden. Wir wollen verhindern, dass er uns anspricht oder anbettelt. Zu dem Zeitpunkt können wir noch nicht ahnen, dass wir ihn in wenigen Minuten freiwillig mit Geld bewerfen.

Ich schaue also unauffällig aufs Meer hinaus, als Sharon hinter mir plötzlich einen schrillen Schrei ausstößt. Mir gefriert das Blut! Was hat der Typ gemacht, hat er sie gepackt, zerrt er sie in einen Kastenwagen ohne Fenster? Ich reiße den Kopf herum und sehe, wie er einen Leguan auf dem Arm hat, Sharon hüpfend danebensteht. »Ist der nicht toll?«, quiekt sie entzückt. Wo bitte kommt das Viech denn auf einmal her? Das hatte er eben doch noch nicht. Sharon lacht laut, strahlt übers ganze Gesicht. »Der Typ hat das Dings gerade aus seinem Hemd gezogen. Toll, oder?« Sie ist völlig von der Rolle.

»Was hat er?« Ich steh baff und überdurchschnittlich dämlich grad hier am Karibikstrand rum und kann nicht glauben, was abgeht. Wer hat denn bitte einen Leguan in seinem Hemd versteckt? Langsam gefällt mir der Fuzzi. Er fängt an, Spanisch mit uns zu sprechen. Ich versteh kein Wort, Sharon auch nicht. Anscheinend hat sie die gleichen beschränkten »Olla-kä-tall«-Kenntnisse wie ich. Trotzdem entsteht eine Art Gespräch.

Stellt sich raus, der Typ nennt sich selbst Jesus. Vielleicht heißt er ja sogar so. Ist immerhin kein seltener Name im lateinamerikanischen Raum. Aber muss er dann sein Viech ausgerechnet Maria nennen? Klar, wir können jetzt erzählen, wir haben Jesus und Maria in der Karibik am Strand getroffen – aber nach rein biblischer Betrachtungsweise ist das Abstammungsverhältnis der beiden mehr als fragwürdig.

Egal. Jesus findet, ich würde wegen meiner Größe, des Barts und den Haaren aussehen wie Jesus. Jetzt wird's verwirrend. War Jesus etwa so lang? Der Typ ist gut drauf – wo drauf auch immer. Er lacht viel, ist tierisch freundlich. Plötzlich nimmt er Maria und will sie mir in die Hand drücken. Oder auf den Arm legen. Halt. Stopp! Das geht zu weit. Ich kann doch nicht einen fremden Leguan anfassen oder sogar festhalten. Dann würde ja… Ich kann doch! Zack, hab ich das Monster auf dem Arm. Völlig unbeholfen – wir beide. Maria weiß nicht, wie ihr geschieht und ich auch nicht. Ich halte gerade einen echten Leguan auf dem Arm. Und die Show geht weiter. Jesus nimmt Maria wieder an sich und deutet immer wieder auf meinen Kopf. Weil er da oben aber nicht drankommt, ahne ich, dass er möchte, dass ich mich klein mache. Ich gehe also vor Jesus und Maria auf die Knie. Unbehagen. Maria wandert auf meinen Kopf. Oh Gott! Was, wenn sie runterfällt? Oder mir ins Haar kackt? Macht sie aber nicht. Sie krallt sich fest, bewegt sich nicht. Ich auch nicht. Alles ist gut. Wir lachen herzhaft. Alle vier.

Ich krieg das breite Grinsen nicht mehr aus dem Gesicht. Sharon schon gar nicht, der fließen schon die Tränen vor Lachen. Zum Glück macht sie unzählige Fotos – doch dann erwischt es auch sie. Erst weigert sie sich noch wie Bolle. Aber: keine Chance. Jesus setzt ihr Maria auf den Arm. Noch besser wird's, als auch sie den Leguan auf den Kopf bekommt. Hammer, was für ein Moment!

Anscheinend muss sich dann aber Maria von der ganzen Aufregung erst mal erholen. Jesus nimmt sie wieder an sich und setzt sie ins Wasser. Wahrscheinlich muss sie auch mal. Groß. Ganz friedlich plantscht sie in den Wellen rum, kommt brav zurück zum Strand, wo sie Jesus wieder in Empfang nimmt. Ein tolles Duo! Keine Frage – ich greif tief in die Tasche und gebe ihnen Geld. Sharon auch. »Quälst du das Tier auch nicht mit so einer Show?« Ich hole alles aus meiner Spanisch-App raus.

»Das Tier ist mein Freund. Ich hab ihn vor dem Tod bewahrt und wieder aufgepäppelt, würde alles für ihn tun. Er hat es sehr gut bei mir«, versichert mir Jesus. Glaub ich ihm. Eine wirklich gelungene und spontane Show hier am Strand. Der Typ freut sich über das Geld, nimmt es gerne an und verabschiedet sich freundlich. Toller Kautz!

Wie kleine Kinder, die den Eiswagen entdeckt haben, rennen wir zurück und wollen Schorsch von unserem Abenteuer berichten. Wir schnappen nach Luft, quasseln durcheinander, erzählen die Geschichte erst von hinten nach vorne, dann rückwärts und andersrum, beide gleichzeitig. Und Schorsch so: Tschschschipp. »Was? Euch hat Jesus auf den Kopf gekackt? Ich versteh kein Wort.« Mann, er ist aber auch megaschwer von Begriff. Erst als wir wieder Luft kriegen, können wir in Ruhe von unserem Abenteuer erzählen und zeigen die Fotos. Unsere Augen strahlen. Pure karibische Freude funkelt in unseren Gesichtern. Nicht so in Schorschs. Der ärgert sich. Warum noch mal ist er nicht mitgekommen?

Ein guter Start in der Karibik. Der Strand ist nur handgestoppte siebzehn Schritte von unserer Appartementtür entfernt, unser Programm einzigartig und nie dagewesen: Essen, Trinken, Alkohol, Meer, Magenvergiftung vom Tintenfisch, ein Besuch in der Stadt San Andres. Und wieder Essen, Trinken, Alkohol und Strand. Karibik eben. Ein bisschen vermisse ich Bärbel, finde es schade, dass sie bei unseren ersten Abenteuern nicht dabei sein kann. Immerhin hab ich ihr von Jesus und Maria erzählt, was ihre Vorfreude auf die Reise nur noch steigert. Zum Glück kann ich meine Erlebnisse in den ersten zwei Wochen mit meinen Freunden Sharon und Schorsch teilen. Ein emotional sanfter Start, von Einsamkeit keine Spur. Gefällt mir. Jesus Maria, jetzt fühle ich mich bereit für den Rest der Welt.

## *Auf einem Lkw-Reifen den Fluss runter*

*(Palomino, Kolumbien)*

Das soll ja ein ganz besonderer Ort sein. Dieses Palomino. Klingt fett. Schon bei der Weltreiseplanung damals in Deutschland hat mir eine Freundin diesen Ort an Kolumbiens Karibikküste ans Herz gelegt. Wegen des »Tubens«. Wegen was? Egal, erst mal checken, wo genau das Kaff liegt. Karibik klingt ja schon mal ganz gut, aber wenn ich ehrlich bin, ist Palomino nicht mal ansatzweise auch nur in der Nähe (m)einer Route.

Bärbel hockt in Deutschland, Sharon und Schorsch sind nach zwei Wochen Kolumbien-Urlaub auch wieder gesund in der Heimat angekommen. Meine Reise setze ich also allein fort. Allein. Hmm. Ein bisschen unwohl fühle ich mich schon dabei. Als ob man dem Hamster seine Käfigtür geöffnet hat. Das heißt aber noch lange nicht, dass er auch rausgeht. Oder rauswill. Manche Hamster machen die Tür auch wieder zu. Zu viel Freiheit kann auch anstrengend sein. Ich hingegen *muss* gerade allein reisen. Mir hat man also nicht nur die Tür geöffnet, sondern gleich den ganzen (schützenden) Käfig weggerissen. Das hat aber auch was Positives: Ich habe gar keine andere Wahl, kann mich nicht darüber ärgern, womöglich eine falsche Entscheidung getroffen zu haben. Manchmal ist es gut, in unangenehme Situationen gezwungen zu werden.

Kolumbien also. Trotz der Zeit mit Sharon und Schorsch kommt mir das Land noch fremd vor, jetzt, wo ich allein unterwegs bin. Ist es eigentlich heutzutage noch gefährlich hier? Vielleicht ist gerade nicht der beste Zeitpunkt, darüber nachzudenken. Von Santa Maria (da im Norden, wo die riesige Bronzestatue von Kolumbiens Fußballidol Carlos Valderrama steht) will ich nach Palomino. Zähneknirschend nehme ich den Bus. Mag ich ja nicht so, dieses Busfahren. Anders hab ich aber keine Chance, dorthin zu kommen. Mein lieber Herr Gesangskolumbianer, was für eine Fahrt! Ursprünglich hieß es mal, dass der Trip maximal eine Stunde dauern soll. Naiv, wie ich bin, hab ich das auch geglaubt. Drei. Drei Stunden sind die Wahrheit.

Bus also. Keine Stärke von mir. Eingepfercht in dem kleinen Gefährt, voll mit Kolumbianern und nur wenigen Touris. Insgesamt etwa fünfundzwanzig Menschen, einige davon müssen stehen, falls sie Platz dafür finden. Im Mittelgang ist alles voll mit … tja, mit was eigentlich? Gepäck, Gebäck, Gedöns, Gerümpel. Zeugs. Tüten. Säcken. Ein Spülbecken samt Arbeitsfläche für die Küche. Ein Stück Gartenzaun, eine alte Waschmaschine. Lebensmittel. Das Gleiche gilt fürs Dach. Komplett vollgepackt. Gackernde Hühner in einem Holzkäfig fehlen noch fürs perfekte Klischeebild. Ganz hinten, in der letzten Reihe auf dem Mittelsitz: der Riese aus Deutschland. Ich habe tatsächlich den Platz mit der theoretisch meisten Beinfreiheit im Bus gewonnen. Den werde ich die nächsten drei Stunden auch nicht mehr hergeben. Ausstrecken kann ich meine Gräten trotzdem nicht. Irgendein Sack hat seinen Sack mit geschätzten vierzig Töpfen drin direkt vor meine Füße gestellt. Der Besitzer guckt mich mit zugekniffenen Augen an, nickt bedeutungsvoll Richtung Sack (der mit den Töpfen), sodass ich bloß nicht auf die Idee komme, während der Fahrt etwas kochen zu wollen. Oder gar meine Beine darüber ausstrecke. Sein zorniger Blick sagt mir, dass eine mögliche Thrombose gerade das geringere Gesundheitsrisiko für mich ist.

Der Bus von Santa Maria nach Palomino hält an jedem Briefkasten. Menschen steigen ein und aus, Gepäck und anderes Zeugs wird rein- und rausgepackt. Manchmal wird der Bus auch nur kurz langsamer, und jemand stellt eine große Plastiktüte vor ein Gartenzauntor. Der Fahrer hupt – das kolumbianische Zeichen für »die Post ist da« – und gibt wieder Gas. Der Typ mit dem Topf-Sack steigt natürlich erst kurz vor Palomino aus, nur die letzten Minuten kann ich meine Beine ein bisschen strecken. Trotzdem ist die Tour eine der abgefahrensten, an die ich mich erinnern kann. Ok, viele gute Erinnerungen an Busfahrten habe ich eh nicht, aber das geht vermutlich den meisten Menschen jenseits der zwei Meter Körperlänge so.

In Palomino angekommen checke ich ins Hostel »The Dreamer« ein. Von allen einundfünfzig Unterkünften, in denen ich während der gesamten siebenmonatigen Weltreise schlafen werde, landet dieses Hostel in meiner persönlichen Hitliste auf Rang drei. Mit anderen Worten: Die Unterkunft ist ein Traum! Klar, meine Koje ist mir zu kurz, trotzdem sind die Acht-Bett-Zimmer richtig entspannt (ja, so was geht). Der Pool ist sauber und relaxt, das Personal super gelaunt, und die Jungs und Mädels in der Küche haben auch Bock. Das schmeckt man. Palmen, blauer Himmel – »all inclu« also. Dazu noch die Bar. Jeden Abend geht's hier rund. Bis tief in die Nacht, wenn man möchte. Zum Strand sind es nur knapp hundert Meter. Die ganze Anlage samt tropischem Garten ist sauber und gepflegt, die Atmosphäre sensationell. Noch mal: Es ist ein *Hostel*, kein Hotel. Schon wegen »The Dreamer« hätte sich der Weg bis nach Palomino gelohnt. Aber ich bin ja eigentlich aus einem anderen Grund hier: das »Floaten«. Oder auch »Tuben« genannt. Dabei sitzt man auf einem riesigen Lkw-Gummireifen und lässt sich auf dem Fluss Palomino bis zum Meer treiben. Allerdings: Wenn ich mich jetzt gerade hier mal so umschaue und es mir genau überlege: Das Tuben klingt doch ein bisschen anstrengend.

Die Sonne scheint, die Menschen um mich herum sind entspannt. Das steckt an. Dazu Pool, Strand, Meer. Wer braucht da dieses Tuben, warum sollte ich mir jetzt den Stress antun und diese Tour organisieren? Ich könnte einfach noch 'ne Runde rumliegen, gucken, ob ich einen der wenigen freien WLAN-Spots bekomme und ein bisschen im Netz surfen. Vielleicht eine Kleinigkeit essen, kontrollieren, ob der Strand noch da ist. Klingt doch verlockend. Hinzu kommt, dass ich das Abenteuer eigentlich viel lieber mit Bärbel zusammen machen möchte. Worin also liegt dann noch der Sinn im Tuben? Ha! Ein Zeichen: eine freie Liege. Ich hol mein Handtuch und fläze mich in die Sonne. Muss ja auch mal sein. Ich schließe die Augen und… heee, wer nervt denn da? Wieso meldet sich ausgerechnet jetzt mein schlechtes Gewissen?

Ok, ich verstehe die Einwände: Extra für dieses Tuben bin ich ja eigentlich hierhergekommen. Wie bringe ich das dieser Freundin in Deutschland bei, die mir den Tipp gegeben hatte, wenn ich erzähle, dass ich in Palomino war, aber das Tuben aus zeitlichen Gründen nicht geschafft habe? Auch irgendwie Quatsch. Zugegeben: Wirklich viel zu tun habe ich heute und morgen ja nicht mehr. Was würde Bärbel jetzt wohl machen? Ok, die Antwort ist klar: Sie hätte die Tour schon längst gebucht und sich womöglich auch noch beim anschließenden Einheimischen-Nähkurs samt Dia-Vortrag über das Häkeln und dessen Rolle für den Mann in der kolumbianischen Gesellschaft eingeschrieben. Die hat so viele Hummeln im Hintern – ich glaube, sie ist allergisch gegen ihre Komfortzone. Verstehe ich ja nicht. Da ist es doch so schön gemütlich drin.

Am Ende siegen das schlechte Gewissen und das kleine Bärbel-Teufelchen auf meiner Schulter. Beide reden mir ein, ich solle gefälligst die Liege von meinem Hintern befreien und was Neues erleben. Es könne nicht genug Firsts im Leben geben. Na ja. Kann man so und so sehen. Als ob Bärbel direkt hinter mir steht, höre ich sie in meinem Kopf sagen: »Du wirst mir hinterher danken, dass ich dich überredet habe, da mitzumachen.« Ist ja gut. Damit ist die Entscheidung gefallen: Ich werde auf dem Palomino-Fluss tuben gehen. Also zerre ich mich von der Liege und gehe ins Zimmer. »So, wer von euch kommt morgen mit mir floaten – dann melde ich uns alle an, ja?« Ich blicke in verständnislose Gesichter meiner derzeitigen Mitbewohner.

»Warum sollten wir das tun?«, fragt mich Maria aus Peru, stellvertretend anscheinend für alle anderen hier im Raum.

»Kommt schon. Bisschen auf dem Wasser rumschippern – klingt doch nach 'ner entspannten Tour.« Komisch, ich kann niemanden überreden, mitzumachen.

Maria: »Viel zu stressig.« Ich mag die Stimmung hier.

Trotzdem melde ich mich zum Abenteuer an. Hach, stark von mir!

Natürlich muss ich das sofort Bärbel erzählen, sie an meinem überwältigenden Erfolg teilhaben lassen. Mann, wird die stolz auf mich sein. Wir skypen. Ich schwärme ihr vor, wie ich mich dazu durchgerungen habe, mich auf dieses Mega-Adventure hier in Palomino einzulassen. »Ja, aber deswegen wolltest du doch sowieso dahin. Was machste denn vorher und nachher noch?« Rummms. Mit einer Frage meine ganze Euphorie erstickt.

»Äääääh, hab ich dir schon vom geilen Pool hier erzählt?« Den Rest unseres Gesprächs bereitet sie mich schon mal darauf vor, was passieren wird, wenn sie sich zu mir auf die Reise gesellen wird. Was wir dann nicht alles für Wanderungen, Touren und Unternehmungen machen.

»... und dann hab ich da was in Neuseeland entdeckt. Da kann man fünf Tage lang mit dem Fahrrad die Gegend erkunden und immer in anderen Unterkünften schlafen. Ist auch gar nicht so teuer und klingt total spannend.«

»Ja, aber wir haben doch eh unseren Campervan. Wollen wir nicht lieber mit dem fahren, der ist ja eh schon bezahlt, da sparen wir uns die zusätzlichen Übernachtungskosten.«

»Quatsch. Wir fahren Fahrrad.«

Ha, ich hab die Lösung: »Du, die Internetverbindung ist hier per Satellit und ...« Klick. Ruhe im Paradies.

Vielleicht ist es auch gar nicht sooooo schlimm, dass ich das Tuben mal alleine erlebe, ohne es mit jemandem zu teilen. Bärbel zum Beispiel. Dieses Floaten soll ja ganz entspannend sein, und dann will ich es auch genießen, ohne dass jemand währenddessen schon hektisch die nächsten Tage durchorganisiert. Was ich nicht so auf dem Schirm hatte: Die Tour startet verdammt frühmorgens! Denn am nächsten Tag treffen wir uns schon um halb neun direkt vorm Hostel. Wir? Das sind vier Kolumbianer aus einem anderen Hostel, Toni, unser Guide, und ich. Ach so, und sechs Mopedfahrer. Die haben die unangenehme Aufgabe, uns alle Richtung Fluss zu fahren. Klingt unspektakulär, ist aber schon das erste Abenteuer des Tages. Also, für Moped und Fahrer. Denn mein Fuzzi hat das große Los (»Budummtschsch«) gezogen und muss *mich* hinten draufnehmen. 205 cm und 105 kg. Dazu kommt noch der gigantische Gummireifen, um den ich mich während der Fahrt kümmern darf. Ich möchte jetzt nicht das Bild vom Affen auf dem Schleifstein verwenden, aber ich fürchte, das trifft es ganz gut.

Von den sechs Mopeds starten wir als erstes – kommen aber nachher als letztes an. Die anderen müssen sogar auf uns warten. Mit so viel Last hintendrauf ist es eben nicht leicht, die schlechten Wege den Berg hochzuknattern. Mit einer Hand kralle ich mich hinten an einem kleinen Eisenbügel fest, mit der anderen versuche ich, den Reifen nicht zu verlieren. Damit wir die Hügel auch tatsächlich hochkommen, muss ich uns immer wieder mit den Füßen abstoßen. Wenn es mal nach einem Schlagloch nicht gleich weitergeht, brauchen wir jeden Schwung, um überhaupt wieder in Fahrt zu kommen. Moped, Fahrer und ich, wir geben alles! Ein Abenteuer mit Happy End: Wir kommen alle gesund an. Der Fahrer schwitzt wie Sau, sagt irgendwas zu seinen Kollegen und deutet auf mich. Gelächter, Schulterklopfen, Erleichterung. Geschafft! Der Riese ist angekommen.

Von dem Punkt aus, wo die Mopeds nicht mehr weiterkommen, beginnt unsere kleine Wanderung. Wir laufen mit Flipflops knapp 'ne halbe Stunde lang einen Berg hoch. Nicht zu vergessen: Jeder von uns, mit Ausnahme von Guide Toni, schleppt einen riesigen aufgeblasenen Lkw-Schlauch mit sich rum. Weil eine kleine Kolumbianerin irgendwann nicht mehr kann, machen wir kurz Pause. Eher ungewöhnlich, wie Tonis Gesichtsausdruck unmissverständlich verrät. Beim Verschnaufen hören wir auf einmal das Rauschen des Flusses: Es ist nicht mehr weit! Das motiviert. Wir raffen uns auf – und sind drei Minuten später am Ziel. Herrlich.

Plopp! Plötzlich machen die vier kauzigen Kolumbianer neben mir die Pulle auf. Morgens, halb zehn in Kolumbien, da knallt der Champagnerkorken. Wie auch immer sie die Flasche hierhergeschleppt haben. Unsere Füße endlich im warmen Wasser halten wir alle noch den riesigen Lkw-Gummireifen fest, während der Schampus kreist. Auch ich bekomme ihn gereicht. Auf nüchternen Magen einen Schluck Alkohol, warum nicht!? Sehr freundlich, diese Einheimischen. Unser Guide hat jetzt auch wieder beste Laune. Der Schweiß trocknet, der Schampus knallt rein, die Sonne verdrängt die Wolken – perfekte Bedingungen für das, worauf wir uns jetzt alle freuen.

Dabei ist es gar nicht mal so leicht, in einen riesigen Reifen zu steigen, der auf einem Fluss treibt. Nicht nur ich habe damit leichte Schwierigkeiten, auch die angesäuselten Kolumbianer haben mächtig Spaß dank fehlender koordinativer Fähigkeiten. Zum Glück hilft Toni, und alle sitzen irgendwann irgendwie in ihren Gummis. Hintern nass, Füße nass, Hände nass – so muss das sein! Toni schubst uns Richtung Flussmitte, wo wir von der Strömung erfasst werden. Klingt dramatischer, als es ist. Wir reden hier nicht von Stromschnellen oder Wildwasserrafting. Lediglich ganz sanft werden wir den Fluss entlanggetrieben. Hin und wieder müssen wir mit den Armen ein wenig den Kurs korrigieren. Panik kann nicht ausbrechen – der Fluss ist an manchen Stellen nur knöcheltief. Schwimmwesten sind überflüssig.

Weil das Wasser stellenweise soooo flach ist, dass besonders ich mit meinem dicken (Hüft-)Reifen gerne mal auf Grund laufe, gibt der Guide den Weg vor und sagt, wie wir in Kurven die Ideallinie fahren. Zwei, drei Armschläge genügen zur Kurskorrektur. Ansonsten ist während der knapp zweieinhalbstündigen Sause vor allem eins angesagt: entspannen. Relaxen. Einfach mal die Füße im Wasser baumeln lassen, die Stille der Natur und das Rauschen des Wassers auf sich wirken lassen. Und natürlich das Gegacker der Kolumbianer, die immer noch die einzige Pulle Schampus kreisen lassen. Trinken die auch da raus, oder warten die, bis das Zeug verdunstet ist? Egal. Am Ende mündet der Fluss im Meer, wir laufen 'ne Viertelstunde am Strand entlang und sind wieder am Hostel. Wie praktisch.

Dort treffe ich Maria wieder: »Und, wie war's? Hat's Spaß gemacht?«

»Unbedingt! Ich finde schon, du hast was verpasst.«

»Aha, und was?«

Ich zeige ihr Fotos von unterwegs, berichte vom Moped, dem Minimarsch und den anschließenden zweieinhalb Stunden Rumliegen im Wasser.

»Sag ich doch: viel zu stressig. Hätte ich keinen Bock drauf gehabt«, sagt Maria.

»Pah! Wenn du wüsstest. Klar sollte man hier nicht seinen Junggesellenabschied feiern, aber das Tuben ist schon geil.« Moment. Mir fallen gerade wieder Teufelchen-Bärbels Worte ein. Von wegen ich würde mich hinterher freuen, da mitgemacht zu haben. Verdammt! Recht hatte sie. Na ja, muss ich ihr ja nicht aufs Brot schmieren. Ob ich dann jetzt auch noch den Einheimischen-Nähkurs mitmachen sollte? »Ruhig, Langer. Jetzt mal nicht gleich übertreiben.« Mein Gewissen ist wieder auf meiner Seite. Schließlich habe ich mit Anreise, Hostel und dem Tuben ja schon richtig was mitgenommen aus dem Trip hier. Palomino war ein Supertipp und jeden Umweg wert.

## Die schlimmste Unterkunft

*(Santa Rosa, Peru)*

Was. Für. Ein. Loch.

Leticia im Länderdreieck Peru, Kolumbien, Brasilien. Nein, das ist nicht das Loch, das ist ein außergewöhnliches Städtchen in Kolumbien. Geht man ein bisschen in dem Ort spazieren, kann es sein, dass man plötzlich brasilianischen Boden unter den Füßen hat. Passkontrolle? Sehr witzig. An den grün-gelben Gebäudefarben merke ich schnell, dass ich wohl gerade in Brasilien bin. Das Örtchen heißt dann übrigens Tabatinga. Da ist zwar eine Schranke mitten auf der Straße – aber das Wort Grenze scheint hier niemand zu kennen. Wenn man dann noch am selben Tag nach Peru reisen möchte, kein Problem: Einfach mit einem Wassertaxi ab auf die Insel Santa Rosa, mitten auf dem Amazonas. Die Fahrt in der motorisierten Nussschale dauert etwa dreieinhalb bis fünf Minuten, je nach Fahrer und Verkehr. Drei Länder an einem Tag – außergewöhnlich.

Noch immer bin ich allein unterwegs, Bärbel belebt Berlin, während ich mir das Dreiländer-Kaff um die Ohren haue. Warum ich überhaupt hier bin: Um mit dem Schnellboot nach Iquitos zu fahren – und das ist gar nicht mal soooo einfach. Für mich. Weil sich mein Spanisch mittlerweile immerhin schon auf »Cerveca«, »Hola, que tal«, »Amigo«, »Real Madrid« und herzhaftes Lachen beschränkt. Bärbel hingegen ist des Spanischen fließend mächtig, was mich zwar mächtig beeindruckt, mir gerade allerdings nix bringt. Allein bis hierher gekommen zu sein ist für mich schon eine beachtliche Leistung. Ganz ohne Sprachkenntnisse war das ein bisschen anstrengend – außerdem bin ich ja von Grund auf eher gemütlich eingestellt, was es umso krasser macht, dass ich mir freiwillig den Stress hier in Leticia gebe. Jetzt würde Bärbel mal so richtig guttun an meiner Seite. Mit ihrer Energie und ihrem einwandfreien Spanisch. Ich kann nur einwandfrei spanisch essen. Und trinken.

Die Suche nach diesem Speedboat Richtung Iquitos hier in dem Kaff nervt mich. Nach viel Rumfragerei – ok, das klingt angeberisch: nach viel Zeichensprachgehampel – mache ich endlich eine Dame aus, die die Tickets für das Boot verkauft. Sie hat in dem Dörfchen auf Santa Rosa eine Art Restaurant, Bar, Unterkunft, Laden, Schwarzmarkt – was auch immer. Schwierig zu sagen. Draußen vor ihrer Klitsche steht ein Schild, auf dem das Boot abgebildet ist, mit dem ich fahren möchte. Wie praktisch, das vereinfacht meinen Einstieg. Mit einem gesäuselten »Hola, que tal?« und meinem freundlichsten Lächeln versuche ich Kontakt aufzunehmen. Beim Fingerzeig auf das Bild frage ich akzentfrei »Iquitos?«. Sie lacht. Na bitte! Schon sind wir im Gespräch. Glaub ich zumindest.

Ok, ich habe keine Ahnung, mit was die freundliche ältere Dame mich jetzt alles zuquatscht. Muss aber ganz lustig sein, denn sie lacht oft und präsentiert dabei stolz ihre Zähne. Alle vier. Mit einem gekonnt platzierten »Si, cerveca, por favor« versuche ich mich stilvoll in das Gespräch einzubringen. Funktioniert. Sie stellt mir 'ne

Pulle Bier hin. Flirt hin, Gelächter her. Hier geht's ums Geschäft. Ich hätte dann gerne mein Ticket bitte. Für die nun folgende Darbietung hätten Maria (heißen eigentlich alle Frauen Südamerikas Maria?) und ich Eintritt nehmen können. Denn ich muss ein Formular ausfüllen. Ein einziges. Einfacher wäre es gewesen, ich hätte den Passierschein A38 bei den alten Römern besorgen müssen. Aber was Asterix und Obelix geschafft haben, kann ich doch wohl auch. Oder besser gesagt: können wir. Denn Maria, zwei ihrer noch recht kleinen Söhne und meine Spanisch-Deutsch-App machen es möglich: Mit Händen und Füßen kommunizieren wir, es gibt viel Gelächter, Schweiß fließt, Zähne knirschen. Meine, ihre ja eher nicht mehr. Irgendwann weiß ich, was »Geburtstag«, »Geburtsort« und alle Wochentage auf Spanisch heißen.

Als Stunden und Biere später Maria ihr Geld hat und ich mein Ticket, liegen wir uns in den Armen, die Getränke gehen aufs Haus, alle sind glücklich. Hach, wie schön! Reisen verbindet. Jetzt brauch ich nur noch eine Unterkunft für die Nacht, denn das Boot legt erst morgen früh gegen 4.30 Uhr ab. Irgendwie kann ich dann doch nicht bei Maria pennen, weil wohl alle Zimmer belegt sind. Oder irgendwas mit »Geburtsort«? Ich versteh's nicht. Ihren Fingerzeig auf die Bude gegenüber, den kapier ich. Zeichensprache funktioniert überall. Also versuche ich in der Kaschemme auf der anderen Trampelpfadseite mein Glück.

Weil ich hier nix ausfüllen muss und Maria freundlicherweise dem Besitzer rüberruft, dass ich morgen früh aufs Boot muss, weiß der Bretterbuden-Buddy schnell, was ich will – und bietet mir ein Schlafgemach an. Die eine Nacht inklusive Transfer zum Boot (um 2.30 Uhr nachts soll ich schon da sein) kostet mich deutlich unter zehn Euro. Ha! Siehste. In your face, Bärbel! Spontan funktioniert auch. Ich muss nicht schon Tage vorher alles buchen, planen und durchorganisieren, ich bekomme sogar jetzt direkt ein Zimmer hier. Perfekt. Ohne zu zögern schlage ich zu.

Ohne zu zögern? Wo sind die inneren Alarmglocken, wenn man sie braucht? Der Fuzzi zeigt auf eine Art Holztür, übergibt mir den Schlüssel für das Vorhängeschloss, verschwindet dann schneller, als ich widersprechen kann, und überlässt mich meinem Schicksal. Ziemlich verdattert steh ich jetzt da – habe ich mich etwa übers Ohr… Quatsch! Ich schließe auf, trete ein und semmel mir respektabel die Rübe an einem Holzbalken. Zur Begrüßung zimmert mir mein Zimmer erst mal eine. Na fein. Als ich die Augen wieder aufmache, sehe ich zum ersten Mal den Raum. Oder treffender: das Loch. Die Bretterbude ist einfach nur ein Loch. Nicht mehr und nicht weni… oder doch, im Zweifel sogar weniger. Auch ohne den Holzbalkenabdruck auf meiner Stirn würde ich jetzt Kopfschmerzen bekommen. Ich kann Bärbel bis hierher kichern hören.

Moskitogitter dort, wo die Bretter, die die Wände sein sollen, Löcher haben. Alle Querbalken der Decke sind in etwa auf Schulterhöhe für mich. Überall Sand, auch auf dem »Bett«. Das besteht einfach nur aus einem Brett mit Stoff drauf. Nichts zum Zudecken. Strom? Gibt's nur am Geburtstag des Besitzers. Oder Ostern. Überall Dreck, Spinnweben, Löcher in Wänden, Decke und Moskitonetzen. Ein kleiner Gecko begrüßt mich, will mir Mut machen. Schließlich müsse er die Nacht ja auch hier drin verbringen, wenn er nicht draußen schlafen möchte. Er wird nicht das einzige Tier sein, mit dem ich meine Zelle teile.

Innerlich muss ich lachen und weinen gleichzeitig. Keine Ahnung, ob vor Ekel oder weil ich mich über mich selbst lustig mache, dass ich tatsächlich eine Nacht hier verbringen werde. Ich stell meine Sachen ab, verriegel das Gelass mit dem Vorhängeschloss und verschwinde sofort. Ich muss zwar tierisch schiffen – aber die Toiletten, sehr wahrscheinlich samt Saunalandschaft und Wellnessbereich, will ich mir hier gar nicht erst angucken. Kaum bin ich aus dem Zimmer raus, muss ich laut lachen. Und ein bisschen weinen. Innerlich. Maria von gegenüber lächelt mir schräg ihre vier Zähne entgegen, Bärbel kichert immer noch in meinem Kopf.

Wie soll ich nur die Nacht überstehen? Das eigentlich Fatale an der Situation ist, dass ich mir noch nicht mal komplett einen reinlöten kann. Ich muss um 2.20 Uhr aufstehen, werde dann zu einem Schnellboot gebracht, welches gegen 4.30 Uhr ablegt, um danach zwölf Stunden über den Amazonas bis nach Iquitos zu schippern. Ich habe so ein Gefühl, dass ich die Fahrt nicht unbedingt in der First Class des Bootes verbringen werde. Dann soll ich mich unterwegs auch noch mit einem schönen Kater und einem minütlich angetäuschten Brechreiz auseinandersetzen? Nein, danke.

Ich flüchte also vorerst aus dem Loch, lass mich rüber in etwas mehr Zivilisation nach Leticia schippern und kaufe mir ein Bettlaken. Ein eingeschweißtes. Für zwölf Euro. Luxus ist eben relativ. Ich hoffe, dass das Laken die Wirkung von Harry Potters Tarnumhang hat. Es soll mich bitte unsichtbar machen, und ich möchte in der kommenden Nacht mit *nichts* in meinem Zimmer in Berührung kommen.

Abends setze ich dann wieder rüber von Leticia nach Santa Rosa, hocke mich in eine Bar, will mit Bärbel skypen. Ach so, dafür brauch ich ja Internet. Dann eben nicht. Aber Bier gibt's. Und noch eins. Und noch eins. Dann muss Schluss sein. Verdammte Vernunft! Mir bleibt keine andere Wahl: Ich krieche zurück in mein Loch. Es ist schon stockdunkel. Leider bin ich noch nüchtern genug, sodass ich mitbekomme, wie viele ekelige Viecher vor Schreck weghuschen, als ich die Tür öffne. Sogar mein Gecko macht sich aus dem Staub, ab nach draußen. Der hat's gut. Einige Spinnen wirken wenig beeindruckt von meiner Präsenz. Umgekehrt ist das anders. Auch eine der Kakerlaken bekommt nicht schnell genug die Kurve, bleibt einfach kackfrech auf einem der Bretter sitzen. Zum Glück habe ich teures Insektenspray aus Deutschland griffbereit. Das ist eigentlich für meine Haut gedacht, um Moskitos abzuhalten. Aber ich hätte jetzt alle Viecher auch mit einem Weihwasserzerstäuber attackiert. Hauptsache, die Mistdinger bewegen sich weg. Das Insektenzeugs zeigt Wirkung, die Kakerlake hat da keinen Bock drauf. Ich bilde mir ein, sie aus meiner Suite vertrieben zu haben. Also sprühe ich alle Löcher in den Moskitogittern und den Wänden auch noch großzügig ein.

Die Taktik für die Nacht: Ich wickel mich in mein Tarnlaken, besprühe mich von oben bis unten mit dem Insektenzeugs, leg mich aufs B(r)ett. Was sich nicht vermeiden lässt: Mein Brummschädel berührt das »Kopfkissen«. Ist das ekelig. Starke Leistung von mir: Ich kann den Würgereiz unterbinden – reine Selbstkontrolle.

Jeder andere hätte gekotzt. Ok, jeder andere hätte hier vermutlich auch nicht übernachtet. Das Gute ist, dass das Bett ausnahmsweise lang genug für mich ist. Denn ich werde es sicherlich nicht wagen, mich auszustrecken. Zusammenpfercht in der Fötusstellung versuch ich, mich möglichst gar nicht zu bewegen. Ich traue mich nicht mal, durch den Mund zu atmen. Überhaupt hab ich das Gefühl, atmen ist schon zu viel Bewegung. Ich zwinge mich zu schlafen. Klappt natürlich hervorragend. Nicht.

Um 2.20 Uhr erlöst mich der Wecker. Ich bin anscheinend doch leicht eingenickt. Zum Glück muss ich jetzt raus aus dem Loch. Vorher aber: pinkeln. Verdammt, wieso nur? Ich suche die Klos in dem Laden hier. Nach hinten raus und über den »Innenhof« rüber, da werde ich fündig – immerhin: Keramik. Allerdings stinkt es so bestialisch, dass ich mich beim Pinkeln fast gleichzeitig übergeben hätte. Den Würgereiz hab ich aber zum Glück immer noch hauchdünn unter Kontrolle. Respekt an mich selbst. Tatsächlich ist noch eine andere Person wach – mein Chauffeur. Er bringt mich und mein Gepäck mit einer Rikscha wie verabredet zum Boot. Dort muss ich durch eine Art Sicherheitscheck (mein Rucksack wird ein bisschen durchwühlt und ich von oben bis unten kritisch gemustert), bis ich es mir in dem komischen Speedboat bequem machen kann. Hahaha, »bequem«. Schon um drei Uhr nachts sitze ich auf meinem Platz – in anderthalb Stunden ist erst die geplante Abfahrt. Es ist so eng, dass ich auch meinen Nebensitz brauche, um meine Beine dort zu parken. Immerhin geht mein Plan auf: Ich bin nicht komplett zerstört, habe keinen allzu nervigen Kater.

Überraschung: Wir legen schon um vier Uhr ab. Ich

versuche zu schlafen – im Dunkeln erkenne ich sowieso nichts vom Amazonas. Ob ich grad in Castrop-Rauxel stehe und dort der Strom ausgefallen ist oder hier in einem Speedboat auf dem Amazonas hocke – der Blick nach draußen in die dunkle Nacht ist der gleiche. Ich war zwar noch nie in Castrop-Rauxel, aber eigentlich finde ich es in diesem Moment spannender, auf dem Amazonas zu sein. Schade eigentlich, dass Bärbel nicht dabei ist. Das wäre jetzt der Moment, diesen Augenblick mit jemandem zu teilen. Aber so ist das nun mal mit dem Alleinreisen.

Vom Schlafen träum ich nur. Keine Chance. Irgendwann geht draußen die Sonne langsam auf, es wird hell, und ich freue mich ein kleines bisschen, dass ich dieses Abenteuer auf mich genommen hab. Gerade jetzt, in diesem Moment, stehe ich nicht in Castrop-Rauxel an der A42, sondern fahre tatsächlich auf dem größten Fluss der Welt. Irgendwie geil. Sogar allein. Bin ein bisschen stolz auf mich.

Klar, die Sitze sind enger hintereinandergepresst als im Flugzeug. Zweierreihen. Eine rechts, eine links, in der Mitte ein Gang. Meine 205 Zentimeter Körperlänge falte ich auf meinem Platz und dem daneben zusammen. Quer. Also schräg. Quasi diagonal. Ein bisschen hochkant. Nach rechts rüber. Zum Glück ist das Boot nicht ausverkauft – der Sitz neben mir bleibt die komplette Reise frei. Mehr als eine Kakerlake hätte da sowieso keinen Platz gehabt. Trotzdem ist es richtig schön ungemütlich. Dreizehn Stunden lang. Aber die Fahrt hat auch schöne Momente.

Als die Sonne über dem Amazonas aufgeht, zum Beispiel. Schickes Schauspiel. Sogar eine Art Frühstück wird serviert – ich esse mal lieber noch nichts. Keine Ahnung, wie hier der Spa-Bereich aussieht und ob es überhaupt ein Klo gibt (ja, meine Blase ist so groß, dass ich die gesamte Zeit nicht auf die Toilette muss). Was es aber gibt, ist einen lauten Knall. Sofort werden wir langsamer, kommen zum Stehen. Antriebslos dümpeln wir auf dem Amazonas. Da das aber keinen der fast ausschließlich einheimischen Passagiere in irgendeiner Weise interessiert, tue auch ich ganz entspannt. Einer der Crew-Fuzzis spaziert nach hinten, faselt was von »dos minutos« – was anscheinend so viel wie »halbe Stunde« bedeutet. Denn dann tuckern wir erst weiter. Tuckern, wohlgemerkt. Das Schnellboot hat eigentlich mehr drauf, wirkt aber angeschlagen. Vor lauter Aufregung nicke ich ein bisschen weg. Wie das anatomisch überhaupt möglich war, ist mir bis heute ein Rätsel. Als ich wach werde, haben wir wieder Wharp-Geschwindigkeit. Keine Ahnung, was in der Zwischenzeit passiert ist. Ich frage mich, wie lange ich gepennt habe – der Blick auf die Uhr allerdings ist ernüchternd. Grad mal eine Sesamstraße lang hatte ich die Augen zu.

Insgesamt rummst es drei Mal während der Fahrt, und der »Dos Minutos«-Muchacho schlurft zur Reparatur nach hinten – aber wir kommen trotzdem nach etwas mehr als zwölf Stunden Fahrzeit in Iquitos an. Offensichtlich sind die Motorausfälle einkalkuliert. Es ist 16.15 Uhr, ich kraxel aus dem Boot, richte mich gaaaaanz langsam auf. Blut strömt wieder in die Beine. Das Taubheitsgefühl weicht den Schmerzen. Es dauert ein wenig, bis ich meine Beine wieder bis zu den Füßen spüre und unter Kontrolle habe. Noch länger, bis ich wieder komplett aufrecht gehen kann. Alles egal, ich stehe in der Sonne von Iquitos und kann mich strecken! Oder stehe ich im Regen? Ganz schön hohe Luftfeuchtigkeit hier. All das hab ich ohne Bärbel und ohne Spanischkenntnisse hinbekommen. Starke Leistung eigentlich, fühlt sich gut an. Auch wenn ich noch sowohl Boot als auch das Loch lange in den Knochen haben werde. Das Gute an dem Loch ist: Egal, was mich jetzt noch auf der Reise für eine Unterkunft erwarten wird, keine wird so schrecklich sein wie die in Santa Rosa. Das weiß ich ab sofort zu schätzen. Auf geht's ins nächste Abenteuer.

## Schwimmen mit Piranhas

*(Iquitos, Peru)*

Ohne Vorankündigung legt er mir den kleinen Wurm einfach so in die Hand. Einen lebendigen! Essen soll ich ihn. Aber – der zappelt ja noch. Ich lache. Verstört. Ein bisschen habe ich Angst, dass er das ernst meint mit dem essen. Er guckt mich erwartungsvoll an, wiederholt (wenig) überraschend seine Aufforderung: »Na los, runter mit dem Wurm.«

»Der lebt aber noch. Guck, er räkelt sich in meiner Hand.« Mein Lächeln entgleist. Mir wird bewusst: Der Typ meint das ernst. Es gibt jetzt zwei Möglichkeiten: wegwerfen oder einwerfen. Die Situation wurmt mich.

Ich stehe mitten im Urwald, mitten im Dschungel von Peru. Die nächste Zivilisation ist eine halbe Tagesreise entfernt. In der einen Hand bewegt sich dieser Wurm, in der anderen halte ich eine Machete, meine beiden Guides gucken mich erwartungsvoll an. Für diese scheinbar ausweglose Lage habe ich sogar bezahlt und riesigen Aufwand betrieben. Klingt komisch, ist aber so. Alles nahm seinen Anfang mit der zwölfstündigen Fahrt im Schnellboot über den Amazonas mit dem Ziel Iquitos. Dort startete mein Dschungelabenteuer. Allein. Bärbel entspannt sich in Deutschland auf der Arbeit, während ich hier in Peru mein Leben aufs Spiel setze. Ok, ganz so schlimm wird's schon nicht sein. Oder?

Iquitos, die größte Stadt der Welt, die man nicht mit dem Auto erreichen kann. Ein Superlativ. Ich mag Superlative. Iquitos ist gleichzeitig auch der Ausgangspunkt für die meisten Touren in die Wildnis des Amazonas. Unzählige Anbieter schwärmen von ihrer Lodge mitten im Urwald, auch die angebotenen Ausflüge ähneln sich: Piranhas angeln, im Fluss schwimmen, in der Wildnis campen, wilde Tiere angucken. Die Touren werden hier angeboten wie Sonnenbrillen am Strand von Agadir. Also gilt: Augen auf bei der Anbieterwahl, überall lauert die Abzocke. Meine Wahl fällt auf die »Jungle Wolf Expedition« – vielleicht auch ein bisschen aus Bequemlichkeit, denn das ist der Tour-Anbieter von dem Hostel, in dem ich penne. Tja, und da ich ja sowieso schon langsam, aber sicher Geschmack daran finde, allein zu reisen, darf ich die Dschungel-Tour auch solo machen. Denn in der Nebensaison finden sich nicht so viele Touris, die mit mir in den Dschungel wollen. Mein Privatabenteuer ist dadurch zwar etwas teurer, dafür habe ich aber quasi meinen eigenen Hofstaat. Denn Guide, Taxifahrer, Boots-Captain, Lodge-Hausmeister, Koch, Dschungelexperte und alle anderen, die in der Lodge arbeiten, sind nur für mich da. Na, dann kümmert euch mal um den Riesen!

Juan ist gerade mal 21 Jahre jung, spricht Gott sei Dank tolles Englisch. Normalerweise arbeitet er im Hostel, viel lieber aber als Guide bei der Dschungeltour. Also versucht er, die Gäste davon zu überzeugen, mit den »Jungle Wolfs« ins Abenteuer zu starten. In mir hat er ein dankbares, weil bequemes Opfer gefunden. Er redet mir gut zu, sodass ich mich anmelde. Als Einziger. »Ich werde dem Koch sagen, er soll trotzdem für zwei kochen«, lacht er sich schlapp. Aha. Bin ich so fett? Als er sich die letzte Träne aus dem Augenwinkel gewischt hat, fragt er mich, welche Schuhgröße ich habe.

»52. Warum?«

»Na, wegen der Gummistiefel, die wir dir stellen. Aber ich muss mal nachfragen, ob wir die Größe dahaben.« Er greift zum Telefon. Ruft er jetzt im Dschungel an? Die Antwort kann ich mir denken – als ob es dort Gummistiefel der Größe 52 gibt. Die bekomme ich ja nicht mal in Deutschland.

»Nee, haben wir nicht da.« Ach. »Aber wir besorgen welche, kein Problem«, versichert mir Juan. Is' klar. Ich buche die Tour trotzdem. Juan freut sich so sehr, dass er extra hinter der Hostel-Rezeptionstheke hervorkommt und mich in den Arm nehmen will. Hoppla, er stand anscheinend auf einem Podest. Denn plötzlich geht er mir nur noch bis knapp über den Bauchnabel. Das hält ihn aber nicht davon ab, mich bzw. meine Hüfte zu umarmen. Ich schließe meine Arme um seinen Kopf.

Es ist wirklich schön zu sehen, dass sich der kleine Juan anscheinend noch mehr auf die Tour freut als ich. Am Morgen, als es endlich losgeht, ist er ganz aufgeregt. Voller Stolz trägt er sein offizielles »Jungle Wolf Experience«-Poloshirt, hat sich seine kurzen dunklen Haare extra schick zurechtgemacht. »Ich mag den Dschungel viel lieber als den Alltag und das Arbeiten hier in der Stadt«, gibt er zu. »Aber das gehört nun mal dazu, außerdem muss ich ja auch Geld verdienen. Denn eines Tages möchte ich mal hier rauskommen. Einmal außerhalb von Peru Urlaub machen, ich möchte viel reisen.«

»Warst du schon mal in Lima?«

»Nee. Ein paarmal war ich in Trujillo, das liegt an der Küste. Weiter weg war ich noch nicht.«

Jetzt fühle ich mich schlecht. Der deutsche Riese, der einmal um die Welt reisen möchte, sitzt gerade mit einem kleinen sympathischen Peruaner in einem Taxi, der davon träumt, einmal ausländischen Boden zu betreten. Na ja, aufgrund der Tour, die ich bei ihm gebucht habe, bringe ich ihn bestimmt ein Stückchen näher an sein Ziel. Jepp, so fühlt sich das in meinem Kopf schon ein bisschen besser an. Mehr als fünf Stunden dauert die Anreise vom Hostel in Iquitos bis in die Dschungel-Lodge. Das heißt, etwa eine Stunde Autofahrt bis Nauta, von da in einer großen Nussschale genüsslich stundenlang mit anderthalb PS über den Amazonas schippern, bis direkt vor die Lodge. Unterwegs sehen wir pinke Delfine. Ich traue meinen Augen nicht: Die sind wirklich pink! Aber für so was haben wir anscheinend keine Zeit. »Die Delfine besuchen wir morgen noch mal in Ruhe«, verspricht Juan. Spätestens jetzt bin ich mindestens genauso aufgeregt und voller Vorfreude wie mein kleiner Guide neben mir.

Ankunft an der Lodge. Das ist ein auf Stelzen gebautes Holzkonstrukt, das aus mehreren häuserähnlichen Gebilden besteht. Angeblich können hier bis zu fünfzehn Touris gleichzeitig untergebracht werden. Es gibt eine Küche, einen Trakt für das Personal, einen Essensraum, einen Aufenthaltsraum und die Schlafzimmer. Dazu Badezimmer, die sich normalerweise die Besucher teilen müssen. Ich muss hier dank meiner Privattour nichts teilen. Überraschung: Es gibt fließend Wasser und Keramikklos – das habe ich nicht erwartet. Das Gleiche gilt für die Spinnen. Bis zu handtellergroß sind die. Gehören aber wohl zur Unterkunft wie Hühner auf einen Bauernhof. Alle Türen haben einen Selbstschließmechanismus

Marke Do it yourself. Ein langes Seil, das über eine Spule unter der Decke läuft und an dessen Ende ein schweres Stück Holz die Tür nach jedem Öffnen wieder schließt. Soll die Spinnen zumindest aus einigen Räumen fernhalten. Klappt sogar manchmal.

Fenster mit Glas gibt's nicht. Dafür aber sehr engmaschige Gitter vor den Wandöffnungen. Die Gitter haben sogar wirklich (fast) keine Löcher. In meinem Zimmer zumindest finde ich zum Glück keins. Das Bett ist auch aus Holz, darauf liegt eine frisch bezogene Matratze, garniert mit einem Kopfkissen und einer Art Decke. Zur Sicherheit hängt auch noch ein Moskitonetz überm Bett. Ein erster Check sagt mir: Keine Spinne *in* meinem Zimmer. Ein bis zwölf hängen draußen an den Gittern, eine einschüchternd große direkt neben der Tür. Von außen. Ich versuche, sie sanft und mit viel Liebe zu verscheuchen. Früher, zu Hause in Wiedenbrück, musste meine Oma immer zu uns nach oben kommen und jede noch so große (oder kleine) Spinne aus meinem Zimmer entfernen. Kaputtgelacht hat sie sich jedes Mal. Zu Recht. Ich war nie ein großer Freund von den Achtbeinern, hab gerne einen großen Bogen darum gemacht. Jetzt, im tiefen Dschungel Perus, kann mir meine Oma grad nicht helfen. Und wenn ich das Personal um Hilfe bitten täte, würde meine Oma in Deutschland wahrscheinlich deren Gelächter noch hören. Also bin ich mit den Spinnen allein, freunde mich so gut es geht mit ihnen an. Insgesamt drei Nächte verbringe ich hier – danach werde ich ein anderes Verhältnis zu den Viechern haben. Spinnentherapie im Dschungel.

So, genug eingelebt. Juan holt mich ab, stellt mir Mogli vor. Mein zweiter Guide. Mogli heißt in Wirklichkeit Piero und ist erst 18, wohnt im Dorf den Fluss runter und begleitet uns jetzt durch den Dschungel. Er spricht zwar kein Wort Englisch, kennt dafür jeden Baum persönlich hier. Er hat starke Ähnlichkeit mit Mogli aus dem *Dschungelbuch*. Juan und Mogli, die perfekten Urwald-Guides. Juan drückt mir eine Machete in die Hand und zeigt auf ein Paar Gummistiefel: »Die haben wir extra für dich gekauft. Das sind die größten, die wir gefunden haben.« Oha. Ich schlüpf rein und … autsch.

»Welche Grüße ist das denn?«, frage ich zerknirscht.

»Entweder 47 oder 48, wusste der Verkäufer nicht genau. Welche Größe hast du noch mal?«

Luft anhaltend und leicht angekrampft huste ich ihm rüber: »Passt schon. Wie lange dauert denn unser Ausflug heute?«

»Wir sind in ein paar Stunden zurück.« War schön mit euch, liebe Zehen.

Zu dritt stiefeln wir also mit unseren Macheten los, von der Lodge ab in den Dschungel. Das ist nicht weit, denn praktischerweise beginnt der schon drei Meter hinter meinem Zimmer. Unser Garten, der Urwald. Wir schlagen uns den Weg mit den Macheten frei – und Juan ist plötzlich voll in seinem Element. Er erklärt mir alles. Was warum hier gerade wie wächst und gedeiht, wie alt welcher Baum ist, warum die Affen in den Bäumen so laut sind, wie der Furz einer Kröte riecht, warum mir keine Faultierkacke auf den Kopf fallen kann und warum wir keinen schwarzen Panther sehen werden, mit dem einige Agenturen in Iquitos werben. Der Grund ist simpel: weil das seltene Tier noch viel, viel tiefer im Dschungel lebt. Noch tiefer, das geht?

Juan kommt richtig ins Plaudern, erzählt auch von zu Hause, dass es in seiner Familie drei Schamanen gibt.

Dschungeldoktoren. »Aber da muss man aufpassen. Es gibt gute und schlechte. Wenn man zu einem schlechten geht und dem sagt, er soll einen bestimmten Menschen umbringen, dann macht er das.«

»Entschuldigung?«

»Ja, der schlechte Schamane mixt ein Getränk, von dem das Opfer Kopf- oder Magenschmerzen bekommt. Dann stirbt es. Selbstverständlich gibt es auch die guten. Die können mit Hilfe des Dschungels und seiner Kräuter und Kräfte heilen.« Natürlich gibt es die. Is' klar. 1 A-Seemannsgarn im Dschungel. Die Märchenstunde wird allerdings abrupt unterbrochen. Von Mogli. Denn der hat anscheinend seinen Lieblingsbaum entdeckt.

Er pflückt eine walnussgroße Frucht, während Juan erklärt, dass sich da gerne Würmer drin einnisten. Mogli öffnet die Nuss – Treffer! Leider. Denn es ist tatsächlich ein weißer, dicker, ekeliger Wurm drin. Er legt ihn mir in die Hand. Grinst. Juan: »Dieser Wurm hat eine Menge Proteine.« Ich ahne, was jetzt kommt. »Der ist sehr gesund. Isst man den, kann man sehr gut im Dschungel überleben.« Jepp, glaube ich. Ob der auch gegen absterbende Zehen hilft? »Probier ihn«, fordert mich Juan auf. Aber der bewegt sich doch noch … »Du musst ihn kauen, nicht einfach so runterschlucken.« Ich will hier eigentlich gar nichts runterschlucken, weder gekaut noch ungekaut. Ich dachte, wir machen einen entspannten Spaziergang, und dann gibt's Essen. In der Lodge. Tote Tiere. Oder totes Gemüse. Aber das Viech hier räkelt sich unbeholfen in meiner Hand.

»Los, iss!«

»Iss du doch!« Aber Mogli findet gerade keinen zweiten Wurm. Is' klar.

»Mann, du bist so groß, du wirst dich doch trauen, den kleinen, winzigen Wurm zu essen«, sagt Juan. Was hat das denn bitte jetzt mit der Größe zu tun? Ok, nicht der richtige Zeitpunkt für Grundsatzdiskussionen. Mir ist langsam klar, dass mir nichts anderes übrig bleibt: Ich kneife die Augen fest zu, schmeiß mir die kleine ekelige Proteineinheit ein. Kaue, schlucke sie runter. Für einen Moment hört die Welt auf, sich zu drehen. Warten. Wie reagiert mein Körper? Da stehe ich also. Mitten im Urwald, eine Machete in der Hand, einen Wurm im Bauch. Juan und Mogli glotzen mich an und freuen sich, dass der Riese ihren Wurm gegessen hat. Wir alle drei warten auf eine Reaktion von mir. Kommt das Vieh gleich wieder hoch? Muss ich mich übergeben? Schließlich hab ich noch nie was Lebendiges gegessen. Der Wurm bleibt drin! Abgesehen vom Ekelfaktor »lebendig gegessen« schmeckte das Dingen sogar überraschend gut, was mir aber sehr schwerfällt zuzugeben. Allerdings hilft er nicht gegen Zehenschmerzen. Es sollte nicht das einzige Mal sein, dass ich mich heute derartig überwinde. Beide im Dschungel geborenen Guides zeigen mir, wie man mit Hilfe der Pflanzen, Bäume und Tiere überleben könnte, wenn man müsste, und passendes Schuhwerk trägt. Ich lerne, dass einige Bäume gegen Krebs helfen und gut sind gegen Diabetes oder Entzündungen. Hat denen bestimmt der gute Schamane erzählt. Botanischer Garten, Zoo, Restaurant und Apotheke – alles in einem, dieser Tausendsassa-Dschungel. Als Nächstes soll ich meine Hand in ein Termitenhaus stecken. Sehr witzig! Aber Juan meint es mal wieder ernst – und macht es zu meiner Überraschung sogar vor. Er hält seine Hand in einen Baum, und schon krabbeln sie auf seiner Haut rum. Termiten. Mir bleibt wiederholt nichts anderes übrig: Ich überwinde mich und halte meine Hand auch ins Nest. Sofort habe ich unzählige der kleinen Krabbelviecher auf meinem Arm. Zu meiner Überraschung beißen die nicht. »Jetzt zerreiben – denn dann helfen sie, lästige Moskitos fernzuhalten. Aber nur zwanzig Minuten lang«, verrät Juan mit einem Grinsen. Sach ma, denken sich die beiden diese Geschichten alle aus und erzählen das dann den dummen Touris? Noch während ich mich von den aufreibenden Termiten erhole, schlägt Mogli mit seiner Machete auf einen anderen Baum ein. Er trennt einen Ast ab, spitzt ihn an einem Ende an – und was passiert? Ich traue meinen Augen nicht. Klares, reines Wasser fließt aus dem Ast. Wir alle trinken davon. Auch Tage später habe ich keine Probleme auf dem Klo – weder vom Wurm noch vom Baumwasser. Krasse Sache. Scheint doch irgendwie was dran zu sein, an dem ganzen Seemannsgarn ausm Dschungel.

Als wir später in einem kleinen Holzbötchen sitzen, um in einem Nebenfluss des Amazonas zu angeln, versuche ich, meine Gummistiefel auszuziehen – nur um mal zu gucken, ob meine Zehen noch da sind und welche Farbe sie wohl haben. Da hat Juan aber was dagegen: »Nee, besser nicht. Wir packen gleich die gefangenen Piranhas ins Boot – nicht dass die dir noch in den Zeh beißen.«

Ok, spüren würde ich das eh nicht mehr, aber Moment: »Was machen wir jetzt?«

Juan: »Wir angeln ein paar Piranhas, die wir dann heute Abend essen.«

»Ach, ich bin eigentlich noch satt vom Wurm«, lüg ich ihn an. »Wir können auch einfach zurück in die Lodge fahren und uns ein bisschen ausruhen.« Da bin ich aber wohl der Einzige hier, der das so sieht. Kein Wunder, sonst hat ja auch niemand schmerzende Zehen.

Angeln also. Ja, zugegeben, ich bin Angler-Jungfrau, hab das noch nie gemacht. Um mich entspannt an den Sport zu gewöhnen, fangen wir am besten erst mal mit Piranhas an. Als Köder nehmen wir, wie soll es anders sein: rohes Fleisch. Als Juan die Angel präpariert, bin ich ganz froh, die Minigummistiefel doch noch anzuhaben. Er reicht mir die Angel, erklärt, wie man am besten einen Piranha fängt, und schmeißt selbst eine Angel aus. Ich bin extrem überrascht, dass ich nach Stunden tatsächlich sogar eins der bissigen Viecher am Haken habe. Freundlicherweise übernimmt Juan das Vom-Haken-Abfummeln, um mir dann zu zeigen, dass das Viech messerscharfe Zähne hat und noch ordentlich zappelt. Später, in der Lodge, wird mir mein eigener Fang, frisch zubereitet, auf dem Teller serviert. Gegrillt. Mit Zähnen. Ohne zappeln. Ganz schön aufregend, so ein Tag im Dschungel.

Als ich abends nach dem Essen in meinem Bett liege, meine blutunterlaufenen Zehen eingecremt habe und die Ereignisse des Tages meinen Kopf fluten, überkommt mich plötzlich das dringende Bedürfnis, mich mitteilen zu wollen. Skypen mit Bärbel geht aber nicht. Kein Strom, Internet schon gar nicht. Ich kann ihr nicht meine Heldentaten schildern, wie ich jetzt Spinnen als Haustiere halte, den Tag im Dschungel überlebt und, vor allen Dingen, diese Monstertour komplett allein auf die Beine gestellt habe. Mann, wäre Bärbel stolz auf mich! Trotzdem, ich habe keine Chance, sie daran teilhaben zu lassen. Nicht mal eine vorsteinzeitliche SMS kann ich verschicken. Ich muss also alle Erlebnisse mit mir und sonst niemandem verarbeiten. Eine neue Erfahrung.

Am nächsten Tag habe ich Juan nach langer Diskussion so weit, dass ich heute nicht die Gummistiefel anziehen muss, sondern mit meinen Wanderschuhen den Tag bestreiten darf. Nachteil: Gut möglich, dass meine Füße nass werden. Vorteil: Ich spüre meine Zehen den ganzen Tag. Wieder ist der lodgeeigene ausgehöhlte Baumstamm das Transportmittel unserer Wahl. Mogli, Juan und ich fahren raus aus unserem Seitenarm auf den großen Fluss und halten etwa in der Mitte. Juan erklärt, dass hier gleich pinke Delfine auftauchen werden. Die kennen wir ja schon. »Du kannst dann gerne ins Wasser springen und mit denen schwimmen«, sagt er. Moooooment mal! Gestern haben wir noch Piranhas gefischt, die wir mit rohem Fleisch angelockt hatten – und heute soll ich da reinspringen? Mit meinen noch blutigen Zehen? Juan belächelt meine Sorge nur und wird wieder zum Erklärbär: »Die roten Piranhas von gestern, das sind die gefährlichen. Die sind aber nur in den kleinen Nebenflüssen zu finden. Hier, im strömungsstärkeren Gewässer, gibt es nur die weißen Piranhas.« Die seien harmlos(er). Ich solle mir mal nicht so in die Badehose machen.

»Dann springst du also mit mir rein?«, frage ich. Nope. Macht er nicht. Er habe ja keine Badehose an. Die Diskussion dauert etwa eine halbe Stunde – bis ich tatsächlich ins köstliche Braun des Amazonas hüpfe. Wie sich rausstellt, sind die pinken Delfine recht scheu, zeigen zu meiner Überraschung keine Saltos über unseren Köpfen. Sie halten sich eher ein paar Meter von mir entfernt in Sicherheit auf. Trotzdem ist es ein komisches

Gefühl, hier im Wasser zu sein. Keine Ahnung, welche Tiere und Viecher gerade um mich herumschwimmen. Ich erkenne hier gar nichts im Wasser. Alles braun. Und warm. Zum Glück bin ich geimpft.

Elegant (nicht!) gleite ich wieder rauf auf die Nussschale, ohne sie umzukippen. Wir zuppeln zurück Richtung Lodge, halten aber noch einmal am Ufer an und gehen an Land, wo wir ein kleines Dorf besuchen. Hier wohnt und lebt Mogli. Er begrüßt seine Familie, faselt irgendein Zeug und zeigt auf mich. Ich winke freundlich. Die Familie kichert, brabbelt weiter. Die Menschen hier sprechen kein hochdeutsches Spanisch, das ist irgendeine Dschungelmischform, erklärt mir Juan. Spanisch würde ich ja schon nicht kapieren. Das, was die Menschen hier sprechen, könnte auch Ungarisch sein. Ich versteh keine Silbe.

Vielleicht zwanzig Holzhütten stehen hier, in eine gehen wir drei rein, die Treppe hoch, und schwupps stehen wir mitten im Wohnzimmer einer Familie. Warum, erklärt sich schnell. Die Menschen hier haben nämlich zwei Haustiere: Faultiere. Eins hängt unter der hölzernen Decke ab, das andere liegt gerade auf einem Tisch rum und fummelt in Zeitlupe aaaaaaaaan eiiiiiiiiiiineeeeeeeeeeem Saaaaaaalaaaaaaaaatblaaaaaatttttt ruuuuuuummmmmm. Juan scheint öfter hier zu sein, schnappt sich ohne zu fragen das Tier und setzt es mir auf den Bauch. Reflexartig, nur eben in Zeitlupe, klammern sich seine Arme oben auf meiner Schulter fest, die Beine krallen sich in meinen Hüftspeck. An mir hängt gerade ein Faultier. In diesem Moment ein überragendes Gefühl – wie ich aber leider erst viel später herausfinden werde, gibt es einen Schwarzmarkt für Faultiere, sogar in Iquitos. Die putzigen Dinger gehören nicht in einen Haushalt, stehen gewaltig unter Stress, wenn sie auf dem Arm von Menschen sitzen. Aufgrund des erhöhten Stresses und des Mangels an Schlaf sterben die Tiere viel früher, als wenn sie in freier Wildbahn in ihrer natürlichen Heimat, dem Baum, abhängen. Ich wusste das, wie erwähnt, zu dem Zeitpunkt damals leider nicht. Sonst hätte ich das Tier nicht auf den Arm genommen. Aber ich habe es gemacht. Juan erklärt: »Etwa alle acht Tage müssen diese Tiere mal auf den Pott, und das machen die ausschließlich nur auf dem Boden.« Die Wahrscheinlichkeit geht also gegen null, dass der mir jetzt auf die Hand kackt.

Als wir abends wieder zurück in der Lodge sind, wollen mir die beiden noch Taranteln zeigen. Die Riesenspinnen seien im Dunkeln am besten zu sehen. Hä? »Können wir nicht einfach ins Bett gehen und die armen Spinnen in Ruhe lassen?« Natürlich können wir das nicht. Also machen wir eine Nachtwanderung. Nicht ohne Folgen. Denn während wir unterwegs sind, passiert es: Bei einem Schritt sackt unter mir plötzlich der Boden weg, mein rechtes Bein bohrt sich tief in den Dschungel. Es verschwindet einfach komplett im Boden, bis zum Hoden. Oh Gott, der Urwald versucht mich zu verschlingen, los, rettet mich! Juan und Mogli leuchten mich mit ihren Taschenlampen an, lachen laut. Was gibt's denn da zu feiern? Habt ihr noch nie einen Riesen gesehen, der mit einem Bein bis zur Hüfte im Boden versunken ist und da jetzt nicht mehr rauskommt? Und was ist das überhaupt für eine Höhle, in die ich da getreten bin, nagen schon Schlangen an mir? Es scheint dann doch nicht so gefährlich zu sein, denn die beiden Guides drehen sich einfach wieder um und suchen die Bäume mit den Lichtkegeln der Taschenlampen nach Taranteln ab.

»Sorry, könntet ihr mir kurz hier raushelfen?« Niemand hört mich. Es dauert ein bisschen, bis ich mich selbst aus meiner misslichen Lage befreit habe. Zum Glück hat sich kein Tier in meinem Bein festgebissen, ich bin unverletzt. Allerdings: Mein rechter Wanderschuh ist hin. Aufgerissen und zerfetzt. Von was auch immer. Ja ja, mit den Gummistiefeln wäre das nicht passiert, schon klar. Mir wird schnell bewusst, dass mein kaputter Schuh ein noch ganz anderes, wesentlich größeres Problem aufwirft: Wenn dieses Paar Schrott ist, brauche ich ein neues. Das allerdings steht in Deutschland im Schrank. Ich schätze Bärbel so ein, dass sie maximal mittelbegeistert sein wird, mir (hohe!) Wanderschuhe Größe 52 in ihrem Rucksack mitzubringen. Das wird ein Spaß, sie darum zu bitten. Aber es gibt auch eine gute Nachricht: Juan und Mogli haben heute keine Tarantel für mich.

Drei tolle Nächte und vier krasse Tage im Dschungel gehen zu Ende. Davon werde ich garantiert meinen Enkeln noch erzählen. Die beiden Jungs haben mich nachhaltig beeindruckt und Sachen von mir verlangt, die ich nicht mal im Traum machen würde. Danke dafür! Und das trotz (oder wegen) des kleinen, weißen, ekeligen Wurms, den ich lebendig verspeist habe. Proteinpower außerhalb der Komfortzone – Bärbel wird stolz sein, wenn sie davon erfährt!

Oder auch nicht. Zurück in Iquitos skype ich mit ihr und schwärme ihr von meinen Abenteuern vor. »Das ist genau das, was wir demnächst auch alles machen. Das wird so toll. Wir werden so viel unternehmen.« Ja ja. Ich freu mich auch. Ein bisschen. Aber irgendwie feiert sie mich gerade gar nicht dafür ab, dass ich schon so viel außerhalb meiner Komfortzone erlebt habe. Hmm. Jetzt aber mal zum wirklich unangenehmen Teil: »Bärbel, du müsstest mir bitte einen Gefallen tun. Meine Wanderschuhe sind dem Dschungel zum Opfer gefallen. Du glaubst gar nicht, wie gefährlich das da ist und wie knallhart ich mich da durchgeschlagen habe.«

»Was willst du?« Oh, die Laune steigt, wie praktisch.

»Könntest du mir bitte meine anderen Wanderschuhe aus Deutschland mitbringen, sonst hab ich hier keine mehr.« Schweigen. Denn wir beide wissen, was das bedeutet. Allein mit den Schuhen Größe 52 ist ihr Rucksack zu einem Drittel gefüllt.

»Das ist jetzt nicht dein Ernst, oder?«, fragt Bärbel.

»Es tut mir echt leid, aber ich musste die Wanderschuhe anziehen, wie sonst hätte ich im Dschungel überleben können? Und da sind sie mir dann kaputtgegangen. Weißt du, der Dschungel ist sooo …«

»Mich interessiert nicht, wie der Dschungel ist. Ich will nur nicht deine Riesenschuhe mitschleppen. Wie stellst du dir das vor?«

»Na ja, wenn ich sie nicht habe, kann ich die ganzen Wanderungen ja nicht mitmachen, die du … äääh, wir noch vorhaben.«

Sie schnaubt, guckt mich finster an und verabschiedet sich direkt. »Hol mich in Lima am Flughafen ab.« Verbindungen getrennt. Also, nur die digitale, hoffe ich. Hätte ich ihr jetzt auch noch erzählt, dass ich die Gummistiefel an dem Tag nicht tragen wollte, würde ich auch den Rest der Reise allein verbringen. Aber das will ich ja eigentlich nicht. Obwohl ich mittlerweile verstanden habe, dass Allein-Reisen nicht gleichzeitig bedeutet, einsam zu sein. Es hat sehr viele Vorteile und auch angenehme Seiten. Eine lehrreiche Zeit geht für mich zu Ende, denn in Lima, meinem nächsten Ziel, stößt Bärbel zu der Reise hinzu. Falls sie unser vergangenes Telefonat nicht zu sehr gewurmt hat.

## »Wie ist denn die Luft da oben?«

*(Copacabana, Bolivien)*

Zum Glück ist bis zum Wiedersehen in Lima genug Zeit ins Land gezogen, dass sich unsere beiden Gemüter wieder beruhigt haben. Vor allem ihres. Ich stehe hier am Flughafen, warte auf ihre Ankunft. Die Freude ist schon groß, als ich Bärbel endlich erblicke. Und ich sehe sofort, was da am Rucksack baumelt: meine Wanderschuhe. Reingepasst haben sie also wirklich nicht mehr. Eine ihrer langen blonden Strähnen hat sich schmerzhaft im Schuh verfangen, mit genervtem Gesichtsausdruck befreit sie die Haare aus den Riesenschuhen. Wir nehmen uns zur Begrüßung in den Arm. Da haben wir schon Übung drin, denn wenn 205 und 164 Zentimeter versuchen, sich zu umschlingen, kann das in lustigen Szenarien enden. Ja, Bärbel ist tatsächlich 1,64 Meter groß. Aufgerundet. Mit hohen Schuhen natürlich fast 1,80. Fast. Zum Umarmen nutzen wir gerne jede Bordsteinkante oder Treppenstufe, ansonsten, wie hier am Flughafen in Lima, müssen leichte Kniebeugen (ich) und Zehenspitzen (sie) eben ran – alternativ umklammern meine Arme ihren Kopf, während sie meine Hüfte umschlingt. Andere Menschen gucken dann schon mal dämlich, aber das ist ja deren Problem. Wir nehmen uns in den Arm, unser vergangenes Skype-Gespräch scheint vergessen, was mich freut. Nach mehr als sechs Wochen alleine herumreisen jetzt ein neuer Startschuss für mich: die gemeinsame Weltreise. Und es geht sofort los, Typ Knallstart.

Noch im Taxi zum Hostel laufen die ersten Planungen an. Bärbel: »Wir gehen gleich erst mal in die Stadt, oder? Ich würde mir gerne ein paar Plätze angucken. Den Kennedy in Miraflores und den direkt dahinter.« Mirawas? »Dann können wir auch gleich schon die Flüge nach Cusco buchen und die Tickets für Machu Picchu kaufen. Hast du schon geguckt, was der Bus zum Titicaca-See kostet?« Hihi. Titicacasee. »Hast du oder hast du nicht?«

»Äähh, ich musste mich die letzten Tage doch erst mal vom anstrengenden Dschungel erholen und dann noch unser gemeinsames Hostel buchen und gucken, wie man hier in Lima zum Flughafen kommt.« Oh Mann, Bärbels Hummeln im Hintern sind schon jetzt, zwanzig Minuten nach ihrer Landung, auf Betriebstemperatur. Ich dachte, wir genießen erst mal entspannt unser kleines Zimmerchen im Hostel und so. Nix da. Sie stürmt sofort richtig los. Kein Wunder, nach der aufgestauten Vorfreude explodiert jetzt ihr Tatendrang. Hätte ich mir eigentlich denken können.

Zum Glück braucht sogar Bärbel eine gewisse Zeit der Akklimatisierung in Lima. Sie muss zwischendurch mal durchschnaufen. Auch wenn die Reise durch sie einen neuen Drive bekommen hat, gehen Theorie und Praxis schon mal getrennte Wege. Das heißt, dass Bärbel zwar möglichst viel sehen und erleben möchte, ein Tag auf einer Weltreise aber auch nur vierundzwanzig Stunden hat. Nicht alles, was sie gerne sehen, essen oder erleben möchte, bekommen wir hin. Keine Chance. Finde ich ja nicht schlimm.

Nach unserem schon fast entspannten Aufenthalt in der wunderschönen Stadt Cusco statten wir auch den runzeligen Ruinen von Machu Picchu einen Besuch ab. Was für eine Enttäuschung! Nach dem Gedränge am Eingang haben wir drinnen den Eindruck, auf einem Jahrmarkt gelandet zu sein. Wie die kleinen Kinder rennen die Touris los, um sich die alten Steine anzugucken. Zwischendurch ist es so voll, dass wir an sicherlich bedeutsamen, aber hart langweiligen Mauerrückständen vorbeigeschoben werden. Wer kurz stehen bleibt, wird gleich angebölkt. Bärbel und ich bleiben nicht lange, hauen nach knapp anderthalb Stunden wieder ab. Zum Glück war wenigstens die Wanderung hierher ein echter Traum. Die Ruinen selbst aber ein Albtraum. Von der versprochenen Magie dieses Ortes haben wir nix gespürt. Mageres Machu Picchu. Anders der Titicacasee. Hihihi. Titicacasee.

So richtig haben wir von dem keine Vorstellung und somit auch null Erwartungen. Erstes Ziel: Copacabana.

Das klingt zwar erst mal recht warm, hat aber nix mit Rio de Janeiro und nackten Hintern am Strand zu tun. Boliviens Copacabana ist ein popeliges Dorf am Titicacasee – auf mehr als 3850 Metern Höhe. Knapp 6000 Einwohner leben hier angeblich, es gibt genau eine belebte und beliebte Straße. Bei den Touris beliebt. Hier finden wir natürlich auch unser Zimmer. Neun Euro die Nacht, mit eigenem Bad. Der Holzfußboden zerbricht unter meinem Gewicht, die Dusche wird nicht heiß – aber noch mal: neun Euro die Nacht fürs Doppelzimmer, inklusive Frühstück.

Natürlich ist auch unser erster Tag hier in Copacabana

komplett durchorganisiert. Kaum haben wir unser Zimmer bezogen, das Gepäck abgestellt und den Fußboden zerstört, geht's gleich wieder vor die Tür. Dass bei uns immer was los ist, darum kümmert sich Bärbel schon. Erstes Ziel ist der Stadthügel (»Cerro Calvario«). Mehr als ein Hügel ist es wirklich nicht, aber der Aufstieg dahin hat es in sich. Denn Copacabana liegt ja eh schon auf einer Höhe von fast vier Kilometern und damit deutlich oberhalb der Fitnessgrenze. Weil ich vor Jahren schon mal einen Marathon gelaufen bin, war ich mir sicher, dass mir die Höhenluft in den Anden nichts anhaben kann. Gar nicht mal so schlau. Die Luft hier oben ist so rein, als ob sie frisch geboren wäre, aber genauso dünn ist sie auch. Size zero. Nicht schön. Nach nur wenigen Schritten den Hügel hoch wundere ich mich, was mit mir los ist. Ich pumpe richtig, schnappe nach Luft. Ab jetzt ist jeder Schritt schmerzhaft, zerreißt meine Lungen. Zum Glück quäl ich mich nicht allein, neben mir und Bärbel haben auch andere Touris mit der Luft zu kämpfen. Einzig die Einheimischen spazieren den Hügel hoch und runter, als wären wir hier in Ostfriesland. Auf der Hälfte des Weges sind wir am Limit, wir müssen eine längere Pause einlegen. Nur mal so: Insgesamt ist der Weg vom Fuße des Hügels bis zum Gipfel etwa 350 Meter lang. Wir stehen also jetzt etwa bei Meter 176, stemmen unsere Hände auf die Knie und versuchen, ruhig und gleichmäßig Luft zu holen. Es dauert eine ganze Zeit, bis wir wieder etwas normaler atmen können. Da merke ich, dass wir nicht alleine pausieren. Ein älteres Paar schnauft neben uns ebenfalls durch. Unser gemeinsames Leid eint uns. »Siehst du, Bärbel«, versuche ich ihr noch immer leicht keuchend Mut zu machen, »anderen geht es nicht anders. Wir sind nicht die Einzigen, die nicht mehr können und Pause machen.« Kaum hab ich das ausgesprochen, wenden sich die Weißhäupter uns zu.

»Ach, Sie kommen auch aus Deutschland?«, fragt er. Oh Mann, überall lauern sie, die deutschen Touristen. Ich richte mich wieder auf, aber noch bevor ich antworten kann, fängt der ältere Herr an zu grinsen, dann lacht er, prustet förmlich los. Fällt ihm nicht leicht hier oben. Bärbel und ich schauen uns verwundert an. Ziert etwa noch ein klebriger Faden Milchschleim vom Frühstück meinen Bart? Was hat er denn? Das denkt sich wohl auch seine Gattin, blickt ihn argwöhnisch an. Als er sich wieder einigermaßen beruhigt hat, blickt er zu mir hoch und lässt es mit einem Augenzwinkern raus: »Entschuldigung, aber wie ist denn die Luft da oben?«

Aaaaalter. Den Spruch kenne ich ja schon, mehr als ein gelangweiltes Lächeln ob der Einfallslosigkeit darf man dann bei mir nicht erwarten. Hab ich gute Laune, presse ich ein »es stinkt nach Zwergen« raus, aber das ist schon mehr als höflich. Jetzt allerdings, hier oben auf knapp 4000 Metern Höhe, während einer Verschnaufpause nach einem 176-Meter-Mammutmarsch und akuter Luftknappheit, kann ich mich vor Lachen nicht mehr halten. Wir alle vier pressen den letzten Sauerstoff aus unseren Lungen, gackern herzhaft. Das war der beste Spruch, den man mir seit ganz, ganz langer Zeit gedrückt hat! Respekt. Gerne würde ich das auch dem Typen sagen, einzig habe ich keine Luft dafür. Meine Lachtränen und ein Daumen hoch sollten ihm aber signalisieren, dass ich mich ganz gut amüsiere. Mit einem freundlichen Nicken verabschiedet sich das deutsche

Paar, kämpft sich weiter dem Ziel entgegen. Wenig später tun wir es ihnen gleich.

Auf dem Gipfel angekommen wird schnell klar: Jeder Schritt hat sich gelohnt. Es ist sonnig, keine Wolke am Himmel. Dazu frisch. Klare, kalte Luft ermöglicht einen Blick auf den Titicacasee, den ich so nicht erwartet habe. Überwältigend, die Ruhe und Strahlkraft des Wassers. Vielleicht liegt's auch an der Höhensonne. Auf jeden Fall bin ich geflasht. Das Ende des Sees ist nicht zu sehen, so groß is' das Dingen. Plötzlich zuppelt jemand an meinem Ellbogen.

»Wo kommt ihr denn her?«, will die alte Dame mit ihren dreieinhalb Zähnen wissen.

»Alemania.«

Sofort drückt sie mir ein Bier in die Hand. Gefällt mir. Ich hätte wahrscheinlich auch »vom Mond« sagen können und anschließend die Flasche in der Hand gehabt. Drei Bier soll ich ihr abkaufen, übersetzt Bärbel. Überredet! Dazu gibt's sechs oder acht Becher – warum so viele, wird schnell klar. Oben auf dem Hügelchen sitzt eine Familie. Einheimische. Fünf oder sechs Kinder, von gefühlt fünfzehn Jahren bis Mitte dreißig. Dazu Mama, Papa, Tante, Onkel, Stiefneffe, Nachbar, Schwippschwager und noch irgend so ein alter Griesgram. Bis heute bin ich mir nicht sicher, ob er zu dem Clan gehörte oder einfach nur was zu saufen haben wollte. Wir alle hauen uns die Biere rein, stoßen miteinander an, lachen und reden. Zum Glück hat Bärbel ihre Sprachkenntnisse dabei, sonst wäre ich anfangs aufgeschmissen gewesen. Mein Spanisch wird aber natürlich von Schluck zu Schluck besser, die drei Flaschen sind schnell weg, doch die Party ist noch lange nicht vorbei. Wir machen Fotos, drehen

Videos, halten den lustigen und geselligen Moment fest. Schön, die Einheimischen so kennenzulernen und zu erleben. Ich glaube, die haben sich auch sehr gefreut, uns kennenzulernen. Schließlich hatten wir ja auch die letzten drei Bierpullen des Tages.

Copacabana kann aber noch mehr. Es ist *der* Ausgangspunkt für alle Boote, die auf die beiden Inseln »Isla del Sol« und »Isla de la Luna« fahren. Auch deshalb sind wir hier. Ok, zum einen weil ich unbedingt nach Copacabana wollte, und zum anderen, weil die Sonneninsel lockt. Drei Euro pro Nase für die zweistündige Bootstour. Dabei ist nicht unwichtig zu wissen, dass es auf den beiden Inseln keine Geldautomaten gibt. Überhaupt ticken die Uhren da anders, vielleicht entschleunigt das Bärbel ein bisschen. Unsere erste Fahrt bringt uns nach Challapampa. Nein, das habe ich mir nicht ausgedacht, die Ansammlung von kleinen Häuschen heißt so. Kaum haben wir einen Fuß an Land gesetzt, kommt die etwa dreijährige Maria auf uns zu und begrüßt uns in einwandfreiem Spanisch. »Herzlich willkommen auf der Sonneninsel – braucht ihr eine Unterkunft? Mit eigenem Bad kostet das 40 Bolivianos pro Kopf.« Das sind etwa 4,50 Euro. Wir trauen unseren Augen und Ohren nicht. Die putzige Kleine will Geschäfte mit uns machen.

Wir gucken uns erst mal ein bisschen um, merken aber schnell, dass es nicht viel zum Umgucken gibt. Weil Maria wie eine gute Geschäftsfrau nicht von unserer Seite weicht, fragen wir sie, ob wir uns das Zimmer mal angucken dürften. Anscheinend hören bei Rückfragen ihre Spanisch- oder Businesskenntnisse auf, denn sie sagt nix mehr, winkt uns zu sich und rennt zur Mama, die in einem der kleinen Häuser wohnt. Mama zeigt uns dann eine Unterkunft den Weg runter, in der Zimmer vermietet werden. Wir schlagen sofort zu. Viel Auswahl wird's hier eh nicht geben, und wahrscheinlich unterscheiden sich die Villen nicht wirklich voneinander. Ein anderes Pärchen inspiziert das Zimmer neben uns, rümpft die Nase, schüttelt den Kopf und zieht weiter. Wahrscheinlich auf der Suche nach dem nächsten Hyatt Hotel.

Wir zahlen, freuen uns, hier zu sein, und packen in dem Zimmer erst mal entspannt …

»So, was machen wir denn zuerst? Gucken wir, wann wir morgen ins nächste Dorf fahren, oder schauen wir uns erst hier um?« Ok, Bärbel ist noch im Hummelmodus, scheint noch nicht angekommen zu sein.

»Wie wär's, wenn wir erst mal 'nen Mittagsschlaf halten? Ich finde ja, wir sollten mal einen Gang rausnehmen. Wir müssen doch auch mal durchschnaufen.«

»Aber wir haben nur vier Tage hier auf der Insel, sollen wir die etwa im Bett verbringen?«

Ich habe das Gefühl, dass das eine rhetorische Frage ist. Einen letzten sehnsüchtigen Blick werfe ich Richtung Kuschelkissen und Daunendecken, bevor wir zur Tür rausgehen, um das Dorf zu erkunden.

Frischer Wind weht uns um die Ohren, aber die Sonne scheint, und die Luft ist so klar, man möchte sie in Flaschen füllen und in Peking verkaufen. Auf dem Weg durchs Dörfchen streicheln wir ein paar Schweine, die hier und da rumsitzen und es sichtlich genießen, im Mittelpunkt zu stehen. Tolle Tiere. An einem Strand ist ein Stier an einem kleinen Pfahl festgebunden. Der Bulle wirkt sehr friedlich, trotzdem trauen wir uns nicht ganz so nah heran. Bei steifer Brise und klarer Luft genießen wir den Strandspaziergang – verlieren den Stier aber nie ganz aus den Augen.

Abends gibt's im Restaurant drei Gerichte zur Auswahl – daran werden wir uns gewöhnen müssen. Fisch, Huhn oder Quinoa-Suppe. Oder als Menü: Fisch oder Huhn mit Quinoa-Suppe. Dazu Salat und Reis oder Kartoffeln – für umgerechnet etwa 3,50 Euro. Die Einheimischen machen damit einen richtigen Reibach. Unser Kellner ist Ladenbesitzer und Koch gleichzeitig. Als noch andere Gäste reinschneien, verlässt Cheffe kurz seinen Schuppen, kommt wenig später mit (s)einer Frau wieder. Die hilft in der Küche. So einfach und günstig das Essen ist – so lecker ist es auch. Geschmacksverstärker und so 'n Zeug kennen die hier nicht. Großartige Mahlzeit. Als wir zu Hause ankommen sehen wir, dass das Pärchen von heute Nachmittag neben uns wohnt. »Na, habt ihr das Hyatt nicht gefunden?«, frage ich.

»Hä? Was willst du?«, faucht der Typ zurück.

»Ach, schon gut.« Auf gute Nachbarschaft.

Nach einer klirrend kalten Nacht ohne Wärmequelle in unserem Zimmer und ohne warmes Wasser nehmen wir am nächsten Morgen ein Bötchen und fahren nach Yumani, das nur fünfzehn Minuten entfernt ist. Allerdings fragen wir uns, was wir hier machen. Eigentlich soll das der größte Ort der Sonneninsel sein. Das Einzige, was wir sehen, sind drei, vier Häuser, die in den Hang über uns gebaut sind, und eine gigantische Inka-Treppe.

»'tschuldigung«, fragt Bärbel einen der Einheimischen, »wo kann man denn hier eine Unterkunft für die Nacht finden?«

»Das Dorf ist dort oben auf dem Hügel, das sieht man

von hier aus nicht. Viel Spaß beim Aufstieg.« Danke. So ein Spruch hilft ja immer. Weil unser Boot schon weg ist, haben wir wohl keine andere Wahl: Es geht mal wieder bergauf. Wie schon am Hügelchen von Copacabana. Jetzt müssen wir eine Treppe raufsteigen, die gefühlt nicht mal ins Empire State Buildung passt.

Mit unseren kleinen Rucksäcken (die großen haben wir auf dem Festland gelassen) nehmen wir Stufe für Stufe. Aufgrund der dünnen Luft müssen wir nach zehn Schritten 'ne Pause einwerfen. Jedes. Mal. Leider haben wir auch keine Luft, uns kaputtzulachen, wenn die Dorfältesten entspannt an uns vorbei nach oben gehen. Wir kommen uns vor wie Biggest-Loser-Kandidaten bei der Tour de France. Für den ganzen Aufstieg brauchen wir mehr als eine halbe Stunde – dann aber haben wir es geschafft. Vor uns erstreckt sich das Dorf Yumani. Wir mieten uns für zwei Nächte ein Zimmer mit eigenem Bad. Ich frage nach warmem Wasser. »Selbstverständlich«, lügt mich die nette Dame an. Wir schlagen zu. Für zehn Euro die Nacht. Wucher! Dafür bekommen wir aber auch das beste Zimmer der gesamten Insel, versichert sie uns. Wie man ein Geschäft macht, verstehen die Einheimischen schon ganz gut. Allerdings war das mit dem Superzimmer tatsächlich nicht gelogen. Der Ausblick raubt den Restatem. Vom Bett aus sehen wir über den Titicacasee auf das gegenüberliegende Ufer, im Hintergrund ragen die 6000er-Gipfel der Anden in den kristallklaren Himmel. Schneebedeckt. Demut kommt auf, einen solchen Moment erleben zu dürfen. Und Kälte. Wir stellen fest: In unserem Zimmer gibt's nichts, was den Raum heizen könnte, außer wir zünden es an.

Nach einer Stunde Verschnaufen im Zimmer (immerhin!) machen wir einen Streifzug durch die Gemeinde, und der zeigt schnell, dass das Dorf auf einem Gebirgskamm gebaut ist. Es gibt einen Punkt, von dem aus wir in beide Richtungen über den See blicken können. Auf der einen Seite die thronenden Gipfel der Anden, auf der anderen die untergehende Sonne. Postkartenidylle. Oder wie das neuerdings heißt: Instagram-Moment. Abends gehen wir essen, haben wieder die drei Gerichte zur Auswahl. Weil wir aber in der Großstadt der Sonneninsel sind, gibt's hier auch Läden, die Pizza anbieten. Die ist sogar richtig gut. Kulinarisch haben die Freaks hier auf dem Eiland richtig was drauf. Allerdings: Sobald die Sonne weg ist, wird's spürbar kälter. Und es ist ja nicht so, dass es tagsüber schon warm wäre.

Zurück im Zimmer bleibt uns nichts anderes übrig, als alle vorhandenen Decken über uns zu werfen in der Hoffnung, dass es ein bisschen wärmt. Besonders nachts ist es brutal kalt. Morgens heiß duschen? Fast. Dass das Wasser in der Dusche irgendwann mal warm wird, darauf warte ich noch heute. Einzig ist es nicht eisig kalt, sondern nur »erfrischend«. Muss reichen für eine kurze, schnelle Waschung.

Auf der Sonneninsel regnet es nachts fast genauso viel, wie tagsüber die Sonne scheint – besser so als andersrum. Außerdem gibt es auf dem kleinen Eiland keine Autos, nur ein paar Menschen, Esel, Hunde, Schafe, Katzen, Schweine und Lamas. Aufstiege, Ausblicke, alles ist hier atemberaubend. Die Einheimischen wirken immer irgendwie grummelig, aber sobald Bärbel mit ihnen ins Gespräch kommt, merken wir, wie herzlich und gastfreundlich sie eigentlich sind.

Weil sich irgendwann unser Geld dem Ende zuneigt

und wir auch mal wieder spüren wollen, wie sich Wärme anfühlt, müssen wir zurück nach Copacabana. Am liebsten gleich durch bis nach Rio. Es war kalt. Aber die gute Kälte. Der Titicacasee ist unser Höhepunkt der Weltreise, welcher die Erwartungen am meisten übertrifft. Von Patagonien und Neuseeland erwarten wir viel – und werden nicht enttäuscht. Vom Titicacasee haben wir nichts erwartet, hatten keine Ahnung, was der kann. Und wurden weggeblasen. Was für eine Perle in den Anden Südamerikas! Auch wenn es eine ganz schön frostige ist.

# Der Riese und die Todesstraße

*(La Paz, Bolivien)*

Geil, La Paz! Der höchstgelegene Regierungssitz der Welt. Hurra, wieder ein Superlativ. Die Stadt Quito (Ecuador/2850 Meter) ist zwar die höchste Hauptstadt, aber La Paz liegt mit offiziell 3600 Metern deutlich weiter oben. Die Hauptstadt Boliviens ist übrigens Sucre (2808 Meter). Ok, Schluss mit Klugscheißen. Zurück zur Vorfreude auf La Paz. Mitten in den atemberaubenden Anden so eine monströse Millionenstadt – muss das toll sein! Stellt sich raus: muss nicht.

Bärbel und ich sitzen im Bus, schwelgen noch in Erinnerungen an das Titicacasee-Abenteuer und steuern auf La Paz zu. Schon als wir uns der Stadt nähern, geht's los: Erste Zweifel an dem von mir erhofften Charme der Anden-Metropole machen sich breit. Wir erreichen La Paz von oberhalb, die ganze Stadt liegt uns zu Füßen. Aus dem Bus genießen wir den besten Überblick – und der ist erst mal ernüchternd. Was auf uns wartet ist ein Meer aus braunen, traurig dreinblickenden Häusern. Die Stadt erstreckt sich von 3200 bis 4100 Meter Höhe, erinnert ein bisschen an Wuppertal. Die Häuser dort liegen sowohl im Tal der Wupper als auch an den umliegenden Hängen. Genauso ergeht es La Paz – nur ohne Wupper. Die Stadt vereinnahmt das Tal samt angrenzender Hügel und Abhänge. Alles zugebaut, alles irgendwie einfarbig. Braun. Oder Mokka? Als hätte der Lehm den Hang komplett zugeschissen.

Bestätigt wird der erste Eindruck leider, als wir im Busbahnhof aussteigen. Es riecht. Stinkt. Müffelt. Nicht nur nach Abgasen. Auch nach bolivianischem Furz. Unser Hostel ist fußläufig erreichbar, wir schleppen unser Gepäck die laute, miefige Hauptstraße entlang. »The Adventure Brew Hostel« aber ist nur ein kleiner Lichtblick. Leider liegt unser Zimmer direkt zur Straße raus. Also bleiben wir hier nur eine Nacht, ziehen dann um ins »Maya Inn Hostal«, direkt an der Calle Sagarnaga im Herzen von La Paz. Unser Zimmer ist sensationell gut – und günstig.

Was aber sollen wir eigentlich hier machen? La Paz bietet kaum Sehenswürdigkeiten. Im Reiseführer stehen viele Tagestouren – alle außerhalb der Stadt. Und wenn wir *in* La Paz was machen möchten? Dürftige Auswahl. Zum Glück hat Bärbel da mal was vorbereitet und etliche Vorschläge parat. Ich will eigentlich nur noch die Reihenfolge wissen, in der wir alles erledigen. Immerhin: Einer ihrer Vorschläge klingt tatsächlich nicht schlecht.

Ich bekomme Bock auf die »Death Road«. Das ist die ehemals gefährlichste Straße der Welt. Mittlerweile fahren da so gut wie keine Autos mehr – nur noch Fahrräder. Die Straße verkommt zur Touristenattraktion. Von La Paz aus karren Anbieter die Touris hoch auf 4700 Meter. Dort beginnt die Abfahrt. Mit Mountainbikes. Vierundsechzig Kilometer bergab, runter bis auf 1100 Meter. Knapp fünf Stunden dauert der Spaß. Hammer! Will ich machen! *Muss* ich machen! Die Sache hat nur einen Haken.

Komplett ungefährlich ist der Spaß nicht. Es ist sogar

schon der ein oder andere Teilnehmer dabei ums Leben gekommen. Nicht verwunderlich, geht es an manchen Stellen direkt neben der Straße bis zu sechshundert Meter steil den Hang runter. Leitplanken? Fehlanzeige. Vorsicht also vor dubiosen Touranbietern! Die Internetrecherche hat lange gedauert, bis wir eine Agentur ausgemacht haben, die die »Death-Road-Tour« zwar etwas teurer anbietet, dafür aber wohl auch sicheres Material stellt. Offensichtlich keine Selbstverständlichkeit. Laut Netz soll es Anbieter geben, die gerne auch mal ein defektes Fahrrad mit kaputten Bremsen stellen. Leuchtet ein, dass das auf einer reinen Bergabtour nicht gut gehen muss.

Voller Vorfreude betreten wir also den Laden der Agentur »Vertigo«. Ich bin heiß! Abenteuer »Death Road« – wo muss ich unterschreiben? Sechzig Euro kostet der Trip pro Nase. Ich fülle das Formular aus: Name. Adresse. Ausweisnummer. Größe. Gewicht, Geburts… ähh, Moment. Bei Größe steht irgend so ein Quatsch von »bis maximal 190 cm« – und bei Gewicht »bis maximal 90 kg«. Da liege ich jeweils fünfzehn drüber. Ich frag die liebe »Vertigo«-Vertreterin, was das zu bedeuten hat.

»Wie groß sind Sie denn, und was wiegen Sie?«

»105 Kilogramm bei zwei Meter fünf.«

Sie schüttelt den Kopf. »Es tut mir leid, aber dann dürfen Sie nicht mitfahren. Das ist zu gefährlich.«

*Was bitte?* »Das passt schon, ich pass auf mich auf, das wird schon gehen. Ich will da auf jeden Fall mit!« Scheiß auf die 15 cm und kg.

»Ich kann Sie da nicht mitfahren lassen. Keine Chance. Die Fahrräder halten Sie womöglich nicht aus, das Risiko ist zu hoch.« Kopfschütteln. Jetzt auf beiden Seiten des Schreibtischs.

Trotz all der Enttäuschung – was mich an »Vertigo« beeindruckt: Es gab einen Todesfall während einer Tour, und die Agentur geht damit sehr offen um. Im Büro hängt ein Zeitungsartikel von dem tragischen Unfall und ein Brief vom Vater des Opfers. In dem bedankt er sich bei »Vertigo« für deren Hilfe und schreibt ausdrücklich, dass die Agentur keinerlei Schuld treffe. *So* geht man mit einem tragischen Unglück stilvoll um.

Mit hängenden Köpfen trotten wir nach draußen. Hier hab ich keine Chance auf den Adrenalinkick »Death Road«. Vielleicht bei einer anderen Agentur? Leider spricht ja eben gerade *für* »Vertigo«, dass die so auf ihren Sicherheitsmaßnahmen bestehen. Bei einer anderen Schubse dürfte ich vielleicht die Todesstraße runterbrettern, bekäme dann aber womöglich ein Fahrrad, welches unter meinem Gewicht zerbersten würde. Sogar Bärbel ist der Meinung, die Tour dann lieber nicht zu machen. Das will was heißen. Ich akzeptiere schweren Herzens, dass ich für die »Death Road« zu groß und zu schwer bin. Sie ist nicht für Riesen gemacht.

Der Schmerz der Enttäuschung sitzt tief. Trotzdem, La Paz will erlebt werden. Nur: mit was? Bärbel zieht das nächste Ass aus ihrem Poncho-Ärmel: Frauen-Wrestling. Watt? Jau, kein Scherz. Frauen-Wrestling ist tatsächlich so ein angeblich hippes Ding hier. »Cholitas Wrestling« nennt sich das, soll weltberühmt sein. Aha. Nie davon gehört.

Die Teilnehmerinnen sind indigener Abstammung, haben also noch das Blut der Ureinwohner der Region in sich. Ein paar Männer machen auch mit. Angeblich steigt diese Megaveranstaltung jeden Sonntag. Zweifel daran sind berechtigt. Denn als wir in der Stadt El Alto, einem ehemaligen Stadtteil von La Paz und somit direkt angrenzend, am Ort des Geschehens eintreffen, sind wir die *einzigen* Touris in der mit etwa achtzehn bis fünfundzwanzig Zuschauern (nein, da fehlen keine Nullen) nicht ganz ausverkauften Halle. Die meisten, wahrscheinlich aber alle, sind Angehörige der Wrestler und Wrestlerinnen. Freundlicherweise warten alle auf Bärbel und mich. Weil es Probleme mit unserem Transportmittel, dem Minibus, gab (alle Leute mussten einmal aussteigen, damit ich den einen Platz bekam, auf dem ich überhaupt sitzen konnte), kommen wir 'ne satte Stunde nach dem eigentlichen Anstoß in El Alto an. Aber weil wir die einzigen Touris sind – und wahrscheinlich die Einzigen, die nicht zu wenig Eintritt gezahlt haben –, warten alle. Denn wir sollen ja anschließend in die Welt hinaustragen, was für eine tolle Show das hier ist.

Das Spektakel steigt in einer Art Halle, die zwar ein Wellblechdach hat, aber trotzdem nicht komplett geschlossen ist. Es scheint, als ob die Wände, natürlich aus braunen Ziegelsteinen, noch nicht fertig gemauert sind – und auch niemand vorhat, das jemals zu machen. Mitten in dieser Halle ist ein professionell wirkender Ring aufgebaut, eingehüllt in roten, gelben und grünen Tüchern, den Farben der Nationalflagge. Drum herum stehen vereinzelte Plastikstühle, wo auch wir Platz nehmen. Erste Reihe! Ok, es gibt auch keine zweite. Sogar ohne elektrisches Licht ist es taghell – wegen der »Löcher« in den Wänden und auch der fehlenden Dachsegmente. Dafür ist es aber auch recht frisch – ohne unsere Jacken wären wir aufgeschmissen. Immer an unserer Seite übrigens: unser Guide Rodriguez. Der hatte uns im Stadtzentrum abgeholt, in den Minibus gedrückt und bis hoch nach El

Alto fahren lassen. Jetzt sitzt er in der Halle neben uns und versorgt uns erst mal mit einer prächtigen Portion Peru-Popcorn. Freundlicherweise bietet uns eine andere Dame aus dem Publikum selbst geschmierte Brote an. Nicht mal Rodriguez scheint die Frau zu kennen – wir lehnen aus gastroenterologischen Gründen dankend ab, finden die Geste aber extrem lieb und gastfreundlich.

Anpfiff! Der Hallensprecher, der hinter einer riesigen Lautsprecherbox steht und unverständliches Spanisch brabbelt, ist kaum mehr zu bremsen. Man könnte meinen, Rocky Balboa höchstpersönlich steigt gleich in den Ring. Die ersten Athleten betreten die Halle, »The Italian Stallion« aber erkenne ich nirgendwo. Die Jungs lassen sich trotzdem vom gesamten Publikum feiern, vor allem vom Hallensprecher. Die Stimmung köchelt über. Lustig, die Verkleidung der Sportler. Besonders die Männer haben sich was einfallen lassen. Alle tragen eine Maske, einer ist als Skelett verkleidet, überwiegend sind die Herren natürlich oben ohne. Schnell stellt sich raus, wer bei den »Kämpfen« der Gute und wer der Böse ist – und auf wessen Seite der Schiedsrichter ist. Für den Fall, dass wir das nicht schnallen, sagt uns sicherheitshalber Rodriguez auch immer schön brav, zu wem der Schiedsrichter hält. Was natürlich mehr als offensichtlich ist und zum Gesamtkonzept der Veranstaltung gehört.

Während der »Kämpfe« muss ich herzhaft lachen, auch Bärbel schlägt sich regelmäßig die Hände vors Gesicht. Zwei Männer verprügeln zur Show eine Frau, die gewinnt aber am Ende den Fight. Zwei Frauen kämpfen gegeneinander, es gibt Geschrei, sie ziehen und zerren sich an den langen schwarzen Haarzöpfen. Ihre traditionellen Röcke wirbeln durch die Luft – Respekt vor der tollen Show der beiden kleinen und etwas fülligeren Wuchtbrummen. Beim letzten Kampf passiert dann das leider Unvermeidbare. Der blonde Riese, der heute einzige anwesende männliche Tourist, muss auf die Bühne, ab in den Ring. Klar, dass ich auch noch vorgeführt werden muss. Also holt mich eine der winzigen Wrestlerinnen ab.

Auf etwa 1,50 Meter würde ich meine neue Begleiterin schätzen. Inklusive hoher Schuhe. Wir klettern gemeinsam in den Ring, dann dauert es nicht lange, bis sie mich auf die Matte legt. So haben alle ihren Spaß. Mehrfach werde ich über die Bretter geschickt, ab in die Seile – um dann *auf* den Brettern zu enden. Zum finalen Höhepunkt muss ich mich vor der wuchtigen Wrestlerin hinknien – dass ich sie trotzdem noch mit meiner Körperlänge leicht überrage, findet sie überragend und zum Schreien lustig. Das Publikum auch. Freut mich. Grüße bitte. Sie nimmt mich in den Arm. Dann Küsschen rechts und Küsschen links. Und Küsschen auf den Mund. Ha! Ich werde benutzt. Alle grölen, ich hab auch meinen Spaß.

Als die große Show vorbei ist, klettern wir aus dem Ring, und zusammen mit Bärbel muss ich noch für ein paar Fotos posieren. Machen wir gerne. Mit solch unterschiedlich großen Menschen lassen sich die Einheimischen anscheinend gerne fotografieren. Meine andere Theorie ist, dass sich hierher nicht so oft Touristen verirren.

La Paz hat aber noch ein letztes Ass im Unterrock versteckt: den Hexenmarkt. Mann, Bärbel ist aber auch nicht aufzuhalten. Jeden Tag Programm. Ok, gegen den komischen Markt hab ich kein Argument, denn unser Hostel liegt nur einen Lamasprung davon entfernt. Der Hexenmarkt ist schräg. In den Straßen und kleinen Gässchen verkaufen Bolivianerinnen viel Zeug. Kräuter. Gräser. Cocablätter. Schlangenfleisch, Glück in Fläschchen, Flüche, Dinosaurier-Fürze, heilende Fußnagel-Halbmonde, getrocknete Lamas. *Waaaaaaas??* Bei genauerem Hingucken bestätigt sich der erste Schreck: Es sind tatsächlich kleine getrocknete Lamas. Was für ein schrecklicher Anblick. Wie sie da hängen, in nahezu jedem kleinen Lädchen hier in der Straße in der Altstadt von La Paz. Die armen Föten. Andere Jungtiere sogar mit Fell. Ich will gar nicht wissen, für oder gegen was die gut sind. Das Gleiche gilt für diverse andere »Sachen«. Undefinierbares Zeugs. Früher muss die Gegend des Hexenmarktes richtig authentisch gewesen sein. Mit dampfenden Heilmethoden und echten Hexen, mit Charisma und Atmosphäre. Mittlerweile sehen die Läden – mal abgesehen von den toten Tieren – fast alle aus wie top gepflegte Touri-Shops mit T-Shirts, Teepackungen und Souvenirmagneten für den heimischen Kühlschrank. Eine Stimmung, die man erwartet, wenn man das Wort »Hexenmarkt« hört, gibt's hier leider nicht mehr. Trotzdem spaziert Bärbel mit leuchtenden Augen mit mir hier durch die Gassen, rennt in fast jeden Laden rein und quatscht die Verkäuferinnen zu. Will die sich hier bewerben? Ist ja schön, wenn Menschen so viel Euphorie und Energie haben, aber so langsam könnten wir auch mal ein bisschen auf die Bremse treten. Ich nehme mir vor, das in den nächsten Tagen mal schonungslos anzusprechen.

Kaum fährt man nicht die »Death Road« runter, guckt sich den Hexenmarkt an und lässt sich beim »Cholitas

Wrestling« aufs Kreuz legen, schon hat man La Paz komplett volley genommen. Ok, ein paar Spaziergänge durch die Straßen und Gässchen waren schon ganz nett. Aber das ist's dann auch. Inmitten der Anden gelegen sind die Berge rund um La Paz extrem imposant. Mit den mehr als 6000 Meter hohen schneebedeckten Gipfeln ist das ein geiles Panorama. Wie schon am Titicacasee: So ein Ausblick ist unbezahlbar. Für uns bleibt La Paz aber nicht mehr als ein Moloch mit Ausblick.

## Der Mann, der auf meinem Schoß einschlief

*(La Paz, Bolivien)*

Die Straßen von La Paz, sie leben und lärmen im Dunkeln. Bürgersteige quellen über vor lauter Menschenmassen – und wir mittendrin. Mit unserem gesamten Gepäck. Jeweils ein großer Rucksack auf dem Rücken, ein kleiner vor die Brust geschnallt. Bärbel und ich müssen vom Hostel zum Busbahnhof. Zu Fuß. Abends, 20 Uhr, im Dunkeln. Im Gedränge. Rushhour auf den Gehwegen. Nicht zu empfehlen. Aber: Da müssen wir jetzt durch, im wahrsten Sinne.

Ich gehe voran, versuche, eine Schneise zu reißen. Bärbel ist dicht hinter mir, hält sich an einer Schlaufe meines Rucksacks fest, damit wir uns nicht verlieren. Wie es ein kleiner Elefant mit dem Schwänzchen seiner Mutter macht. Würde ich mich umdrehen, um zu gucken, ob Bärbel noch da ist, ich würde mit meinen Rucksäcken etwa fünf bis dreiunddreißig Menschen gleichzeitig umstoßen. Es herrscht hier ein Betrieb wie am letzten Samstag vor Weihnachten in der Kölner Schildergasse.

Nachdem wir etlichen Menschen auf die Füße getreten sind, anderen unsere Rucksäcke durchs Gesicht gezogen haben und uns nicht zu wenig haben beschimpfen lassen, sind wir am Ziel: das Büro unseres Touranbieters, direkt am Busbahnhof. Hier, in einer Seitenstraße, ist es deutlich ruhiger. Natürlich sind wir pünktlich. Und die Ersten. »Hab ich doch gesagt, dass wir noch ein bisschen Zeit haben«, faucht Bärbel mich an.

»Mag sein, aber ich finde Unpünktlichkeit ganz schrecklich und sehr unhöflich.« Typisch deutsch von mir. Wie wir aber feststellen werden, geht es noch deutlich typischer.

In knapp einer Stunde startet der Nachtbus, der uns nach Uyuni bringt, bis an den Rand der Salzwüste. Soll ganz nett sein da. Zwölf Stunden dauert die Tour, für neun Uhr morgen früh ist die Ankunft geplant. Schon bei der Buchung der Fahrt habe ich nachgefragt, wie viel Platz es für meine Gräten gäbe, ob ich nicht einen Sitz in der ersten Reihe bekommen könnte. »Quatsch, unsere Busse haben riiiiichtig viel Beinfreiheit! Das sind ganz besondere Busse, machen Sie sich keine Sorgen.« Ja, nee, is' klar. Solche Sprüche kenn ich leider.

Die Stimmung ist bei allen Reisenden, die jetzt nach und nach eintrudeln, sehr gelassen und entspannt. Auch wenn wir alle draußen warten müssen. Denn im Büro der Agentur meldet sich niemand, die Tür ist verschlossen, und ein Bus ist auch noch nicht zu sehen, aber hey – das hier ist Bolivien. So weit alles okay. Fast alles. Denn plötzlich taucht *er* auf.

Ich nehm's vorweg: Er ist ein Assi. Meine Fresse, hab ich den Typen gefressen. Bühne frei: Ankunft seines Taxis, eine Tür schnellt auf, hektisch springt er raus. Sogar Fußballtrainer Giovanni Trapattoni war bei seiner legendären Flasche-leer-Wutrede 1998 entspannter als dieser Fuzzi hier. Er pflügt durch die wartende Menschenmenge, drängelt sich mit seinen Ellbogen wild an allen vorbei. Gut, dass er im Taxi hergekommen ist. Wäre er zu Fuß gegangen, hätte es garantiert Verletzte gegeben. Sein Ziel verliert er nicht aus den Augen: die Tür samt Klingel. Seine drei Begleiter, ein Pärchen und womöglich seine Frau, sind da doch etwas ruhiger. Von den (noch) nett gemeinten Hinweisen (auf Englisch) der Menschen in der Warteschlange, dass noch niemand im Büro sei, lässt er sich nicht ablenken. Ob er die anderen um sich herum überhaupt versteht – oder wahrnimmt? Keine Ahnung. Als niemand auf seine Klingelattacke reagiert, erkundigt er sich hastig, was denn hier los sei. Durch seine englische Aussprache wird mir schlagartig alles klar: Er ist Deutscher! Klischeetourist vom Feinsten. Wo ist eigentlich die RTL2-Kamera, die ihn begleitet?

Er solle doch einfach warten, rät man ihm. »Uns allen bleibt ja nichts anderes übrig«, tönt es aus der Touri-Masse. Warten? Nicht seine Stärke. Nervös rückt er die rahmenlose Brille zurecht, streicht über seinen kahlen Kopf, atmet flacher und schneller. Sein Hemd, das unter dem Pullunder hervorlugt, passt farblich perfekt zu seinem Zahnbelag. Seine Hose ist den entscheidenden Moment zu kurz, nur die Socken in seinen Sandalen überraschen mich. Sie sind nicht weiß, sondern grün. Der Rebell bricht mit dem Klischee.

Er wirkt auf mich wie ein unsympathischer, klugscheißender Besserwisser, der sich aus einem Comicheft befreit hat. Anfang, Mitte sechzig, würde ich schätzen. Kann aber auch sein, dass er Ende vierzig ist. Stressverlebt womöglich. Rentner womöglich. Arschloch ganz sicher.

Natürlich gehen irgendwann die Türen auf, der Reiseunternehmer ist da, verkündet, dass der Bus auch gleich kommt. Das Warten an diesem warmen bolivianischen Abend hat ein Ende. Als Erstes auf dem Programm: Gepäck wiegen. Aha. Macht man hier wohl so in Bolivien. Normale Vorgehensweise: Jeder stellt der Reihe nach sein Gepäck auf eine Waage und übergibt selbiges anschließend dem Personal. Der. Reihe. Nach. Scheint nicht für den ach so charismatischen Axel-Siegfried Sven-Ingo zu gelten. »Assi«, wie ihn seine Freunde wahrscheinlich kurz nennen, steht weiter hinten in der Schlange, müsste eigentlich warten, bis er dran ist. Wie gesagt: nicht seine Stärke. Drängeln aber schon. Der Typ geht so langsam allen hier auf die Nerven. Seine Gemahlin und deren befreundetes Paar sagen nichts. Denen fällt sein Verhalten schon lange nicht mehr auf. Oder sie haben es noch nie bemerkt – halte ich nicht für unwahrscheinlich. »Assi« ist es sichtlich anzumerken, wie verärgert er ist, weil er nicht als Erster sein Gepäck wiegen lassen kann. Er schafft es nur, sich ein paar Plätze nach vorne zu drängeln. Weniger, als ihm lieb ist. Seine Kacklaune steigert das nicht. Meine schon. Aber für das bisschen Schadenfreude werde ich noch bitter bezahlen. Im Bus. Wo das eigentliche Drama mir mit heruntergelassener Hose nackt ins Gesicht springt.

Das Gepäck ist aufgegeben, wir steigen ein. Der Gang ist hell beleuchtet und alles überraschend sauber. Sicherlich kommt der Bus nicht an unsere Standards in Deutschland heran, aber er vermittelt doch ein beruhigendes Gefühl, dass wir sicher ankommen werden. Es entsteht das vor einer Abfahrt übliche Gewimmel im Gang. Unsere Plätze sind recht weit vorne – aber die versprochene Beinfreiheit ist das zu erwartende bolivianische Märchen. Bärbel rutscht durch ans Fenster, setzt sich und guckt mich mitleidig an. »Oh oh. Ob das für dich reichen wird? Was kann ich für dich tun?« Ist ja lieb gemeint von ihr.

Aber da kann niemand etwas machen. Ich brauche ein bisschen, bis ich mich in meinen Sitz gezwängt habe. Immerhin: am Gang. Mein linkes Bein kann ich nachher, wenn alles sitzt, ausfahren. Ein Lichtblick – doch dann das!

Ich kann es nicht fassen. Halte es für einen Scherz. Er. Sitzt. Vor. Mir. *Direkt* vor mir. »Assi« hat allen Ernstes den einzigen Platz im gesamten Bus erwischt, den er bitte nicht haben sollte. Kannste dir nicht ausdenken. Ich höre den Tusch, spüre Konfettiregen auf meinem Haar, der Applaus ebbt nur langsam ab. Muss das sein? Ich ahne nichts Gutes – und sollte recht behalten.

»Assi« feilt weiter an seinem Arschlochimage. Hat er eigentlich gar nicht mehr nötig. Er will Platz nehmen – sein Hintern hat noch nicht den Sitz berührt, da fuchtelt er schon wie wild an den Schaltern und Knöpfen über ihm rum. Er dreht die Lüftung auf und zu, kontrolliert, ob das Leselicht funktioniert (wir sind in Bolivien – also *nein*). Der Tisch wird runter- und wieder hochgeklappt. Als er damit fertig ist, macht er – warum auch immer – den gleichen Mist bei seiner Uschi rechts von ihm. Hallo? Geht's noch? Unglaublich. Diese Hektik, die er ausstrahlt. Zu allem Überfluss testet er natürlich auch das Verstellen seiner Rückenlehne. Tja, und da komme ich ins Spiel.

Ich habe mich ja bereits heldenhaft in meinen Sitz geklemmt und fange an, mich an die leichten Knieschmerzen zu gewöhnen. Weil wir aber in einem Semi-Cama-Bus (Halb-Bett) reisen, kann man die Rückenlehne riiiiichtig weit nach hinten stellen. Auch »Assi« kann das. Leider. Als er bereits ganz unten am Anschlag ist, mit seinem Kopf also auf meinem Schoß liegt, versucht er doch tatsächlich, mit ruckartigen Bewegungen den Sitz noch weiter nach unten zu zwingen. Das klappt zwar nicht, massiert aber meine Kniescheiben merklich. Ok, der Typ muss in Behandlung. Genau wie meine Knie. Wir sind noch nicht losgefahren, da macht er es sich in *meiner* Komfortzone komfortabel. Ich überlege, ob ich ihm den Kopf streicheln, mit meinen Knien seine Wirbelsäule punktieren oder ihm einfach spontan übers Gesicht kotzen soll. Ich entscheide mich für Option D und bitte ihn freundlich, sein Bett doch ein wenig aufzurichten, um die Blutzufuhr in meinen Beinen nicht komplett abzuschnüren. Und tatsächlich. Er fährt seine Lehne nach oben – um genau ein halbes µ. Spacken! Mir bleibt nichts anderes übrig, als jetzt schon beide Beine irgendwie links an seinem Sitz vorbei im Gang zu parken. »Sorry, dass ich dir den Rücken zukehre, aber es geht grad nicht anders«, sage ich zu Bärbel. »Der Typ auf meinem Schoß …« Weil ich immer lauter werde beim Reden, unterbricht sie mich lieber: »Hey, kein Problem. Mach's dir so bequem es geht.« Sehr witzig.

Später, als wir unterwegs sind, gibt's was zu essen. Dafür richtet sich »Assi« wieder auf. Blut schießt in meine unteren Extremitäten. Wärme. Das Kribbeln setzt ein. Schöööön. Was dann allerdings passiert, macht mich noch wütender. Die sehr nette Bus-Crew fragt alle Passagiere, ob sie was zu essen haben möchten oder nicht. »Assi« und seine drei Halbstarken – übrigens alles Deutsche – bejahen das, klappen die Tische runter. Zum Glück wissen wir ja schon, dass das funktioniert. Es gibt Reis mit Reis auf Reis an Reis. In einer reißfesten Aluschale. Mit 'nem bisschen versteckten Gemüse. Klar ist das kein Sterne-Essen, aber total genießbar. Und macht satt. Was machen die Evolutionsbremsen in der Reihe vor uns? Reißen die Schalen auf, schnuppern dran, stochern mit der Gabel im Reis rum. Dann rümpfen sie die Nase, schließen den Deckel und schütteln den Kopf. Alle vier! Synchron. Als hätten sie die Choreo einstudiert. Alle vier Assi-Deutsche schmeißen das Essen weg. Geht's noch? Was haben die Schnösel denn erwartet? Fondue? Amouse-Bouche? Designer-Currywurst? Abgesehen davon, dass man sowieso kein Essen wegschmeißen sollte: Die Bolivianos haben extra noch gefragt, wer was haben möchte. Jetzt das. Mir schwillt der Kamm. Klar, dass »Assi« anschließend schnell wieder mit seiner Sitzlehne hinten beziehungsweise auf meinem Schoß liegt. Weil ich aber noch esse, überlege ich, ob ich ihm Reis durch sein Gesicht niesen soll. Zum Wohle des Weltfriedens lasse ich das aber sein.

Später in der Nacht, als im Bus das Licht runtergedimmt ist und draußen vor den Fenstern das in Schwarz getauchte Bolivien vorbeirauscht, schaffe ich es sogar, in eine Art Schlaf zu fallen. Meine Füße im Gang, »Assi« aufm Schoß, vorne in der Glotze läuft *Big Bang Theory* auf Spanisch, und neben mir schnarcht Bärbel – trotzdem nicke ich ein. Nicht lange. Denn ich schrecke hoch, als mir jemand auf die Füße tritt. Verschwommen erkenne ich, dass allen Ernstes »Assi« da rumsteht und im Fach über seinem Sitz rumfuchtelt, dabei eine Minitaschenlampe im Mund hat. Ob er versucht, das Leselicht zu reparieren? Ich weiß es nicht, und *es ist mir auch *piiiiep*egal*! Er hat mich mit seinem überflüssigen Gewühle geweckt, sich natürlich nicht entschuldigt. Er guckt mich an, als ich wie eine Katze, der auf den Schwanz getreten wird, hochschrecke. Erkenne ich da

Genugtuung in seinem Blick? Ich bin viel zu verdutzt, um ihm eine zu kleben, ihm auf den Sitz zu kacken oder seitlich die Kniescheibe rauszutreten. Und: Weltfrieden.

Zu allem Überfluss verläuft seine Lernkurve parallel zur x-Achse, was ich auch nicht anders erwartet habe. Der Typ hat leider im Bus nicht den besten Schlaf, wacht immer wieder auf. Und steht auch immer wieder auf. Auf meine Füße! Alter, wie oft musst du auf die heiße Herdplatte fassen, um zu kapieren, dass du dir die Pfoten verbrennst? Er hat sich nie entschuldigt. So etwas macht man ja auch nur, wenn man wenigstens einen Hauch von Schuld verspürt. Oder Anstand hat. Bei ihm beides nicht der Fall. Fast, aber nur fast erfüllt er das komplette Klischee vom deutschen Reisenden. Einzig liegt kein Handtuch auf seinem Sitz, und dann ist da noch das Ding mit den grünen Socken. War wahrscheinlich Waschtag.

Ankunft in Uyuni kurz nach acht Uhr morgens. Bärbel sieht durchgenudelt aus, hat aber immerhin ein bisschen geschlafen. »Wie hast du gepennt?«, fragt sie mich.

»Fast gar nicht. Erzähl ich dir nachher. Lass uns nur raus hier.« Ich versuche, erst aus dem Sitz, dann aus dem Bus auszusteigen, meine Beine wieder zu spüren. Alles schmerzt. Schlechter Schlaf, noch schlechtere Laune und keine Unterkunft in dem Kaff hier gebucht – meine Stimmung könnte angenehmer sein. Bärbel hat Mitleid mit mir, wenn ich aufgrund meiner Größe leide und nichts dafürkann. In solchen Momenten stellt sie sogar mal ihre akribischen Planungen etwas zurück und kümmert sich so gut es geht um mich. Bemerkenswert, dass sie jetzt so ruhig bleibt, obwohl wir noch kein Hostel gebucht haben. Wenn sogar ich die Situation grad nicht sonderlich großartig finde, wie ergeht es dann wohl ihr? Mit meiner aktuellen Laune jedenfalls würde ich auch einen Satz Hundewelpen durchbeleidigen.

Endlich raus aus dem Bus. Draußen wird alles schlagartig besser. Blauer Himmel, die Sonne strahlt, die Luft ist trocken und warm. Es ist staubig in Uyuni. So frühmorgens sind nur wenige Menschen schon aufgestanden – warum auch? Die Straßen leer, Uyuni erwacht nur langsam. »Assi« ist außer Sichtweite. Ich find's toll, bin auf einmal schon viel besser drauf. Als hätte jemand ein Mentos in meine Cola-Laune geworfen.

Bärbel und ich schnappen uns unsere Rucksäcke, um nach einem Hostel zu suchen. Ok, in Wahrheit wollen wir einfach nur schnell weg von diesem schrecklichen Menschen. Einen Moment Geduld gönne ich mir dann doch noch. Zufällig belausche ich ein Gespräch zwischen »Assi« und seinen drei Begleitern. Die bequatschen, bei welcher Agentur sie die Salzwüsten-Tour buchen. Da werde ich doch mal spontan aufmerksam – denn ich will *auf gar keinen Fall* und unter *gar keinen Umständen* diesem Menschen noch einmal begegnen. Für den Weltfrieden. Also merke ich mir deren Agentur und achte darauf, dass Bärbel und ich woanders buchen. Der Plan geht bis heute auf. Ich habe den Kniescheibenkneter nicht wieder getroffen – obwohl man sich ja immer zwei Mal im Leben sieht. Auweia.

Um Schönheit, Faszination und Eindrücke der Uyuni-Wüste samt Umgebung zu beschreiben, reicht an dieser Stelle schlicht Folgendes: Ich würde jederzeit wieder eine fast zwölfstündige Bustour mit »Assi« vor mir in der Sitzreihe machen, um dann die ganze Pracht und Atmosphäre Uyunis erleben zu dürfen. Die Stadt und unsere anschließende Salzwüsten-Tour haben sich bei Bärbel und mir eingebrannt. Die weiße Weite der Uyuni, die trockene Natur von Boliviens Anden, rauchende Vulkane, stinkende, aber unglaublich bunte Lagunen, Flamingos, im Salzhotel übernachten – unbezahlbar! Auch wenn der Preis wegen Arschloch-Assi ein hoher war. Ein bisschen vermisse ich ihn. Nicht.

## Mit dem Fahrrad in die Wüste

*(San Pedro de Atacama, Chile)*

Das klingt doch schon dämlich! Warum sollte man so etwas machen, warum wird das überhaupt angeboten? Mit einem Fahrrad in die Wüste fahren. Ich fang doch auch keinen Kaktus. Natürlich hat so eine Art von »Argumentation« Bärbel noch nie abgehalten, irgendeinen Unfug zu unternehmen. Im Gegenteil. Allerdings habe ich mich dieses Mal mehr gewehrt als sonst. Normalerweise bin ich ja eigentlich nur zu träge oder bequem, irgendetwas anzuleiern oder zu organisieren. Wenn Bärbel mich aber dank ihrer Energie doch bei den ganzen Abenteuern mitschleppt, bin ich meistens (also eigentlich immer) nachher froh, dabei gewesen zu sein. Jetzt allerdings kann ich mir das beim besten Willen nicht vorstellen. Mit dem Fahrrad in die Wüste fahren? Mein Beitrag zur Diskussion: »Das ist doch echt hirnrissig. Am besten ziehen wir dabei auch noch Schlittschuhe an.«

»Die gibt's doch eh nicht in deiner Größe.«

Touché. Bärbel ist doch sonst nicht so schlagfertig. Zurück zum Wesentlichen: »Warum sollten wir mit dem Fahrrad in die Wüste fahren?« Eine hitzige Diskussion.

In Uyuni, am Rande der Salzwüste in Bolivien, hatten wir vor ein paar Tagen diesen Holländer in unserem Hostel getroffen. Der erzählte, er sei seit Monaten in Südamerika unterwegs, stünde kurz davor, die Salzwüste zu durchqueren. Mit dem Fahrrad! Seine gesamte Reise machte er: Mit. Dem. Fahrrad. Ich war hin- und hergerissen zwischen Respekt, Bewunderung und Unverständnis – am Ende blieb aber nur noch Mitleid mit dem Freak. Der erzählte, dass er sonst nie mit dem Fahrrad fahren würde, weil er es nicht mag. Er war vorher noch nie großartig mit dem Bike unterwegs gewesen, erst jetzt, für seine große Südamerikareise, hat er sich ein wenig damit angefreundet. Zwangsweise.

»Warum machst du das dann?«, wollte ich wissen.

»Weil ich es mir vorgenommen hatte.«

Das soll jetzt einer verstehen? Ja. Bärbel. Sie fand es »aufregend« und »inspirierend«, wie sich dieser Fahrradfreak außerhalb seiner Komfortzone quält. Ob wir das nicht auch …

»Nein! Wir fahren nicht mit dem Fahrrad in oder gar durch eine Wüste!« Da musste ich doch mal ein Machtwort sprechen. Gegen Bärbels Tatendrang war ich allerdings machtlos.

Knapp eine Woche ist das mit dem Holländer jetzt her. Nach der Uyuni-Salzwüsten-Tour sind wir in der kleinen Stadt San Pedro de Atacama in Chile angekommen. Und stehen vor diesem Laden. Bärbel möchte mit dem Fahrrad in die Wüste fahren – und genau die Tour wird hier angeboten wie Bier am Ballermann. Na toll. Zum Glück ist die Atacama-Wüste nicht irgendeine, sondern die trockenste der Welt. Dagegen ist die Sahara eine saftige Wiese. Es soll hier Gebiete geben, in denen es jahrzehntelang nicht geregnet hat. Die Weltraumfuzzis der NASA führen in der Atacama Tests durch, weil es Bedingungen wie auf dem Mars gibt. Klingt so, als müsse man da unbedingt mit dem Fahrrad hin.

»Komm schon. Die Sonne knallt, und du fährst doch sonst auch nicht so gerne Rad – warum willst du das dann unbedingt *hier* durchziehen?«, versuch ich Bärbel die Tour noch auszuschwatzen. Irgendwie ist die Frage auch schon die Antwort.

»Ist doch super. Wir sind *jetzt* hier und haben *jetzt* die Chance dazu. Wir werden uns später nur ärgern, es nicht gemacht zu haben«, sagt sie.

Ich kann ja hartnäckig sein, wenn es droht, anstrengend zu werden: »Lass uns mit 'nem Bus oder Auto in die Wüste fahren, es muss ja nicht gleich das Fahrrad sein. Das ist doch übertrieben. Und so viel teurer ist ein Taxi auch nicht, als jetzt hier die zwei Räder auszuleihen.«

»Aber ich möchte nicht mit'm Auto dahin gebracht werden, ich möchte selbst fahren. Los, jetzt komm«, will Bärbel die Diskussion beenden.

»Nein!« Ich erschrecke mich selbst ein bisschen, aber mein Protest war ziemlich energisch. »Das können wir nicht machen. Ich will das nicht.« Hoppla. Irgendwie klinge ich gerade wie ein bockiger Fünfjähriger, der mit verschränkten Armen mit einem Bein auf den Boden stampft und sagt: »Ich will das nicht. Ich will das nicht. Ich will das nicht!«

Plötzlich überrascht mich Bärbel: »Na gut.« *Was?* Bekommt der bockige Knabe etwa seinen Willen? »Diese Tour ziehen wir noch durch, aber dann bestimmst du, was wir machen. Du kümmerst dich um den nächsten Trip. Das kann meinetwegen auch was Entspannendes sein.« Jackpot! Oder doch nicht? Hat sie mich grad übers Ohr gehauen? Ich bin so baff, ich merke noch nicht mal, dass diese Diskussion beendet ist und Bärbel sich im

Laden schon ihr Fahrrad zeigen lässt. Ich stolper hinterher und gleich ins nächste Abenteuer.

Hier in San Pedro de Atacama gehört es zum guten Touristennepp dazu, Fahrräder zu vermieten, mit denen man dann in die Wüste geschickt wird. Wer will, kann sich sogar einen Guide für die Tour buchen – billiger ist's natürlich ohne. Bärbel hat ihr Gefährt schon, jetzt guckt der Fuzzi mich gelangweilt an. Aha, wird er sich denken, nehm ich mal die größte Mühle, die ich hab. Ach, die hab ich grad verliehen? Na, dann eben *diesen* Esel. Oder eher Eselchen. Er stellt mir lustlos ein Bike hin. Ich: »Haben Sie nichts Größeres da?«

»Nein.«

Aha, damit ist das auch geklärt.

Ob die Bremsen funktionieren, der Rahmen mich aushält oder die Schaltung funktioniert, ist dem Typen völlig egal. Anders als bei der »Death Road« in La Paz bekomme ich jetzt ein Fahrrad, das ich nicht will. Es ist so klein, dass ich bei Rechtskurven mein rechtes Bein nicht anziehen darf, sonst ramme ich es mir in den Lenker. Perfekt. Wir bezahlen – natürlich die ganze Summe im Voraus – und bekommen dafür eine Umgebungskarte kostenlos dazu, frisch ausgedruckt auf einem halben DIN-A4-Zettel. Schwacher Tintenstrahl, Schriftgröße anderthalb und nur auf dem Hinweg lesbar, dann verschwindet langsam das schwach Gedruckte. Stark! Bärbel zwinkert mir zu und grinst. Noch.

Immerhin sind wir so schlau, dass wir erst am späteren Nachmittag losfahren, damit wir die Mittagshitze meiden. Bewaffnet mit ein paar Iso-Getränken, Riegeln und viel Wasser soll es jetzt losgehen. Mit dem Fahrrad in die Wüste. Fang den Kaktus. Trotz der »Karte« brauchen wir einen Moment, bis wir die richtige Straße raus aus dem Kaff finden. Unter mir ächzt das Fahrrad, neben mir jauchzt Bärbel. Das kann ja heiter werden.

Außerhalb der Stadt merken wir schnell, dass die Wüste echt nicht weit sein kann. Der Asphalt endet abrupt, Sand übernimmt. Alles furztrocken hier. Keine Wolke am Himmel. Überall wirbelt Staub auf, Heuballen wehen über den Sand, irgendwo spielt jemand auf der Mundharmonika das Lied vom Tod. Spannend wird's, wenn ein Auto an uns vorbeifährt. Ganz schön staubige Angelegenheit. Eine klassische »Straße« gibt es nicht – dementsprechend sieht der »Fahrradweg« auch aus. Bärbels Mountainbike kommt recht schnell schon auf dem Weg Richtung Wüste an seine Grenzen. Dazu haben wir beide mit Sand, Hitze, Sonne und Trockenheit zu kämpfen. Trotzdem hat sie noch die Muße, mir unterwegs von ihren Neuseeland-Plänen zu erzählen. Das hatte sie bei irgendeinem Skype-Date damals schon mal erwähnt. Ich hatte gehofft, sie hätte das vergessen. Von wegen! Auch wenn es noch ein bisschen dauert, bis wir in Neuseeland sind: Planen kann man das ja schon mal, meint Bärbel. Ihre Idee: »Wir machen eine Dreitagestour und fahren mit dem Fahrrad durch die Natur, das Gepäck wird mit einem Shuttle hinterhergeliefert. Geil, oder?« Ich würde ja antworten, hab aber gerade einen Sandkasten im Mund.

»Den Veranstalter hab ich schon ausgesucht und alles durchgeplant, wie genau das mit Gepäck, unserem gemieteten Van und allem Drum und Dran funktionieren kann. Da vorne müssen wir übrigens rechts.«

Tja, was soll ich jetzt, wo wir uns der Atacama-Wüste mit dem Fahrrad nähern, dazu sagen? Ich nicke einfach nur. »Sag mal, können wir mal kurz da am Baum 'ne Trinkpause einlegen? Ich hab ein bisschen viel Sand überall.«

»Ja, klar.«

Damit sollte das Neuseelandthema wenigstens vorerst vom Tisch sein.

Wir trinken, essen und ruhen uns einen Moment aus. Tut unseren Hintern auch mal ganz gut, sich vom Sattel zu erholen. Meine Knie freuen sich, mal wieder durchgestreckt zu werden. »Wie weit ist es noch bis zu der Lagune?«, frage ich. Unser Ziel ist tatsächlich ein Wasserloch mitten in der Wüste. Was uns sehr hilft ist, dass alle paar Kilometer mal ein Schild steht, das uns den Weg weist. Hätte ich nicht gedacht, hier am Rande der Wüste. Zur Not haben wir ja noch die krasse Karte.

»Halbe Stunde, schätze ich«, sagt Bärbel. Ok, ihre Zeitschätzungen sind etwa so zuverlässig wie Termine beim Bürgeramt. In dieser »halben Stunde« machen wir zum Glück noch etliche Trinkpausen – und wenn wir ehrlich sind, sind das keine Trinkpausen, sondern Po-Verschnauf-Pausen. Damit der mal durchpusten kann. Unsere Kisten müssen sich von den immer unbequemer werdenden Sätteln unserer Luxusschlitten erholen. Jeder Fakir hätte sich schon längst darüber beschwert. Auch Bärbel fängt langsam an zu mosern. Also lenke ich ihre Aufmerksamkeit zwischendurch mal auf den ansehnlichen Ausblick. Die klare Luft (solange kein Auto vorbeikommt), die Berge im Hintergrund, die weite Sicht. Die Gegend, in verschiedenen Ockertönen gehalten, hat nur ganz wenig Grünzeug, sieht aber ganz ansehnlich aus. Wie auf dem Mars eben.

Nach dreihundertzwölf Stunden und etlichen Kilogramm Sand in unseren Gesichtern kommen wir an der Lagune an, wo es überraschenderweise sogar eine Art Hütte gibt. Noch kleben unsere schmerzenden Hintern auf den Sätteln, da kommt schon ein Chilene auf uns zu, will Geld haben. Irgendeine Gebühr für die Lagune. Is' klar. Wir sollten eine Belohnung bekommen, hierher mit dem Fahrrad geradelt zu sein. Unsere Mountainbikes schließen wir ab, gucken uns ein bisschen um. In der einen Lagune dürfen wir nicht baden. Irgendwas mit »giftig«, sagt uns der Lagunen-Lulatsch. In die andere könnten wir ohne Bedenken reingehen. Aha. Offensichtlich gibt's hier, an einem der trockensten Orte der Welt, gleich zwei Gewässer. Dass wir mit dem einen besser nicht in Kontakt kommen sollten, merken wir sofort, als wir dem Dingen näher kommen. Es riecht gewaltig. Nach... tja, nach was eigentlich. Schwefel? Furz? Eine Mischung? Ein paar farblose Gräser rauschen durch den Wind. Reicht dann aber auch. Besser mal ab zum anderen Gewässer. Drei Minuten Fußweg.

Jaaaaa. Diese Lagune ist richtig gut. Wirkt ein bisschen wie ein Badesee. Familien haben ihre Decken, Deutsche ihre Handtücher ausgebreitet, Kinder toben im extrem flachen Wasser. Was auffällt: Die Sonne steht schon tief, wirft recht lange Schatten. »Boah, wann ist es denn so spät geworden? Wir müssen uns eigentlich gleich schon wieder auf den Heimweg machen«, sagt Bärbel. Denn wir haben ein Problem: Weder die »Straßen« noch unsere Fahrräder haben irgendeine Art von Beleuchtung. Erst in San Pedro Downtown gibt's wieder Licht. Da sollten wir im Idealfall angekommen sein, bevor es dunkel wird. Weil die meisten der Lagunen-Lurchis hier stinkefaul mit Autos angereist sind, können die an dem

Wasserloch noch ein bisschen toben. Bärbel und ich müssen noch etwas warten, bis die Schmerzen unserer Hintern ein erträgliches Maß erreicht haben. Dabei bestaunen wir die Gegend – mitten in der Atacama-Wüste, an einer Lagune. Ihr Blick verrät, dass sie mal wieder meine Gedanken lesen kann. Sie zwinkert mir ein »Siehste!« zu.

Hilft aber nichts. Wir müssen unsere hämmernden Hintern wieder auf die Sättel tackern und uns auf den Heimweg machen. Das ist übrigens die gleiche Strecke wie der Hinweg – nur gefühlt achtmal so lang. Uns erwartet ein harter, trockener, staubiger Sechstausend-Stunden-Trip durch Sand, Wüste, vorbei an wehenden Heuballen. Meine Knie schmerzen, weil das Fahrrad viel zu klein ist. Mein Hintern schmerzt, weil der Sattel viel zu klein ist. Nicht schön. Dieses Mal dauert es nicht lange, bis wir wieder ein Päuschen einlegen müssen. Bärbels Arsch macht nicht mehr mit. Und damit meine ich nicht mich. Wir warten. Schütteln die Beine aus. Trinken unser letztes Wasser. Sonne und Laune sinken, Schatten und Gesichter werden länger. Irgendwann steigen wir wieder auf, versuchen weiterzufahren. Weil wir müssen. Bei jedem Tritt bohrt sich eine heiße, dünne Nadel ins Fleisch, schiebt sich immer tiefer in den Pomuskel.

Neu dazugekommen ist jetzt eine Aggro-Kommentar-Funktion. Denn Bärbels Laune ist endgültig gekippt, sie flucht wie ein Kutscher, schimpft und kotzt über jede kleine Unebenheit. Dass dieser Wüstenboden aber auch nicht aus flauschigem Teppich besteht – Frechheit! Die Räder halten einigermaßen – Bärbels Klappe nicht. Ich spüre, dass jetzt nicht der richtige Zeitpunkt ist, ihr aufzuzeigen, dass nicht jedes noch so krasse Abenteuer genauso viel krassen Spaß bringen muss. Ich versuche es erst mal mit freundlich gemeinten Aufmunterungen, die ich im Fernsehen aufgeschnappt habe: »Du schaffst das!«, »Es ist nicht mehr weit«, »Quäl dich, du Sau!« Sie tötet mich mit Blicken, verachtet mich. Ihre Abneigung wendet sich gegen mich – sonst ist ja weit und breit auch keiner da. Wie schön, dass man sich auf so einer Reise immer noch ein bisschen besser kennenlernt. Fluchen, Leid, Poposchmerzen hin oder her – neben unseren Sätteln spitzt sich auch unsere Lage weiter zu, das verdeutlicht der Horizont: Es wird dunkler und dunkler. Hinter uns sind schon erste Sterne zu sehen, vorne hüllt die Sonne den Himmel in ein warnendes Rot. Ich versuche, keine heilbringenden Vorschläge mehr zu machen, sondern hoffe, dass Bärbel den Fokus aufs Fahren und nicht aufs Fluchen legt. Klappt bedingt. Während sie in die Pedale tritt, verhext sie alles und jeden um sich herum. Also mich.

Ihr neuester Trick: Wir steigen ab und schieben dem Ziel entgegen. Welch großartige Idee! Nicht. Wer sein Fahrrad liebt, der schiebt. Doch das gilt nicht in der Wüste. Die Sonne ist kaum noch zu sehen – auch unser staubiger Weg verschwindet langsam vor unseren Augen. Dauert nicht mehr lange, dann ist es stockfinster. Stell ich mir nicht ganz so sexy vor. Also wieder hoch den Hintern und Abfahrt! Wir müssen die Arschbacken zusammenkneifen und Gas geben. Sie weiß zwar, dass ich recht habe, macht mich aber dennoch zu ihrem verbalen Boxsack. Damit dieses Buch nicht FSK 18 wird, entschärfe ich ihr Gefluche: »Halt du deine *lieblichen Lippen dicht*. Diese versch*wurbelte* Wüste! Wessen *unglaublich* *gute* Idee war es eigentlich, mit diesen *vorzüglichen* Fahrrädern in die *wunderschöne* Wüste zu fahren? Was für eine unglaubliche *Piiieeeeep* ist das hier? Aaaaaaah!« Als uns ein Auto überholt, bekommt es ihre ganze Laune ungefiltert zu spüren: »Noch so ein *Blödmann* in seinem *verwunschenen* Auto. Warum nimmt der *herzallerliebste Fahrer* uns nicht mit? Was ist denn das für ein *Arschloch*?« Sollte ich versuchen, sie jetzt zu beruhigen? Da ist es einfacher, eine Seifenblase zu tätowieren.

Uuuuund sie steigt noch mal ab. Ich weiß, wenn ich ihr jetzt möglichst freundlich nahelege, aus zeitlichen Gründen doch wieder aufzusteigen, hackt sie mir erst den Kopf ab und schießt ihn dann auf den Mars. Wir schieben also.

Ich biete ihr an, sie ein bisschen anzuschieben, während sie auf dem Fahrrad sitzt. Verdammt. Sie sagt Ja – und hasst mich dafür noch mehr. Warum auch immer. Die große Hitze des Tages ist zwar längst vorbei, aber die bölkende Bärbel auf ihrem Fahrrad durch die Wüste zu schieben treibt mir doch ein kleines Schweißtröpfchen auf die staubige Stirn. Freundlicherweise bremst sie zwischendurch, wenn sie sich nicht sicher ist, ob womöglich wieder ein kleines Steinchen im Weg liegt. Ja: *Sie bremst, während ich sie anschiebe.* Ich springe über meinen endlos langen Schatten und kämpfe uns beide irgendwie auf die asphaltierte Straße. San Pedro. Licht. Rettung. Meine Sprüche wie »Na siehste, war doch gar nicht so schlimm« werden mit Blitzen, die aus ihrem Hintern kommen, in die Wüste geschickt.

Wortlos gibt sie ihr Fahrrad wieder ab, geht zurück in unser Hostel, knallt sich aufs Bett. Ich mache es ihr gleich. Hier ist es jetzt deutlich ruhiger als eben in der

Wüste. Später gehen wir in die Stadt, suchen was zu essen. Bei der Bestellung bricht sie zum ersten Mal ihren Schweigeprotest. Beim Abendessen beschließt sie, dass wir in Neuseeland keine Radtour machen. Ich schmunzel erst höflich in mich hinein, schlage dann vor: »Vielleicht sollten wir in Zukunft einen Mittelweg finden zwischen deinem Erlebnisdrang und meiner Couch-Anziehungskraft. Lass uns doch echt mal zusammen über Sachen entscheiden.«

»Mittelweg, Schmittelweg. Lass mich in Ruhe. Aber vielleicht hast du recht.«

Mein Hintern schmerzt mit meinen Knien um die Wette, aber diese Erkenntnis ist es wert.

Seit unserer Atacama-(Tor)Tour saß Bärbel übrigens nicht mehr auf einem Fahrradsattel – und hat das auch nicht mehr vor. Wahrscheinlich wird sie in ferner Zukunft mal über diese Tour lachen können, das allerdings war bei Redaktionsschluss noch nicht klar.

## Der Alkohol und seine Folgen

*(Buenos Aires, Argentinien)*

Die gröbsten Wüstenwunden verheilt – sogar die körperlichen – freuen wir uns mal wieder auf eine Metropole. Einfach nur Zivilisation, gerne mit vielen Taxen. Oder auch einer U-Bahn, egal. Keine Wüste, kein Fahrrad, keine schmerzenden Hinterteile. Argentinien. Buenos Aires. Die Stadt, benannt nach der Heiligen Maria der Guten Luft. Genau das, was wir jetzt brauchen. Was soll da schon schiefgehen?

Eben gerade gelandet stehen wir jetzt ungeduscht und wohl leicht miefig am helllichten Tag, vollbepackt mit unseren Rucksäcken, unten auf der belebten Straße vorm Hostel irgendwo mitten in der Stadt und drücken wie behämmert auf diese Klingel. Nichts tut sich. Sturmklingeln ist angesagt. Dass die da oben nicht verrückt werden, wundert uns. »Lass mich mal.« Aber auch Bärbels krachende Klingelattacke bleibt unbeantwortet. Unser Brüllen in die stumme Sprechanlage bemerken nur die Menschen, die kopfschüttelnd und naserümpfend hinter uns vorbeiziehen. Jedenfalls nicht die oben im Hostel. Falls da überhaupt jemand ist. Erst ein Telefonanruf bringt die junge Dame der Rezeption dazu, nach unten zu kommen und uns zu begrüßen. Türen öffnen sich in diesem Hostel anscheinend nicht so leicht ...

Sie ist zwar nicht groß, aber hübsch. Hat lange braune

Haare und braune Augen. Weil sie nur ein Tanktop und eine Jeans-Shorts trägt, springen mir sofort ihre Tattoos ins Auge. Arme, Beine, Hals, alles voll. Typ Totenköpfe samt Dämonen. Gefällt mir. »Herzlich willkommen, ich bin Maria«, strahlt sie uns entgegen. Noch mal: Heißen eigentlich alle Frauen Südamerikas Maria? »Kommt doch rein!« Sehr witzig.

Mit unserem kompletten Gepäck beladen lassen wir den Fahrstuhl links liegen, bewegen uns Richtung Treppe. Moment mal: »Was is'n mit dem Fahrstuhl?«, will ich wissen.

»Fährt nicht«, verrät Maria. »Stromausfall.«

Das erklärt natürlich, warum wir uns wundgeklingelt haben. »Dann habt ihr gerade auch kein heißes Wasser?«, frage ich.

»Ja, leider.« Also kalt duschen gleich. Aber das sind wir den Menschen in unserer mittelbaren Umgebung schuldig.

Nach dem Einchecken zeigt uns Maria die Räumlichkeiten des Hostels (»Rayuela the Boutique Hostel«). Dabei erwähnt sie beiläufig, dass neben dem Strom auch das Wasser zurzeit nicht fließe.

»Gar nicht?«, frage ich nach.

»Ja, klar«, wiederholt sie.

»Na ja, weil ich ja eben nach warmem Wasser gefragt hatte …«, sage ich.

»Ach so. Ja, nee, das haben wir natürlich auch nicht«, erwidert sie. Ist mir jetzt auch klar, hätte sie nur eben … Lassen wir das. Fest steht: Duschen ist nicht. Miefen wir also weiter vor uns hin. Kein allzu sauberer Start in der Stadt der Guten Luft. Bärbel: »Du erinnerst dich, dass wir einen Deal haben? Als wir die Fahrradtour in die

Atacama gemacht haben, hast du gesagt, du kümmerst dich auch mal um einen Programmpunkt. Jetzt wäre dafür ein guter Zeitpunkt.« Sie wirkt genervt. Und riecht ein bisschen. Egal. Hier im Hostel können wir nichts machen, also vielleicht draußen was? Ich hab's!

»Maria?«, rufe ich die nette, hübsche und stark Tätowierte zu uns. »Ich mach das schon«, verspreche ich Bärbel flüsternd. »Maria, wo kann man denn hier in der Gegend ein gutes Steak essen? Haste da 'nen Geheimtipp für uns?« Argentinien und Fleisch, das soll ja ganz gut funktionieren. Zeit und Hunger haben wir auch gerade – warum also nicht was Ordentliches essen gehen? Maria wird schon was in petto haben – und tatsächlich: Das, was sie uns jetzt verrät, wird mein Leben verändern. Nicht mehr und nicht weniger. Da können wir auch mal kurz auf Wasser und Strom verzichten.

Wir machen uns gleich auf den Weg. Zu Fuß, ins Restaurant »Des Nivel« im Viertel San Telmo. Von außen sieht der Laden aus wie jede andere unscheinbare Schnitzelbude. Das Restaurant könnte locker in Berlin-Kreuzberg oder Köln-Kalk stehen, ohne groß aufzufallen. Drinnen ist die Atmosphäre wegen des nicht wirklich gedimmten Lichtes eher rustikal. Immerhin: Hier gibt's Strom. Ob die auch Gästeduschen haben? Das Licht flackert, Fleischgeruch liegt in der Luft. Die Tische putzig, aber nicht geputzt. Die Tischdecken nicht wirklich sauber. Trotzdem hat alles einen gewissen Charme. Auch weil hier nur wenige Touristen, dafür aber viele Einheimische anscheinend gerne essen gehen. Ein gutes Zeichen. Dass der riesige Grill mit den gigantischen Fleischmengen sich direkt und ungeschützt am Eingang und somit fast auf der Straße befindet, ist hier normal. Wahnsinnige Rinderhälften hängen hier rum, echte Fleischbrocken. Die Hölle eines jeden Vegetariers.

Eine Kellnerin begleitet uns zu unseren Plätzen, putzt extra noch einmal mit der flachen Hand über die rote Plastiktischdecke. Zack, sauber. Wortlos reicht sie die Karte, während sie uns keines Blickes würdigt, und verschwindet wieder. Vor uns liegen Besteck und eine Serviette, fertig. Kein Schnickschnack. Schwarz-Weiß-Fotos an den leicht schmutzigen Wänden, dazu kalter Fliesenboden. Geheimtipp also, ja, Maria? Hoffen wir mal auf das Essen. Wir bestellen natürlich Filet, dazu einen Wein. Mein erster. Kein Witz. Mit meinen zarten 36 Jahren hab ich mich bislang immer auf Bier verlassen. Hin und wieder Schnaps. Aber Wein? Mal ein Schlückchen probiert, nur um dann festzustellen, dass ich das Zeug – egal wie teuer – nicht durch den Hals kriege. Jetzt aber, in diesem Ambiente, mitten in Buenos Aires in einem Steak-Laden – da *muss* es Wein sein. Aufs Oktoberfest fährt man ja auch nicht wegen der Milch. Wir bestellen eine Flasche Malbec, den Cruz Alta, Jahrgang 2013.

Hoppla! Das Dingen schmeckt. Und nicht dass ich es mir nur irgendwie durch den Hals drücken muss, nein, die Plörre ist sogar lecker! Mein erster, richtiger Wein. Dazu wird gerade passend das Filetsteak serviert, nur mit Kartoffelröstis und Knoblauch bedeckt. Weniger ist mehr. Stellt sich raus: viel mehr. Das Fleisch ist auf den Punkt blutig gegrillt. Respekt! Der Türsteher, der auch gleichzeitig Grillmeister ist, versteht sein Handwerk. Ein perfektes Stück Rind. Ein geiler Rotwein. Buenos Aires, te quiero! Bärbel ist ähnlich begeistert. Wenig Aufwand, riesiger Ertrag. Hach, da hab ich doch mal wieder das

Optimum aus meinem Pflichtprogrammpunkt herausgeholt. Wie brillant von mir.

Dass Buenos Aires eine Stadt zum Reinverlieben ist, erleben wir Tage später gleich noch mal. Frisch geduscht, das darf an dieser Stelle ruhig mal erwähnt sein, probieren wir eine Chorizo, eine scharfe Wurst, in einem der Parks. Bärbel und ich machen diese komische »Hop on, hop off«-Touri-Bustour durch die City – man kann sich denken, wessen Idee dieser entspannte Programmpunkt war … Dabei werden wir direkt an einer winzigen Fleischbude ausgespuckt. Noch kleiner als die Wurstbraterei aus dem Kölner *Tatort*. Es raucht, es riecht, die Schlange ist lang. Das Essen muss also gut sein. Wir stellen uns an. Das dauert. Die Argentinier haben Zeit. Das Warten steigert Hunger und Appetit, wird aber belohnt. »Zwei Brötchens ins Chorizo, bitte«, bestelle ich mit meinem fließendsten Spanisch und einer Selbstverständlichkeit, als wäre ich hier ein Local. Der Typ in der Chorizo-Braterei guckt mich an, denkt sich »passt schon, lassen wir den Großen mal«. Er stößt seinen Kollegen an, nickt in meine Richtung und stellt keine Fragen mehr. Kein »Salat alles?«, er packt einfach alles drauf. Plus Soßen. Der Riese wird's schon verdrücken. Recht hat er. Die Portion ist der Kracher! Saftig, lecker, alles quillt aus dem Brötchen, eine großartige Sauerei. Da können wir eigentlich gleich wieder duschen. Fleisch. Das können die Argentinier besser als kicken. Bärbel und ich sind begeistert. Kauend stellen wir uns gleich noch mal an – ganz zur Freude der Chorizo-Jungs. »Guck mal, der Lange hat immer noch Hunger«, sagen ihre lachenden Gesichter, einer schickt ein »Daumen hoch« in meine Richtung. Sehr sympathisch!

Ich hab aber auch einen Lauf bei meiner fleischigen Programmplanung.

Die Stadt zeigt sich von ihrer besten Seite – und es funktioniert: Wir sind Fans. Kein Wunder, dass Buenos Aires nicht wollte, dass wir es verlassen. Bei dem, was uns in der letzten Nacht passiert, spielt die nette, hübsche und stark tätowierte Maria unfreiwillig die Hauptrolle.

Am Abend vor unserer Abreise haben Bärbel und ich Buenos Aires gebührend weggefeiert und verabschiedet. Die ein oder andere Flasche Wein spielte dabei eine Rolle, auch ein bisschen Bier. Und noch mehr Wein. Wir haben einen großen Mittelschwips, als wir uns nachts zurück ins Hostel schleichen. Uns ist bewusst, dass wir nur wenig Schlaf bekommen werden, weil frühmorgens gegen fünf Uhr unser Bus zum Flughafen fährt. Im Hostel angekommen stehen an der Rezeption plötzlich überraschend viele junge Menschen, einige tanzen, die Musik ist laut, und Maria lallt irgendwas auf Spanglisch. Recht schnell wird uns klar: Wir sind hier nicht die Tagesvollsten. Respekt!

Es wird Salsa gespielt. Und wir, die steifen Deutschen, müssen es lernen, grölen zumindest alle anwesenden Betrunkenen. Die Gruppe will einfach nur sehen, wie sich der 2,05-Meter-Typ zum Volldeppen macht. Nachts um viertel nach Wein. Unser mittlerer Großschwips ist vermutlich schuld, dass Bärbel und ich unsere Hüften kurz auskugeln und einen deutschuntypischen Schwung imitieren können. Glaube ich zumindest. Ein Überwachungsvideo würde wahrscheinlich belegen, dass alle Anwesenden zu voll sind zu erkennen, dass wir einfach nur versuchen, nicht umzufallen. In meiner Erinnerung haben wir aber alle getanzt. Wie Swayze zu seinen besten Zeiten. Oder Elvis. Oder Günter Strack.

Als Alkohol und Salsa sich dem Ende zuneigen, mache ich Maria noch einmal darauf aufmerksam, dass wir verdammt früh – also, eigentlich gleich – auschecken müssen. »All nope Pobema.« Zu deutsch: »Da all kei Pobem«, lallt sie hackedicht. Sie stelle sich den Wecker, damit sie unseren Schlüssel (mit Pfand!) einkassieren kann und uns rausbegleite. Im Nachhinein glaube ich, sie hat, als sie das sagte, Bärbel und mich gleichzeitig angeguckt. Obwohl ich vor ihr stand und Bärbel schon nebenan im Bett lag.

Es kommt, wie es mit Alkohol immer kommt. Nämlich gar nicht. Also, *sie* kommt nicht. Zu uns. Zwei Wecker reißen Bärbel und mich aus dem Suff-Schlaf – beachtliche Kopfschmerzen hämmern an unsere Schädeldecken. Von Maria keine Spur. Ärgerlich im ersten Moment. War irgendwie nicht anders zu erwarten. Plötzlich aber gibt es ein anderes besorgniserregendes Pobema: Die Tür, die die Schlafräume vom Empfangsbereich – und somit vom Ausgang – trennt, ist verschlossen. Äääääh, was? Schon wieder eine Tür, die sich nicht öffnet? Wir können es im ersten Moment nicht glauben. Aber auch zusammen mit unserem beeindruckenden Kater versuchen wir noch mal, die Tür zu öffnen, um schockiert festzustellen: Wir sind eingeschlossen! Jetzt ist nicht nur Maria nicht da, die sonst so gute Luft hier in Buenos Aires stinkt auch gerade zum Himmel. Leichte Panik macht sich breit. Dann mittlere. Denn wir wissen: Mit der besoffenen, tätowierten und tief schlafenden Maria müssen wir nicht mehr rechnen. Vor Mittag wird die nicht mehr wach. Kennt man ja.

Wir machen einen auf *MacGyver* und *A-Team*. Ich stelle mich auf einen Stuhl und kippe das kleine Fenster, das sich über der Tür befindet, in unsere Richtung. Bärbel reicht mir einen Besen, den ich semigeschickt durch das gekippte Fenster fummel. Jetzt gilt es. Auf Zehenspitzen balancierend muss ich mich gaaaanz lang machen (haha), um mit meinem Tentakelarm, der durch das Fenster greift, samt Besen die Klinke auf der anderen Seite der Tür nach unten zu drücken. Dann würde sie sich nämlich öffnen. Meine Kopfschmerzen helfen mir gerade nicht wirklich, lassen mich aber zu keinem Zeitpunkt vergessen, dass es sie gibt.

Auch die Kombination aus *A-Team*, *MacGyver* und Tentakelarm schafft es nicht. Wo ist K. I. T. T., wenn man ihn braucht? Oder Chuck Norris? Ich bin tatsächlich zu klein (oder eben noch zu voll), diese Tür zu öffnen. Es dauert ein bisschen, bis wir das einsehen. Alternativen müssen jetzt her. Zackzack. Was tun? Die Tür kaputttreten? Leider geht die in unsere Richtung auf, was die Sache erschwert. Wahrscheinlich würde ich in meinem Zustand mit einem (nicht) gekonnten Roundhouse-Kick nicht mal den wehrlosen Stuhl umschubsen, geschweige denn eine Tür aufkriegen. Wir suchen nach alternativen Fluchtmöglichkeiten. Da wir aber im vierten Stock sind, haben wir keine Chance, von Balkonen irgendwohin zu klettern. Zurück zur Tür.

Vielleicht ist sie ja durch ein Wunder jetzt offen. Nein. Ist sie nicht. Die Zeit rinnt uns davon, wir müssen unseren Flieger kriegen. Verzweiflung macht sich breit, als plötzlich das Licht im Empfangsbereich angeht. Von oben herab schwebt eine Gestalt, lange Haare, Bart, Löcher in Füßen und Händen. Letztere erst zum Gebet gefaltet, den Blick gen Boden gerichtet. Dann öffnet er die Arme, blickt langsam durch die kleine Glasscheibe in der Tür in meine Richtung. Ich kann sehen, wie er mit einem Nicken das Wunder passieren lässt: Die Tür öffnet sich!

Vielleicht hat auch einfach die brillante Bärbel aus dem beschaulichen Berlin in unserem Schlafsaal nebenan ernsthaft eine versteckte Tür hinter den Schränken entdeckt, die nicht abgeschlossen ist und direkt zur Rezeption führt. Krass. Unsere Rettung! Von der anderen Seite also öffnet Bärbel der Guten Berliner Luft die Tür und entlässt auch mich Richtung Freiheit. Nicht ohne noch einen netten Gruß an Promille-Maria auf ihrem Schreibtisch zu hinterlassen (ein Zettel, nichts Riechendes).

Die Geschichte mit dem Bus zum Flughafen ist natürlich gestorben – und wird auch nicht wieder auferstehen. Wir haben durch unseren Einschluss so viel Zeit verloren, dass wir uns ein Taxi nehmen müssen. Zum Glück haben wir dafür nicht genug Bargeld dabei. Dem Wein sei Dank. Weil aber unser Taxityp eh die Ruhe weghat und noch tanken muss, können wir in der Zeit völlig unentspannt Geld abheben. Zeitstress, eine pelzige Zunge, preisverdächtige Kopfschmerzen und Dauerdurst, ohne Wasser dabeizuhaben – es gibt zwei, drei schönere Szenarien, in den Tag zu starten. Am Ende reicht es für eine panische Punktlandung am Flughafen. Als wir im Flieger sitzen, gucken wir uns an und müssen laut loslachen. »Aua.« Ach ja, die Kopfschmerzen.

Wir werden Buenos Aires mit seinem Wein und dem Fleisch irgendwann noch einmal einen Besuch abstatten – und natürlich auch der netten, hübschen und stark tätowierten Maria. Den Schlüssel haben wir ja noch.

Wahrscheinlich werden wir sie auf Wein und ein Filet ins »Des Nivel« einladen und uns so richtig über den Salsa-Abend kaputtlachen! Falls sie sich noch daran erinnern kann.

## *Ein Riese am offiziellen A… der Welt*

*(Ushuaia, Argentinien)*

Großartig, wieder ein Superlativ: Ushuaia ist mit seinen mehr als 60000 Einwohnern die südlichste Stadt der Welt – und wir sind mittendrin. Ohne Kopfschmerzen, ohne Kater, wieder normal entspannt. Was macht man da jetzt, so tief im Süden, kurz vor der Antarktis? Glamourös herausgeputzt sind die Häuser und Straßen hier nicht, und Sehenswürdigkeiten à la Eiffelturm, Kölner Dom oder die Wiedenbrücker Aegidius-Kirche sucht man vergebens. Was sehenswürdig ist, ist nicht von Menschen geschaffen: die Natur. Daher sind die Touren ins Umland das, was diese Stadt für Touristen so attraktiv macht – abgesehen natürlich vom Superlativ. Logisch, dass Bärbel schon Pläne hat für unsere Zeit in Ushuaia. Nämlich: eine Bootstour auf dem Beagle-Kanal und ein Off-Road-Ausflug inklusive Panne. Die allerdings war nicht geplant, nicht mal von Bärbel.

Im Vorfeld hatte ich ja nicht viel Tolles über Ushuaia gehört. Was die meisten als Erstes erwähnen: Es soll teuer sein. Kein Wunder. Alle Waren werden per Schiff hergebracht. Das Teuerste an Ushuaia ist allerdings erst mal die Anreise. Gar nicht so leicht, hier an den Arsch der Welt, den südlichen Zipfel Argentiniens, zu kommen. Vor Ort gibt's dann tatsächlich alles, was das westliche Herz begehrt. Eine große Einkaufsstraße, Supermärkte, jede

Menge Fleisch am Spieß überm Feuer – in Schaufenstern! Und natürlich pure Natur. Mit ordentlich frischer Luft. Nicht die Art frischer Luft, die man vom Spaziergang in der Mittagspause kennt. Auch nicht die, wenn man am Wochenende mit dem Köter in den Wald oder zum See rausfährt. Diese Art von frischer Luft hier in Ushuaia kannte ich noch nicht. Ich wusste nicht mal, dass es unterschiedliche Frischegrade bei Lüften gibt. Aber am Arsch der Welt (ja, es gibt ein offizielles Schild) ist die Luft so rein, die hat sogar eine andere Farbe. Noch krasser als in den Anden. Hinzu kommen die ganzen schneebedeckten Berge ringsrum. Ordentliches Panorama. Auch wenn die Berge kaum die Zweitausendermarke knacken – weit entfernt von jeglichem Superlativ. Trotzdem toll.

Bärbel und ich sitzen im Flieger. Notausgangsplatz, sie klebt am Fenster. Also, von innen. Im Sinne von: Sie glotzt da fasziniert raus. Zu Recht. Schon der Anflug auf den kleinen, aber ziemlich wuseligen Flughafen ist sehenswert – und auch ein bisschen abenteuerlich. Für den Piloten. Die Landebahn passt exakt auf die kleine vorgelagerte Halbinsel – kein Meter mehr. Von oben der wunderbare Blick auf die Stadt, umzingelt von den weißen Bergspitzen. »Das ist schon was anderes als Buenos Aires. Keine Großstadt mehr. Wir sind wieder in der Natur angekommen«, fasse ich den Anflug sinnig zusammen. Auch wenn ich an Bärbel vorbei kaum etwas aus dem Fenster erkenne. Überraschend großer Kopf für so eine kleine Frau.

»Ja, was man hier alles machen kann!«, schwärmt sie. Zum Glück haben wir unsere zwei kleinen Touren schon im Vorfeld gebucht und keine Zeit für irgendwelche bärbelischen Fantasien.

Beim Aussteigen aus dem Flieger rauscht uns schon die frische Brise in die Nase – da würden sogar Ostfriesen komplett ausrasten vor Freude. Die Stadt selbst ist wie erwartet alles andere als umwerfend schön – und unser Hostel entpuppt sich leider als sehr unsympathisch. Offensichtlich mag es keine Gäste. Macht aber nix. Die nächsten Tage werden trotzdem erinnerungswürdig.

Unsere gute Laune wird an der Rezeption des »Cruz del Sur« ordentlich auf die Probe gestellt. Uns überkommt das Gefühl, dass es nur noch eine Frage der Zeit ist, bis wir in den Knast müssen. Die Verbotsschilder lassen keine Zweifel aufkommen, was erlaubt ist – und vor allen Dingen, was nicht. Gelacht werden darf von 7 bis 13 und von 15 bis 22 Uhr. In Ausnahmefällen und mit Genehmigung bis Mitternacht. Das Wort »Sex« darf nicht mal in den Mund genommen werden. Tatsächlich steht auf einem Schild, dass der Akt der Liebe verboten ist! Eine Bolivianerin namens, klar, Maria soll hier mal rausgeschmissen worden sein, weil sie das Wort »Titicacasee« (hihihi) laut ausgesprochen hat. Heißt es. Der Eigentümer scheint dieses Hostel führen zu müssen, nicht zu wollen. Ihn selbst, ich nenne ihn jetzt einfach mal Timm, hab ich kein einziges Mal lachen sehen. Er zieht immer eine Fläppe. Sehr unsympathisch. »Haltet euch einfach an die Schilder, dann ist alles gut. Frühstück gibt's jeden Morgen von 7 bis 10«, sagt Timm, der dabei abwesend auf seinen Bildschirm starrt.

»Hömma, Chef. Wenn wir stören, gehen wir auch gerne wieder …« Nein, das habe ich nicht laut gesagt. Aber gedacht. Bärbel und ich merken schnell, dass wir nicht die einzigen Gäste sind, die sich nicht willkommen fühlen. Das Internet ist voll mit gereizten Kommentaren. Weil es aber nicht so viele zentrale Hostels gibt, bleibt uns nichts anderes übrig, als in den sauren Apfel zu beißen. Falls das hier überhaupt erlaubt ist.

Weil aber jede Medaille zwei Seiten hat, wird uns schnell das Positive an dieser abschreckenden Unterkunft bewusst: Wir möchten gerne schnell raus, möglichst wenig Zeit hier verbringen. »Los komm, wir gucken uns mal ein bisschen die Stadt an. Lass uns abhauen.« Dieses Mal hat Bärbel absolut recht. Nichts wie raus, hier will sogar ich mich nicht ausruhen. Womöglich ist das gerade eh nicht gestattet.

Wir entdecken einen nahen Supermarkt, das Casino, die Einkaufsstraße und an jeder zweiten Ecke ein Schaufenster, in dem es brennt. Da wird gegrillt. Und wie! Alle viere von sich gestreckt ist da überm offenen Feuer irgendein Tier aufgespannt. Wir fotografieren die Grillinszenierung – dann aber bleibt uns nichts anderes mehr übrig: Wir müssen wieder zurück ins nervige Hostel. Ist ja schon spät, und morgen wird ein aufregender Tag für uns beide. Und wie! Off Road steht auf dem Programm.

Was heißt es eigentlich, eine Off-Road-Tour zu machen? Genaueres haben wir uns natürlich nicht darunter vorgestellt. Warum auch, der Name verrät doch schon alles. Einfach mal rauskommen, ein bisschen die Umgebung erkunden. Wahrscheinlich nicht auf asphaltierter Straße – Off-Road-Abenteuer eben. Oder auch nicht.

Am nächsten Morgen gegen sechs Uhr werden wir aus dem Hostel befreit. Von Claudio, unserem Fahrer und Guide, ein Wahnsinnstyp. Er versprüht sogar um diese unmenschlich frühe Uhrzeit schon gute Laune – aber eine, die man ihm abnimmt. Der ist *wirklich* gut drauf. Er betritt das Hostel und fragt Timm, wo wir denn seien.

Ein unwirkliches Bild, Claudio und Timm direkt nebeneinander zu sehen. Himmel und Hölle. Timm nickt in unsere Richtung, Claudio reicht Bärbel und mir die Hand zur Begrüßung. Dabei schaut er an mir hoch, fasst sich mit Daumen und Zeigefinger ans Kinn und brabbelt was von »umdisponieren«. »Kommt mit, ihr zwei. Am besten setzt du dich nach vorne.« Mich, er meint mich! Einer der Vorteile, so groß zu sein: Ich darf meistens vorne sitzen und versperre damit zwar allen anderen den Blick, habe aber selbst den besten! Wir gehen nach draußen, wo der Jeep mit den anderen schon auf uns wartet. Allerdings sieht es so aus, als gäbe es da keinen Platz mehr. »Ihr seid die letzten beiden, die ich abhole, aber zwei Plätzchen sind noch frei, keine Sorge«, lacht Claudio. Er reißt alle Türen am Auto auf und schmeißt alle raus, die drinsitzen. Dann dirigiert er: »Wir müssen das neu ordnen. Der Lange nach vorne, die Kleine am besten nach ganz hinten.« Bärbel nach ganz hinten? Ach, mir egal, ich hab ordentlich Beinfreiheit und kann meine Aussicht genießen. So richtig Bock scheinen die drei Pärchen grad nicht darauf zu haben, sich noch mal umsetzen zu müssen. Vor allem der Typ, der bis gerade vorne saß, schaut mich genervt an. Tja, Pech, Kleiner. Mit deinen 1,90 Metern biste eben doch nur 'n Pimpf. Vielleicht wächst du ja noch.

Der Jeep ist groß: Acht zahlende Abenteuerwillige und Claudio haben genug Platz in dem Dingen – obwohl, was weiß ich denn schon? Ich sitze ja vorne und krieg von den anderen nix mit. Bärbel hat einen Platz im Kofferraum bekommen. Das klingt schlimmer, als es ist: Im Kofferraum sind zwei kleine Sitzbänke reinmontiert, wo sie zu dritt oder viert sitzen, das kann ich im Spiegel nicht so genau erkennen.

Alle Menschen haben ihren Sitzplatz eingenommen, der offizielle Teil der Tour kann endlich losgehen. Es regnet. Aber, versichert uns Claudio, das Wetter hier sei sowieso unberechenbar. »Geht davon aus, dass es im Laufe des Tages noch schneien und die Sonne scheinen wird.« Gelächter im Jeep, auch Claudio grölt mit. Sogar der 1,90-Pimpf kann sich mittlerweile das Grinsen nicht verkneifen.

Zehn Minuten später sieht das anders aus. Niemand lacht. Außer Claudio. Denn es schneit. Wir alle haben das für 'nen Witz gehalten, das mit dem Schnee. Bärbel und ich hatten die Weltreise extra so geplant, dass wir den Winter in Deutschland verpassen und dem Sommer hinterherreisen. Zum Glück wird das heute der einzige Tag bleiben, an dem es schneit – trotz der noch ausstehenden Gletscherwanderung in El Calafate nächste Woche.

Draußen toben also die Schneewehen vor unseren Fenstern. Zwar ist der Himmel wolkenverhangen, aber durch die leicht zersplitterte Frontscheibe kann ich trotzdem die raue, beeindruckende Natur bestaunen. Dauert aber nicht lange, dann haben wir alle wieder nichts zu lachen. Außer Claudio. Den wirft nichts aus der Gute-Laune-Bahn. Nicht mal der gerissene Keilriemen. Ende Gelände. Jawohl, kaputt das Dingen. Der Jeep kann nicht weiterfahren, wir machen einen Zwangsstopp. »Keine Sorge, das ist alles kein Problem.« So ähnlich hatte ich das in Buenos Aires doch schon mal gehört…

Claudio schafft es, dass niemand ihm böse ist oder sich ärgert, dass wir hier gerade am Arsch der Heide stehen und auf den kaputten, riesigen Off-Road-Jeep glotzen. Ist wohl nicht das erste Mal, dass der einen Defekt hat.

Mehr als eine Stunde dauert es, bis überhaupt erst mal ein Mechaniker mit 'nem neuen Keilriemen da ist. Der legt sich ganz professionell unter die Karre, klettert in den Motorblock, schraubt und macht – und fertig. Claudio hält uns die ganze Zeit bei Laune, auch den Grumpy-Pimpf. Nach unzähligen seiner Späße und ein paar Spaziergängen am See ist schwupps der Jeep auch schon wieder heile. Wir steigen alle wieder ein, Grumpy-Pimpf brav nach hinten, Bärbel in den Kofferraum, ich auf den Beifahrersitz – weiter geht die Spritztour. Im wahrsten Sinne des Wortes. Unser kleiner Ausflug wird gleich zum echten Off-Road-Abenteuer.

Denn kurz nach der Zwangspause verlassen wir die asphaltierte Straße, fahren auf ersten Abwegen. Juchu, denke ich. Endlich mal wirklich »Off Road«, also abseits der Straße. Claudio nimmt den Fuß vom Gas. Nicht mal er weiß, ob die riesigen, tiefen Schlaglöcher bewohnt sind oder nicht. Wir werden heiter durchgeschaukelt, hin und wieder treffen sich das Dach und mein Schädel – macht aber nichts. »Na, ist sogar dieser Wagen zu klein für dich?«, lacht Claudio. Ich mag seine Einstellung. Nicht ich bin zu groß, sondern der Wagen zu klein. Gefällt mir.

Claudio haut einen Spruch nach dem anderen raus, freut sich auf das, was da gleich kommt. Nämlich das eigentliche Abenteuer, wie er verspricht. »Das ist ja schließlich auch das, was ihr gebucht habt.« Ich kann Bärbel hinten quieken hören. Allerdings ist das hier auch schon ganz nett, Off Road in der rauen Natur vor den Toren Ushuaias. Was soll denn davon bitte die Steigerung sein?

Mittlerweile haben wir tiefsten Wald erreicht – nach

einer weiteren Kurve lichtet sich dieser ein bisschen. »Los geht's«, grinst uns Claudio an. Ich kapiere schnell, was er eben meinte mit dem »richtigen Abenteuer«. Wir fahren auf einer Art Schotterweg am Rande des Lago Fagnano, einem großen See. Wortwörtlich am Rande. Die Reifen auf der rechten Seite (meiner Seite!) kommen immer mal wieder mit dem Wasser in Kontakt, so nah sind wir dem See. Noch. Denn in der Ferne sehe ich, wie dieser Weg endet. Verschluckt vom See. Da ist rechts einfach nur Wasser und links unbefahrbares, steiles Ufer. Auf meine Entdeckung weise ich Claudio mit einem Fingerzeig samt »Ääähhhh« hin. Er grinst mich nur von der Seite an, kann seine Witze nicht lassen: »Oh je, wir haben uns verfahren. Ich hab wohl 'ne falsche Abbiegung genommen.« Sagt er, lacht herzlich, klopft aufs Lenkrad und gibt Gas. Gibt Gas? Wo fahren wir denn jetzt hin? Alles klar. In den See. Jepp. Claudio steuert den Jeep *in* den See. Links ist zwar immer noch das Ufer, aber das ist zu hoch und somit unbefahrbar. Off Road eben. Die Motorhaube wird umspült, Wasser dringt in unseren Fußbereich ein. »Ach so, hab ich vergessen zu erwähnen. Nehmt die Rucksäcke auf euren Schoß und die Füße hoch, wenn's nass wird«, sagt er. Seinem Gesichtsausdruck entnehme ich, dass wir richtig sind und alles nach Plan läuft. Sein Lachen zeigt, dass alles in Butter ist. Oder eben unter Wasser.

Wir fahren bestimmt eine halbe Stunde am beziehungsweise im See. Immer wieder taucht eine Art Spur links am Ufer auf, sodass wir auch mal kurz im Trockenen sind. Doch solche Landzungen bleiben die Ausnahme. Plötzlich tritt Claudio auf die Bremse, wir stehen am Ende des Ufers, vor uns ist nur noch Wasser. Erst etwa fünfzig oder sechzig Meter weiter hinten ist wieder Land. Claudio: »Ihr müsst jetzt die Daumen drücken. Irgendwann muss ich es ja mal rüberschaffen.« Er prustet, haut wieder aufs Lenkrad – und gibt Vollgas. Wir fahren durch den See. *Durch* den See. Ohne Ufer links. Ohne Ufer rechts. Und er schafft es, kommt auf der anderen Seite an. Applaus! Sogar Claudio applaudiert sich selbst. Freut sich. Wie wahrscheinlich sechsmal die Woche, wenn er hier mit Touris unterwegs ist.

Wir haben wieder festen Boden unter den Rädern. Ein paar Meter weiter steht, mitten in der Wildnis, eine kleine Wellblech-Holzhütte mit riesigen Fenstern. Zwei andere Jeeps samt Touris und Guides warten schon auf uns, der Tisch drinnen ist gedeckt, der Grill längst angeschmissen. Das Zentrum der guten Laune, alle sind fröhlich, fast sogar auf Claudio-Niveau. Wir setzen uns, bekommen Wein eingeschenkt – ach so, daher die ausgelassene Stimmung. Keine fünf Minuten später gibt's Fleisch. Frisch gegrilltes, gutes Fleisch. Claudio stellt anscheinend eine extragroße Portion auf unseren Tisch. »Hier, für die großen Jungs.« Plural, echt? Ich find's gut, dass er sich so um seine Gäste kümmert, vor allem um seinen Riesen. Singular. Erst darf ich vorne sitzen, jetzt gibt's extra viel zu futtern. Ich bin aber auch leicht zufriedenzustellen – trotzdem: ein guter Tag für große Menschen. Und für Kofferraum-Bärbel. Die hat – Überraschung – auch richtig Spaß am Abenteuer. Vor allem jetzt, als uns beim Essen die Natur durch die Fenster zuschaut. Tiere, die auch Bock haben auf das Fleisch. Keine Ahnung, was für ein Vogel das ist, der da draußen so glotzt. Aber er ist echt riesig, und große Füße hat er auch. Sehr sympathisch. Der Fuchs daneben ist eher niedlich.

Drei, vier Gänge – je nachdem, ob man das Gemüse als eigenen Gang zählen will – werden serviert. Wein und frisches Fleisch mitten in der tiefen Natur in Argentiniens Süden – mehr geht nicht! Großartig. Der Wein entspannt die Atmosphäre zusätzlich. Aber auch weil Claudio so eine gute Stimmung verbreitet. Toller Guide. Und Fahrer. Und Grill-Master. Nachdem Gemüse, Fleisch, Wein (ja, ja, auch Wasser) komplett verspeist sind, geht's wieder auf den Heimweg. Sogar 1,90-Pimpf ist gar nicht mehr grumpy, setzt sich zufrieden und angesäuselt auf die Rückbank. Brav. Zurück nehmen wir zu aller Überraschung nicht den Seeweg. Auch wenn keiner der Fahrer einen Schluck Alkohol intus hat, haben die Erfahrungen mit vollgefressenen und angeheiterten Touris wahrscheinlich gezeigt, dass der Rückweg besser nicht durch den See führen sollte. Trotzdem: Die Strecke ist nicht weniger abenteuerlich. Unsere Durchschnittsgeschwindigkeit liegt bei anderthalb km/h. Während die anderen beiden Fahrer der Jeeps direkt vor uns Probleme mit den meisten Passagen des extrem unwegbaren Geländes haben, kurvt Claudio uns sehr geschickt durch den Schlamm. Wo die anderen stecken bleiben, findet er einen Weg, das Hindernis zu umkurven. Meist sind die Fahrrinnen so tief, dass sich jeder Mini oder Smart darin verstecken könnte. Gar nicht so leicht, bei dem Geschunkel das ganze Essen auch wirklich bei sich zu behalten. Schafft aber zum Glück jeder. Sogar Bärbel, die da doch ziemlich empfindlich sein kann, gerade aber zum Glück sehr weit in diesem Jeep von mir entfernt sitzt.

Weil dieser Weg deutlich kürzer ist als die Passage durch den See, kommen wir schon bald wieder auf eine asphaltierte Straße. Mittlerweile scheint die Sonne.

Schnee, Wind, Regen, jetzt Sonne. Ok, es ist nicht tropisch warm hier. Trotzdem: Vier Jahreszeiten innerhalb weniger Stunden. Claudio hatte mal wieder recht. Was für ein genialer Tag am Rande der südlichsten Stadt der Welt – auch wenn er in einem hässlichen Hostel endet. Zum Glück haben wir genug Wein getrunken, dass uns das egal ist.

Logisch, dass es für Bärbel und mich anschließend weiter Richtung Norden geht, südlicher ist fast nix mehr außer der Antarktis. Schnee und Eis – Bärbel und ich wollten dem Winter ja ein Schnippchen schlagen. Wir reisen also gen Norden nach El Calafate. Zu einem Gletscher. Na prima …

## Spaziergang auf dem Gletscher

*(El Calafate, Argentinien)*

Wenn man da so steht, auf das Monstrum blickt und sich nicht traut, die Augen von ihm zu lassen, keinen einzigen Augenblick. Das hat was. Bloß nicht weggucken. Nicht mal blinzeln. Nix verpassen. Sobald man es nämlich hört, ist es zu schon spät. Man muss es sehen. Es fühlt sich majestätisch an, gerade genau hier in Patagonien zu stehen. Pata-was? Ja ja, dieses Patagonien hat so einiges mit der Uckermark gemeinsam. Ucker-was? Genau. Die wenigsten wissen, wo beides eigentlich liegt und was es genau ist. Land? Landschaft? Regierungsbezirk?

Gefühlt ist Patagonien einfach eine Ansammlung von Nationalparks – mit der abgefahrensten Natur der Welt. Ein Stück Land. Also doch vergleichbar mit der Uckermark, der Eifel oder der Lüneburger Heide. Nur größer. Viiiiiiel größer. Und paradiesischer. Also, *noch* paradiesischer als die Uckermark. Wir aber sind jetzt nun mal in Patagonien, etwa eine Busstunde von El Calafate entfernt. Eine ganz besondere Stadt. Besonders sonderlich. Es ist nur ein kleines, aber beliebtes Städtchen im Nationalpark »Los Glaciares« am Fuße der Anden, mit viel mehr Touristen als Einwohnern. Das (Touri-)Leben spielt sich auf einer einzigen, langgezogenen Straße ab. Wie in Las Vegas. Nur ganz anders.

Von El Calafate aus starten alle Touren in die Umgebung – besonders beliebt ist der Spaziergang auf dem Gletscher. Ok, es ist nicht einfach nur ein Spaziergang. Es ist ein Abenteuer – mit unterschiedlichen Schwierigkeitsgraden. Man kann ihn sich einfach nur angucken, darauf eine kleine Runde drehen oder – und das hat Bärbel natürlich für uns klargemacht – die »Big Ice Tour« buchen. Alles andere als die große Runde ist übrigens tatsächlich Quatsch. Wenn man schon die Chance hat, den Gletscher volley zu nehmen, dann doch bitte gleich richtig. Was soll man auch sonst hier machen, so ohne Pool, Liegen und Strand? Allerdings: Die Gletschertour ist nicht ganz ohne. Man muss ein paar (Fitness-)Kriterien erfüllen. Weil die aber mal nichts mit Körperlänge zu tun haben, konnte Bärbel uns beide da anmelden. Zum Glück hat sie das Abenteuer früh genug gebucht – uns sind doch recht viele Menschen begegnet, die das nicht gemacht haben und jetzt gerne spontan »Big Ice« machen wollen. Für die heißt es: Das Vorhaben muss erst mal auf Eis gelegt werden (**tusch**). Der Porsche unter den Gletscherspaziergängen ist ausverkauft. Lange im Voraus. Gut für die Vorabplaner wie Bärbel, schlecht für die Kriegen-wir-bestimmt-noch-spontan-hin-Optimisten wie mich. Für alle Übriggebliebenen bleibt nur die Eisdiele mit der (überraschend langen) Schlange in El Calafate.

Endlich ist der Tag gekommen! Verdammt frühmorgens geht's raus aus den Federn, wir werden direkt am Hostel eingesammelt, zu einem Bus gebracht und damit zur Aussichtsplattform gekarrt, auf der wir jetzt stehen. Blick Richtung Perito Moreno. Ein gigantischer Gletscher. Siebzig Meter hoch, vier Kilometer breit, dreißig

Kilometer tief. Zum ersten Mal in unserem Leben sehen Bärbel und ich einen Gletscher live. Es ist noch früh. Es ist noch kalt. Und doch ist es schon so aufregend. Nachher werden wir auf dem Dingen spazieren gehen – die Vorfreude ist groß. Aber jetzt warten wir voller Anspannung auf ein ganz anderes Spektakel.

Unterwegs wurde uns erklärt, was das »Kalben« sei. Weil der Gletscher ständig in Bewegung ist und vom Berg, wo er entsteht, in Richtung des Sees »Lago Argentino« drängt, bricht ganz vorne immer mal wieder ein Stück Eis ab. Mal mehr, mal weniger – und mal riiiiiiiiichtig viel. Das Abbrechen ist das »Kalben«. Wichtig für uns Gaffer, die aus sicherer Entfernung auf das Spektakel hoffen: Wenn man das Eis abbrechen *hört*, ist es schon zu spät. Der Schall ist langsamer als das Licht, das haben wir ja alle bei *Big Bang Theory* gelernt. Also sieht man den Gletscher nicht mehr kalben, wenn man das Geräusch hört, seinen Kopf zur Seite reißt und schnell dorthin guckt, wo das Geräusch herkam. Resultat: Ich stehe gefühlte drei Tage angewurzelt auf dieser Aussichtsplattform, starre auf diese eine Stelle des Gletschers, als würden sich da jeden Augenblick Bigfoot und David Hasselhoff in den Armen liegen. Bärbel: »Was machst du da? Warum stehst du da so rum und starrst auf den Gletscher? Verstehe ich nicht. Da passiert doch nichts.« Genervt verschwindet sie aus meinem Augenwinkel. Geduld ist wirklich nicht ihre Stärke. Meine schon – und plötzlich geschieht das Unglaubliche!

Ich sehe ernsthaft, wie der Gletscher kalbt. Ein riesiger Brocken Eis bricht ab, stürzt gewaltig in den See. Völlig lautlos, einzig Wellen zeugen vom Abbruch. Dann, als sich Bigfoot und David schon längst wieder verabschiedet haben, das Rauschen. Das Brechen. Das Knirschen und Ächzen des Eises. Alle anderen Touris reißen die Köpfe rum, sehen aber nur noch, wie sich die Wellen beruhigen, und stöhnen ein enttäuschtes »Oooooohhhhh«. Bärbel kommt von irgendwoher angerannt. »Was ist passiert?«

»Na, der Gletscher hat gerade gekalbt, *und ich hab's gesehen.*« Ich verkünde das so laut, dass es auch wirklich jeder hört. Triumphierend grinsend bin ich hier der King des Kalbens, dass das mal klar ist! Ätsch, ich hab's gesehen, ihr ungeduldigen, unwürdigen Reisenden. Ja, auch du, Bärbel. Ein bisschen Geduld täte euch allen... Während meine Gedanken so vor sich hin stolzieren, kalbt der Gletscher genau an der Stelle noch mal. Nur größer. Ein paar Touris haben das jetzt sogar fotografiert.

Allein der Anblick des Monsters ist eine Erfahrung, die unter die Gänsehaut geht. Wie winzig und unwichtig wir davorstehen, den Gletscher ehrfürchtig bestaunen. Größe wird schnell relativ. Aber das ist natürlich erst der Anfang von »Big Ice«. Die ganze Gruppe zieht weiter, besteigt ein Boot, tuckert zehn Minuten direkt vor der siebzig Meter hohen, imposanten Eisfassade entlang. Am anderen Ufer angekommen werden die Gruppen eingeteilt. Die Warmduscher, die nur den kurzen Spaziergang machen, in die eine Ecke, wir, die kühnen Abenteurer mit der echten Tour, bitte dort oben am Weg treffen. Am Weg? Ganz richtig. Casey, unsere Chefanimateurin, erklärt: »Wir marschieren jetzt knapp eine Stunde, bis wir am Basiscamp der Wanderung ankommen. Dort bereiten wir uns dann richtig vor. Haltet bitte alle eure Regenjacke parat, wir gehen durch einen Wasserfall hindurch. So, auf geht's!«

Ziemlich viel Gegend hier in der Atacama-Wüste in Chile – muss man einen Schatten haben, da mit dem Fahrrad hinzufahren.

Ui, ui, ui, Uyuni. Die Salzwüste in Bolivien ist nicht nur die größte der Welt, sondern auch die schönste, weil einzige, die ich je gesehen habe.

Eigentlich wollte ich ja nach Ibiza, in diesen Club. Aber hier am Ende der Welt in Argentinien ist's auch recht teuer.

Wenn man weiß, dass die Eiswand 70 Meter hoch ist, wirkt er gleich noch monströser: der Perito-Moreno-Gletscher in Patagonien, Argentinien.

Saftiges Grün auf sandigem Boden, im Hintergrund das Bergmassiv um den Cerro Torre. Kein Naherholungsgebiet in Bayern, sondern in Patagonien, Argentinien.

Das Gletscherwasser der Laguna Torre ist gefühlt deutlich kälter als das Steinhuder Meer. Der Ausblick wärmt zum Glück. Patagonien eben.

Eine Mittagspause, an die ich mich gewöhnen könnte, hier am Fuße der Laguna Torre im Nationalpark »Los Glaciares« in Patagonien.

Patagoniens Natur ist zum Niederknien. Im Nationalpark Los Glaciares können wir sogar problemlos das Wasser aus dem Fluss trinken.

Fläzen und Floaten auf dem Fluss Palomino in Kolumbien. Der Reifen hätte einen Ticken größer sein dürfen.

Jesus (links), Maria (oben) und ich am Strand von San Luis
auf San Andres, kolumbianische Karibik.

Beschauliches Bolivien: Copacabana-Girls genießen den Blick auf ihre City.

Ich nenne dieses Foto gefühlvoll »Stelzen im Amazonas-Wasser vor Wolken vor Sonne am Himmel von Peru und Kolumbien und Brasilien«.

Partyboot im Amazonas: Während ich schufte wie ein Büffel, gönnt sich Piero im Hintergrund mal wieder eine Pause.

Tatort Amazonas in Peru: Mit bloßen Händen halte ich mein Abendessen in die Kamera – den (einen) von mir gefangenen Piranha.

Für mich sind sie die Größten! Juan (links) und Piero (rechts) haben mir ein unvergessliches Abenteuer im tiefen Dschungel von Peru bereitet.

Großer Mensch vor größerem Gletscher. Links ist der gigantische Perito Moreno in Argentinien zu sehen.

Seit mir jemand gesagt hat, ich hätte einen Smiley auf meinem T-Shirt, kann ich nichts anderes auf diesem Foto mehr sehen. Hinter dem Bauchspeck ist der Nationalpark »Los Glaciares« zu erahnen.

Was für ein Ausblick! Die Laguna Torre, dahinter der Gletscher, wie er von den Bergen und Felsen heruntergleitet. Atemberaubendes Patagonien.

Downtown in Queenstown, Neuseeland.
Hab ein paar Locals aufgemischt.

Zum Glück hab ich mich noch aufs Bild geschlichen – nur der Fiordland-Nationalpark im Süden Neuseelands wäre ja megatrist gewesen …

Pflichtprogramm eines jeden Reisenden: der Milford Sound im Südwesten der Südinsel Neuseelands.

Jimmy steht entspannt in kurzer Hose bei Wind und Wetter draußen auf unserem Schiff im Doubtful Sound und quasselt ununterbrochen in sein Mikro.

Verregnete Stimmung im Doubtful Sound im Süden Neuseelands.

Auf diesem Foto der Südküste Australiens hat sich ein Koala versteckt. Ich habe ihn bis heute nicht entdeckt.

Kurz nach dieser Aufnahme in Hobbiton bei Matamata, Neuseeland, habe ich das Schaukelpferd ausprobiert. Schaukelte aber gar nicht.

Was man nicht sieht ist, dass 77 andere Menschen neben mir stehen, die ebenfalls gerade einen Ring in den Schicksalsberg werfen und das fotografieren. Einsame Wanderung in Neuseeland eben.

Nein, das ist nicht Bärbel, das bin auch ich. Beim Ausruhen vom Schwimmen mit Delfinen vor Kaikoura in Neuseeland.

Ohne Weitwinkel fotografiert: South Sea Island, Fidschi.

Candle-Light-Dinner am Fidschi-Strand. Nein, nicht mit mir selbst, sondern mit Bärbel, die ja grad das Foto macht.

Auf der Suche nach einem
Barbier in Hongkong.

Fußgängerzone in Macau. Witze zu diesem Foto haben so einen Bart.

Ich gucke Bärbel etwas überrascht an. »Eine Stunde latschen? Wusstest du das?«

»Neee«, sagt sie. »Aber ist doch egal. Wir gehen jetzt auf einen Gletscher. Yay!« Yay? Wenn sich unsere beiden Euphoriekurven in der Mitte treffen würden, lägen wir dank Bärbel immer noch deutlich über dem Durchschnitt aller achtjährigen Geburtstagskinder dieser Welt.

Wir marschieren los. So übel ist das gar nicht. Parallel direkt neben dem Gletscher. Überraschend viele Farben hat das Eis. Vom bekannten Weiß über dreckig bis hin zu verschieden schimmernden Blautönen. Yay. Etwas mehr als eine Stunde später hat jeder von uns eine kleine Wasserfalldusche hinter sich, den Ersten schmerzen die Füße. Haben die etwa keine Wanderschuhe? Ha! Ich schon. Mitten in der Gletscherwildnis angekommen kriegt jeder wie angekündigt seine Ausrüstung – Jacken, Handschuhe und anderes Zeug. Dazu gibt's einen Gurt zwischen die Beine geschnallt – und: Steigeisen. Jepp, es gibt diese Dinger sogar für Schuhgröße 52 – und somit keine Ausreden für Großfüße. Casey ist Mitte zwanzig, würde ich schätzen – ist aber schwierig zu sagen, so mit Mütze, Handschuhen und einer dicken Jacke. Sie hat's voll drauf hier auf dem Eis, gibt uns die Einweisung. Eine Anleitung, wie man auf dem Gletscher richtig spazieren geht und sich dabei nicht ungeschickt der Länge nach aufs Maul legt. Bei dem harten und zum Teil scharfen Eis kann das recht blutig enden. Passiert aber nicht. Was auch nicht passieren soll: Fuß verdrehen, stecken bleiben, sich irgendwelche Bänder reißen oder sonst irgendwas bescheiden Dämliches anstellen. Um genau das zu verhindern, müssen wir alle erst mal üben, üben, üben. Das Laufen mit den Riesen-Spikes unterm Fuß auf einem Gletscher, darin hat niemand Erfahrung. Abgesehen mal von Casey und ihrer Crew. Sogar Bärbel und ich kapieren es irgendwann und schaffen es, verletzungsfrei eine steile Eiswand hochzuklettern. Oder wie die Crew es ausdrückt: »Geht mal diese Stufe einen Schritt hoch, klappt das?« Pöh! Aber wir alle kriegen das ganz gut hin, schließlich ist ja am wichtigsten: Hauptsache gesund. Abmarsch! Gletscher, wir kommen. Jetzt beginnt endlich der Spaßteil der Veranstaltung.

Nach vielen Etappen, einer Mittagspause, mehreren Lektionen bezüglich der verschiedenen Eis-Blautöne, der Gletscherspalten und warum es gut ist, dass die gerade mit Wasser gefüllt und nicht leer sind (weil wir dann ja nicht reinfallen können), müssen wir irgendwann umkehren und uns auf den Heimweg machen. Dabei kommen wir an einem riesigen Eisbogen vorbei. Durch die Höhle darunter rauscht ein kleiner, klirrend kalter Bach. Casey und ihre Crew demonstrieren, wie wir alle am besten für Fotos posieren, ohne ins Wasser zu stürzen. Sie erklärt: »Auf der Tour gestern konnten wir alle noch die Höhle hinunterrutschen, da gab es diesen Bach noch nicht. Morgen wird es wahrscheinlich die Höhle nicht mehr geben, weil der Bogen dann geschmolzen sein wird. Das hat nichts mit dem Klimawandel zu tun, sondern einfach damit, dass sich das Eis ständig bewegt und keinen Tag so aussieht wie an einem anderen. Hier ist nichts für die Ewigkeit.« Jetzt lernen wir auch noch was fürs Leben. Ganz schön deep, der Shit hier. »Los, komm jetzt, ich will ein Foto mit uns vor dem Eisbogen«, sage ich zu Bärbel.

»Ja, dann aber schnell, ich will weiter«, antwortet sie. Wir geben Casey unsere Kamera und versuchen, uns wie gerade gelernt in die Höhle zu stellen, ohne dabei in den Bach zu fallen. Bärbel hat so ihre Probleme. »Nee, du musst mit dem Fuß dahin treten und den dahin. Neeee, anders. Vorsicht, kipp nicht um.« Meine hilfreichen Hinweise entspannen weder Situation noch Bärbel. »Ganz ruhig«, sage ich zu ihr. »Wir haben Zeit. So schnell verschwindet die Höhle nicht.« Ganz sicher bin ich mir da aber nicht, wenn ich mir Bärbels Verrenkungen so ansehe.

»Ich bleib jetzt so stehen. Los, mach das Foto, Casey.« Bärbels Geduld ist mal wieder schneller am Ende, als ein Luftballon platzen kann. Herausgekommen ist übrigens ein Foto, das in keinem Album zu sehen sein wird. Für niemanden. Sogar Casey hat sich ein bisschen für uns geschämt.

Insgesamt drei Stunden spazieren wir auf dem Eis rum. Kommt mir nicht so lange vor. Wieder am Rande des Gletschers angekommen machen wir alles von vorhin noch mal rückwärts. Steigeisen ausziehen. Zum Sammelpunkt laufen, Jacken, Handschuhe und anderes Zeug wieder abgeben, den Gurt zwischen den Beinen haben wir nicht gebraucht. Zum Glück. Der ist für die Rettung in Notfällen gedacht. Zu Fuß geht's wieder knapp eine Stunde zurück, durch den Wasserfall zu den Hütten, wo wir wieder auf die anderen Luschis treffen. Ganz schön anstrengend, dieser Spaziergang. Darum also der Hinweis im Vorfeld, dass man eine gewisse Grundfitness mitbringen sollte. Verstehe.

Verdammt, jetzt fängt es auch noch an zu regnen. Gut, dass es erst mal heißen Tee gibt und wir alle aufs Boot stiefeln. Dort wartet noch eine tolle Überraschung auf uns: Für jeden gibt's einen Whiskey. Natürlich wird der

»on the rocks« serviert, ganz authentisch mit Perito-Moreno-Eis. Was für eine entspannte und friedselige Bootsfahrt. Alle – sogar die Luschi-Truppe – hatten einen großartigen und erinnerungswürdigen Tag.

Mit dem Bus wieder in El Calafate angekommen treibt uns natürlich der Hunger ins Dorf und somit auf den Strip. Aber leider muss man sagen: Kulinarisch haben die Argentinier hier in der Ecke nicht viel drauf. Wir haben es zwar nicht ins von allen Seiten empfohlene Restaurant »Pura Vida« ganz am Ende der Straße geschafft (entweder war es geschlossen oder überfüllt), trotzdem behaupten wir: Das Essen ist, anders als in Las Vegas oder auf Malle, echt nicht erwähnenswert. Macht aber nichts. Was wirklich in Erinnerung bleibt ist das Naturschauspiel Gletscher. Den Perito Moreno gesehen, gerochen, berührt, erlebt, bestiegen und getrunken zu haben ist ein schönes Gefühl und eine beruhigende Erinnerung. Auch wenn ich das Kalben nicht im Foto habe.

## Kleines Dorf mit großer Wirkung

*(El Chalten, Argentinien)*

Das war früher soooo schrecklich. Immer. Zumindest in meiner Erinnerung. Deswegen ist das auch so was Altbackenes. Das machen nur Omas und Opas, Weißhäupter eben. Wenn meine Großeltern früher, Anfang der Neunziger, als ich noch klein war, im Urlaub waren, sind die gerne ins Sauerland gefahren. Nach Brilon. Zum Wandern. *W a n d e r n.* Wenn meine Mutter und ich sie dann mal besucht haben, mussten wir auch wandern. Dass uns Oma und Opa immer abgehängt haben, tut hier nichts zur Sache. In meiner Wahrnehmung war das einfach nur blöd. Langweilig und so sinnlos. Warum läuft man so viel draußen rum, wenn man da auch mit dem Auto oder mit dem Fahrrad hinkommt? Hab ich nicht kapiert. Für Weißhäupter ist das super. Sollen die doch alle wahllos Wege entlangdackeln. Aber für so Jungspunde wie mich (damals)? Komplett uncool. Die Erfahrung hat sich bei mir richtig eingebrannt, mehr als ein »Willst-du-mich-verarschen-Lächeln« darf man nicht erwarten, wenn man mir vom Wandern erzählt. Dann kam El Chalten – und legte den Schalter um.

Knapp drei Stunden dauert die Busfahrt von El Calafate nach El Chalten. Immer noch durch dieses Patagonien. Wir tuckern durch den argentinischen Nationalpark »Los Glaciares«. Klar, der Bus ist gewohnt eng für mich. Zum einen aber sind drei Stunden noch erträglich, und zum anderen bietet der Anblick der vorbeirauschenden Landschaft genug Ablenkung, um nicht an schmerzende Knie zu denken. Bärbel und ich haben gehört, dass das Kaff El Chalten für seine spektakulären Wanderungen bekannt sei. Spektakuläre Wanderungen? Klingt für mich wie »Faszination Müllhalde« – kompletter Quatsch. Bärbel hat ein bisschen gebraucht, bis sie mich überzeugt hatte, dass wir dahin fahren. Ok, am Ende hat sie es einfach bestimmt und mich mal wieder mitgenommen. Zum Glück!

Wir kommen also in diesem Nest im Zentrum der Natur an. Das heißt, noch nicht ganz. Kurz bevor wir wirklich am Ziel El Chalten sind, biegt der Bus ab, fährt uns zu so 'nem Forsthaus, und wir müssen alle aussteigen. Jaaaa, alle. Auch ich. Ich schäl mich aus dem Sitz, verlasse den Bus und ... Huch! Was ist das denn da hinten? In der Ferne ragen anderthalb bis zwei steile Felsen in die Höhe. Sieht gar nicht mal so schlimm aus, dazu der blaue Himmel und ... »Ja, ja. Das ist der Fitz Roy. Aber glotzen kannste später, Langer. Jetzt erst mal rein hier in den Schuppen. Und stoß dir nicht den Kopf.« Aha. Kennen wir uns? Ist wohl einer der Förster hier, der mich einsammelt und zu den anderen in das Gebäude schickt. Zumindest hat er so 'ne grüne Jacke an und irgendein sicherlich wichtiges Abzeichen draufgenäht. »Menschen, die mindestens eine Nacht hierbleiben, bitte links in den Raum, die anderen, die heute wieder abreisen, bitte nach rechts.« Soso. Also ab nach links. Wir sind schließlich so verrückt und bleiben zwei ganze Nächte.

Jetzt bekommen wir erklärt, wie das Ganze hier funktioniert in El Chalten und Umgebung. Es gibt unzählige verschiedene Wanderungen. (Bäh. Wandern.) Für die vielen Besucher hat die Gegend unterschiedliche Herausforderungen parat. Von richtig anspruchsvoll mit Klettererfahrung bis hin zu »Ich hab nur Flipflops dabei«-Spaziergängen. Man kann hier mehrere Tage am Stück wandern (wer will das denn??), Tagestouren oder auch nur ganz kurze Ausflüge machen (»Hier!«). Wir bekommen verklickert, wie man sich unterwegs verhält. Von wegen keinen Müll wegwerfen, nicht in die Wildnis kacken, bei längeren Touren registrieren und das Wasser aus allen Flüssen, das könne man trinken. Watt? »Ja, das ist wirklich so rein, das können Sie bedenkenlos abfüllen«, versichert uns der Oberförster. Ich, der Riese aus dem Westen, muss schmunzeln. Wer machte denn bitte so was?

So. Fürs Alibi noch schnell eine kostenlose Wanderkarte abgegriffen, dann müssen wir zurück in den Bus. Ich quetsch mich wieder langsam in meinen Sitz. Abfahrt. Anderthalb Minuten und eine Kreuzung später sind wir da, werden wieder rausgetrieben. Witzbolde. Und ja, *Kreuzung* klingt in der Tat überraschend. Die haben tatsächlich mehr als eine Straße hier. Einige davon kreuzen sich. Echt jetzt! Ansonsten ist das Dorf vor allem klein, einsam und ruhig. 2014 wurden bei einer Volkszählung erstmals mehr als 2100 Menschen festgestellt, die dauerhaft hier leben. Post, Supermarkt, Immobilienmakler, Hostel und Dorf-Seelsorger, all das gibt's. In einem Laden! Fehlt nur noch, dass vor uns ein ausgetrockneter Heuballen über die Straße weht. Aber auch ohne kitschige Westernatmosphäre finden wir unser Hotel. Jawohl, kein Hostel. Die waren nämlich schon ausgebucht. Alle drei. Ist grad Hochsaison? Noch am

Abend machen wir eine tolle Entdeckung: Die Menschen hier können einigermaßen kochen. Das ist neu in Patagonien. Die Pizza in der einzigen Pizzeria im Umkreis von wahrscheinlich mehreren Hundert Kilometern ist sensationell lecker, der Wein auch in Ordnung. Bei Tripadvisor gäb's garantiert fünf Sterne – aber das mit dem Internet haben die hier noch nicht so für sich entdeckt.

Der nächste Tag. Bärbel will wirklich wandern. »Los, aufstehen! Wir haben fast zwanzig Kilometer vor uns.«

»Ach komm schon. Lass uns doch erst mal in Ruhe frühstücken, das Dörfchen hier genauer erkunden und…«

»Du kannst erzählen, was du willst. Wir gehen heute wandern. Und darüber wird auch nicht diskutiert.« Jau. Wird dann auch nicht. Na gut. Will ich jetzt mal nicht mehr der Klotz am Bein sein und alles schon vorm Aufstehen verurteilen. Ich gebe dem Tag eine Chance. Gehen wir eben wandern. Hier in der Einöde bekommt's ja eh niemand mit, und zu Hause muss ich das gar nicht groß erwähnen. Das bleibt also unter uns.

Neun Kilometer. Ein Weg! Klingt in meinen Ohren wie ein Ultra-Ironman mit Fußfessel und tonnenschwerer Eisenkugel. Was soll ich denn machen, während wir neun Kilometer hin, neun Kilometer wieder zurück watscheln? Dass ich am Ende des Hinwegs freiwillig noch einen Extrakilometer draufsetzen werde, ist in diesem Moment unvorstellbar.

Aufbruch nach dem Frühstück. Ich schlüpfe mal wieder in meine Wanderschuhe – wenn nicht heute, wann dann? Soll sich ja auch gelohnt haben, dass Bärbel die extra aus Deutschland persönlich für mich eingeflogen hat. Ich zwinker ihr zu. »Danke noch mal, dass du meine

Schuhe mitgebracht hast.« Hebt die Stimmung gleich ungemein.

Los geht's auf einer offensichtlich frisch installierten Treppenanlage. Aha. Das ist also der Start für diese ach so tolle Wanderung in der unberührten Natur? Eine Eisentreppe? Ok, anschließend hab ich nicht mehr viel zu nörgeln, denn wir lassen recht fix El Chalten hinter uns, folgen dem Weg und den Pfeilen, die uns zur Laguna Torre, unserem Tagesziel, weisen. Schnell merke ich, wie mich die Umgebung, die Natur, vereinnahmt. Es gibt Momente, da sehen wir in der Ferne den Fitz Roy mit seiner wolkenverhangenen Spitze. Die anderen Felserhebungen um uns herum, alle schneebedeckt. Ein Ausblick, den wir in Berlin-Friedrichshain nicht soooo oft haben. Hier merke ich schnell: Größe ist mal wieder relativ.

Um uns herum tobt die Natur, obwohl es still ist, der Wind weht sanft. Die Landschaft bombardiert uns mit Eindrücken. Vor allem als (Groß-)Stadtmensch kommt man ja nicht allzu oft in Gegenden wie diese. Wir sind solche atemberaubenden Anblicke nicht gewöhnt und umso begeisterter. Es kommt uns vor wie eine riesige Diashow. Nur eben live. Etwas frech zwinkert Bärbel mir zu. »Hab ich's nicht gesagt? Es lohnt sich.« Ja ja, is' gut.

Hin und wieder begegnet uns ein anderer Wanderer. Ich bin mir unsicher, ob man sich grüßt. Wie die coolen Harley-Davidson-Biker auf den Highways dieser Welt. Eigentlich gehören wir doch zur gleichen Gang. Alter, wir sind alle Wander-Babos! Die meisten grüßen (zu meiner Überraschung) zurück. Ich glaube, die merken, dass ich noch ein Frischling bin. Zumindest meine ich hinter mir immer wieder Gekichere zu hören und spüre ihre Fingerzeige in meinem Rücken. Riesige Wander-Jungfrau. Glücklicherweise sehen wir nur vereinzelt Menschen. Hauptsächlich genießen Bärbel und ich die Landschaft, quatschen ein bisschen und hören der Natur zu. Zwischendurch ermahnt uns Fitz Roy immer mal wieder, dass wir doch nur unbedeutende, kleine Pups-Wanderer sind.

Wir wandern. Immer weiter. Mittlerweile mit kurzer Hose und T-Shirt. Trotz der schneebedeckten Berge um uns herum ist es angenehm warm im Sonnenschein. Wir laufen über Sand, gehen durch Wälder, klettern auf Anhöhen, kraxeln bergauf, bergab, durch offenes Gelände, schmale Wege, breite Felder, über steinigen Untergrund, an Flüssen vorbei, über eine Brücke, durch hüfthohe Grasfelder. Irgendwie ist diese Wanderung spannender als die damals im Sauerland. Und hierher kommt kein Auto und auch kein Fahrrad.

Plötzlich endet der Weg, wir stehen auf dem Gipfel eines felsigen Hügels. Überall Kies, kleine und große Brocken, viel Gestein um uns herum. Die Sonne zwingt uns, Sonnenbrillen zu tragen. Der fast komplett wolkenfreie Himmel hüllt das Panorama in schönstes Blau. Frischer Wind fegt uns um die Ohren. Eigentlich hätte der Weg hierher schon gereicht. Der allein hätte mich überzeugt, dass Wandern doch ganz geil sein kann. Jetzt das hier. Dieser Ausblick. Der krempelt in mir so einiges um. Hier zu stehen ist schon ein bisschen bewegend und ergreifend. Das merkt auch Bärbel, die es nicht sein lassen kann und mir noch einen reindrückt: »Na, wärste jetzt lieber aufm Sofa?«

»Tz.«

Nach knapp dreieinhalb Stunden Wanderung sind wir

am Ziel. Vor uns schüttet die Natur ihre ganze Schönheit aus. So was habe ich noch nie gesehen, das gibt's garantiert auch nicht in der Uckermark. Oder im Sauerland. Wir stehen also oberhalb der Laguna Torre. Der See besteht nur aus Gletscherwasser. Am anderen Ende, etwa knapp anderthalb Kilometer Luftlinie entfernt, sehen wir, wie der Gletscher direkt ins Wasser ragt. Dahinter erstreckt er sich nach oben, um dann mit zwei felsigen Gipfeln am Himmel anzuklopfen. Damit das Klopfen nicht so laut ist, versuchen ein paar Wolken, Geräusche zu dämmen. Funktioniert. Es ist zwar nicht der legendäre Fitz Roy, auf den wir hier starren – der ist noch ein bisschen weiter weg –, aber unser gigantischer Cerro Torre hier hat's nicht weniger drauf. Manchmal kommt es eben doch auf die Größe an.

Auf dem See schwimmen komische weiße Gebilde. Was ist das? Schaum? Dreck? Eisschollen? Wir laufen den Abhang runter bis zum Ufer, stellen fest: Es sind tatsächlich Eisschollen. Dementsprechend frisch müsste ja eigentlich auch… Jepp! Das Wasser ist bitterkalt. Das komische trübe Türkis des Gletschersees, dahinter der Berg, das ist so skurril wie schön. Eine unnahbare Kulisse, die eigentlich unmöglich echt sein kann. Wir setzen uns, schweigen, schwelgen, schieben uns ein paar Brote rein und ziehen wieder ein paar Klamotten an. Wenn man sich nicht mehr bewegt, wird's fix frisch.

Auf keiner Postkarte, in keinem Bilderbuch könnte dieser Anblick so wirken wie jetzt gerade. Unsere Komfortzone samt Sofa ist nicht mal in Reichweite. Nach der Reise fragten uns viele Menschen, was denn das Schönste war, das wir gesehen oder erlebt haben. Dieser Moment gehört dazu. Patagonien ist für mich ab sofort einer der schönsten Orte der Welt. Ich hab zwar Fotos von diesem Anblick gemacht. Alle für die Mülltonne. Nichts kann wiedergeben, was ich hier gerade sehe und erlebe. Die Atmosphäre ist magisch. Dickes Geschwafel. Aber, lieber Leser, guck's dir selbst an. Dann hauste mir entweder eine rein, weil Wandern in der Natur nix für dich ist und du denkst, was sollen die paar Steine mit dem gepressten Schnee auslösen? Oder du willst mir mit Tränen um den Hals fallen und dich bei mir bedanken, dass du das mit eigenen Sinnen erlebt hast. In dem Fall kannst du mir als Dankeschön gerne übertrieben viel Geld überweisen. Meld dich!

Moment mal. Beim Staunen und Kauen fällt mir auf, dass sich in der Ferne etwas auf dem rechten Seitenflügel dieser Kulisse bewegt. Da oben auf dem kleinen Kamm laufen tatsächlich Menschen rum. Meine kleine Alibi-Wanderkarte verrät mir, dass es die Möglichkeit gibt, noch ein paar hundert Meter rechts von der Lagune weiterzugehen. Ich frag Bärbel: »Kommst du mit? Da oben ist ein Weg, der führt noch weiter Richtung Gletscher.«

»Nöö, ich möchte jetzt hierbleiben. Mich ausruhen, noch was essen und ein paar Fotos machen.«

»Ach komm schon. Das ist nicht mehr viel zu laufen. Und wir sind schon so weit gekommen. Den Rest schaffste auch noch.«

»Schaffen würde ich das, ja. Aber ich will nicht. Geh ruhig alleine da hoch.« Pah! Die weiß eben nicht, wie viel Spaß Wandern machen kann. Also mache ich mich ohne Bärbel auf den Weg.

Es geht ordentlich bergauf. Extrem steinig. Und anstrengend. Aber es lohnt sich! Fleecepulli, kurze Hose,

Sonnenbrille: Nach einer halben Stunde stehe ich ganz nah am Gletscher. Um mich herum: Einsamkeit. Aber die gute. Dazu die Natur. Rau, frisch, imposant. Ich bin oberhalb des Gletschers, noch näher an den Gipfeln, unter den Wolken. Dem Himmel so nah. Eine andere Perspektive, ein neuer Blickwinkel. Auf den See. Auf den Gletscher, die Berge. In Hollywoodfilmen würden jetzt Streichinstrumente die Situation begleiten, die Kamera 360 Grad um meinen Kopf fahren und ich dabei die Augen schließen und tiiiief einatmen, die Arme ausbreiten, den Kopf in den Nacken legen. Da wir hier nicht in Hollywood sind, passiert das eben ohne Kamera.

So, reicht jetzt aber auch. Auf geht's, wieder Richtung Wirklichkeit. Erst mal die paar hundert Meter zurück auf dem Bergkamm, direkt in Bärbels Arme. Dann verabschieden wir uns vom Anblick, bedanken uns für das Schauspiel.

Auf dem Rückweg geht uns natürlich das Trinkwasser aus. Aber keine Panik – da war doch was. Als wir den Fluss überqueren, halte ich mutig einfach die leere Flasche ins Wasser und füll sie komplett auf. Skepsis macht sich breit. Ich strecke die Pulle professionell hoch gen Sonne, beobachte argwöhnisch, was sich in dem ungewohnt klaren Wasser so alles bewegt. Stelle fest: überraschend wenig. Ich probiere einen Schluck. Hui. Ordentlich kalt. Aber nichts würgt sich raus, alles bleibt drin. Jetzt treibt's der Durst rein. Ich trinke, Bärbel tut's mir gleich – bis zum heutigen Tag haben wir deswegen keine Magenprobleme bekommen – und rechnen auch nicht mehr mit welchen. Ich mach die Flasche noch einmal voll, und weiter geht's, der Zivilisation in El Chalten entgegen. Immer wieder drehen wir uns um. Blicken

Richtung Fitz Roy. Es wird lange dauern, alle Eindrücke dieser Wanderung zu verarbeiten. Hoffentlich endet das nie.

In El Chalten geht's natürlich gleich in unsere Stamm-Pizzeria. Wie alte Bekannte werden wir begrüßt. Der Riese ist wieder da! Der futtert viel, da klingelt die Kasse, das freut das Personal. Was für ein Tag, was für eine Wanderung! Wandern ist ab sofort nicht mehr lästig, sondern lässig. Kein Wunder. Bekomme ich ja auch so langsam die ersten weißen Haare.

# Die 28-Stunden-Busfahrt

*(Bariloche, Argentinien)*

Eine 28-Stunden-Fahrt in einem Bus. Klingt ein bisschen wie eine Dokumentation über das Wachsen von Fußnägeln einer Neunzigjährigen. Man fragt sich: Warum? Und wer? Wer tut sich so was an? Tja, *wir* haben uns zumindest für den Ausflug angemeldet. Bärbel und ich. Die Frau, die mehr Adrenalin im Schlaf produziert als jeder Basejumper, der seinen Fallschirm vergessen hat. Und ich, der 2,05-Meter-Riese, der Busfahren aus tiefstem Herzen verabscheut. Ja, wir beide entscheiden uns bewusst und gezielt dafür, achtundzwanzig Stunden am Stück in einem Bus zu fahren. Warum wir das gemacht haben? Bei der Recherche für dieses Buch habe ich keinen Hinweis mehr gefunden, der diese Frage beantworten könnte. Unsere Motivation damals? Keine Ahnung. Ich glaube, wir, also Bärbel, wollten das unbedingt machen, um es mal gemacht zu haben. Oder hatten wir eine Wette verloren? Ach Mann. Ich weiß es doch auch nicht mehr. Keine Ahnung, warum wir nicht einfach den Flieger genommen haben.

Die Bustour geht von El Calafate nach San Carlos de Bariloche – mit 'nem Flugzeug dauert das weniger als zwei Stunden, ein Auto bräuchte etwa siebzehn bis achtzehn Stunden und ein Bus, der noch nicht mal den direkten Weg nimmt, eben achtundzwanzig. Kreuz und quer kurvt er durch Patagonien. Ok, *kurvt* ist übertrieben. So viele Kurven gibt es nicht in der endlosen Weite Argentiniens. Es geht hauptsächlich geradeaus. Stupide ge ra de aus. *Serpentina*, das spanische Wort für Serpentinen, kennen die Argentinier nicht. Mich wundert's, dass die Überlandbusse überhaupt ein Lenkrad haben.

Schon damals bei der Buchung der Tour im Reisebüro in Buenos Aires tauchten viele sehr wichtige Fragen auf: Beschwert man sich, wenn der Bus zwölf Minuten Verspätung hat? Gibt's dann Geld zurück? Wie lange warten Anschlussbusse bei Verspätung? Gibt's 'nen zweiten oder dritten Fahrer? Haben Busse in Patagonien 'nen Tempomaten? Oder Autopiloten? Wie groß ist der Tank? Gibt's einen Animateur an Bord? Als sich alle Fragen geklärt, wir den Spaß gebucht und bezahlt hatten, ging es für mich ans Eingemachte: Bärbel wollte unbedingt einen Plan haben für die achtundzwanzig Stunden. Ein Programm, damit wir nicht einfach nur die ganze Zeit rumsitzen, sondern was Sinnvolles machen. Ich wollte das nicht. Meine Argumentation damals: »Ich würde gerne in den Bus steigen, ohne eine Liste an Themen zu haben, die wir abarbeiten müssen. Lass doch mal die Fahrt auf uns zukommen und gucken, was sie mit uns macht.«

»Quatsch«, sagte sie. »Weißt du, wie lang achtundzwanzig Stunden sind? Wir brauchen Inhalte, damit wir was zu bequatschen haben. Was können wir in der Zeit vorbereiten?«

»Wie wäre es«, antwortete ich, »wenn wir unseren Aufenthalt für die Zeit in Bariloche planen?« Ja, ja, ich weiß. Ein gewagter Vorschlag – Bariloche ist ja das Ziel unserer Busreise, und somit wäre das eine für bärbelsche

Verhältnisse extrem kurzfristige Planung. Ihre Antwort überraschte mich wenig: »Neee, wenn wir da ankommen wäre es schon gut, wenn wir wissen, was wir da machen wollen. Ist doch super, wenn wir dann schon für die Touren angemeldet sind.«

Plural? Ich versuchte es noch mal: »Du hast mir versprochen, dass wir beide Kompromisse eingehen. Also auch du. Dass du auch mal einen Schritt auf mich zukommst und wir genau das, was jetzt passiert, nicht immer machen: alles totplanen.« Hoppla, da hatte sich wohl ein bisschen Frust angestaut. Bärbel guckte mich an, als würde sie denken, hoppla, da hat sich wohl ein bisschen Frust angestaut. Die nächste Überraschung wartete auf mich: »Du hast recht.«

»Hä?«

»Ja, du hast recht. Ich sollte einen Schritt auf dich zukommen. Dann lass uns diese Bariloche-Planung auf dem Weg nach Bariloche machen. Wenn du das für eine gute Idee hältst.«

Bitte? Ich will Bärbel zurück! Aber die Chance konnte ich mir nicht entgehen lassen: »Super! Dann machen wir das so. Wir werden sehen, was die Stadt so alles zu bieten hat.«

»Könnten wir nicht vielleicht doch …«

»Bärbel!«

»Schon gut, schon gut. Deal!« Ein überraschender Kompromiss – und wir hatten einen Plan für die Planung. Meine Vorhaben für die achtundzwanzig Stunden gingen ursprünglich eher so in die Richtung Haare wachsen lassen, Fernsehgucken, schlafen, schweigen, schwelgen. Vermutlich aber sind wir so lange unterwegs, dass ich sogar dafür Zeit haben werde.

Busstation El Calafate. Wenige Momente noch, dann dürfen wir einsteigen. 16 Uhr ist Abfahrt. Bärbel und ich gucken uns an, wir freuen uns, sind gespannt. Vor allen Dingen: Wir haben wirklich noch keinen Plan für Bariloche. Ich find's gut. Bärbel gibt sich Mühe. Wir steigen ein. Unsere Plätze haben die Nummern 1 und 2. Heißt: Dachgeschoss, ganz vorne rechts. Keine Sitzreihe vor uns, niemand, der mit seinem Sitz meine Beinfreiheit einschränken wird. Wir hingegen können unsere Sitze fast waagerecht stellen. Laut Werbung vorzügliche Schlafbedingungen. Alles andere wäre bei einer achtundzwanzigstündigen Tour auch Tortur. Unsere Sitze haben noch einen gigantischen Vorteil: Sie sind direkt hinter der Frontscheibe. Geil. Diese Aussicht. Wie ein überdimensionaler Flachbildfernseher. Wie dadurch wohl die Natur aussieht? Was Patagonien wohl dieses Mal mit uns macht? Wir werden es gleich wissen. Vorfreude! Abfahrt.

Cut.

Langsam haben wir es satt, aus dem Fenster zu glotzen. Überall Gegend. Gegend, die sich seit der Abfahrt nicht verändert hat. Die Straße rauscht gelangweilt unter uns hinweg. Ein kleiner Drahtzaun rechts, ein kleiner Drahtzaun links. Hin und wieder hängt ein Lamakadaver darüber. Wer nicht hoch genug springt, verreckt elendig auf dem Zaun. Darüber will man gar nicht nachdenken. Schnell die Gedanken wieder auf das Wesentliche fokussieren: die Gegend. Bis zum Horizont. Karge Steppe. Monotonie. Patagoniens Weite eben. Ein bisschen Einöde hier, ein bisschen Langeweile da. Wir gucken uns fragend an: Was machen wir hier gerade? Was haben wir erwartet? Wie lange noch? Gefühlt ist die Hälfte der Fahrt rum, ein Blick auf die Uhr ist ernüchternd: Seit zwanzig Minuten sind wir unterwegs – somit haben wir ja nur noch siebenundzwanzig Stunden und vierzig Minuten vor uns.

Zum Glück haben sie einen zweiten Fernseher. Einen richtigen, mit Mattscheibe, in dem *wirklich* etwas passiert. Zu meiner Freude schmeißen die Jungs vom Busunternehmen die Flimmerkiste zeitig an. Nämlich genau jetzt. Keinen Moment zu früh. Bärbel und ich verschieben einstimmig die Bariloche-Planungsdiskussion und konzentrieren uns erst mal auf die Glotze. Welche Filme hier wohl gezeigt werden? Die Ernüchterung Teil zwei: *Metebol* flimmert uns in großen Buchstaben entgegen. Was zum Henker ist das? »Das ist ein argentinischer Erfolgsfilm über Fußball«, verrät uns einer vom eifrigen Buspersonal. Der Streifen ist animiert. Und auf Spanisch. Offensichtlich vor dem 13. Juli 2014, dem WM-Finale, produziert.

Ich hab also die Wahl zwischen Patagoniens Langeweile, argentinischem Zeichentrick und mit Bärbel über Bariloche blubbern. Mein Blick fällt auf unser Handgepäck. Das quillt über mit Blätterzeugs. Zu Bariloche. Zum Durcharbeiten. Besprechen, Pro und Kontra abwägen, abstimmen. Entscheiden. Reden. Reden. Und reden. Sogar ein Quantenphysik-Studium klingt gerade spannender. Ich mach uns erst mal einen Mate-Tee. Schließlich gibt's heißes Wasser kostenlos in der Bordküche, die aus einem Wasserkocher besteht. Abgefahrener Service hier. Stilecht gieße ich das kochende Wasser in unseren Mate-Becher auf das komische grüne Kraut. Mit einem Alu-Strohhalm umrühren, warten, genießen. Oh Gott, schmeckt das scheußlich. Als hätte jemand den

Rasenmäher ausgekippt, mit dem Bio-Mülleimer vermengt und heißes Wurstwasser mit einem Spritzer Rollmops drübergekippt. Das ist nichts für mich. Bärbel mag das Zeug. Da kümmer ich mich doch lieber um den argentinischen Fußball. Sorgen, ich könne womöglich später im Bus nicht einschlafen, lösen sich in Luft auf.

Im Anschluss zeigen sie noch *Minions 2*, die *Prisoners*, den *Hobbit*, *White House down*. Alles auf Spanisch. *White House down*, ernsthaft? Hollywood verdrängt Patagonien. Fehlt nur noch die Doku über das Fußnägelwachstum der Neunzigjährigen. Gewundert hätte es mich nicht.

So, was machen wir sonst noch unterwegs? Wir können einigermaßen gut schlafen. Allerdings werden wir immer wieder wach. Schuld daran sind die nächtlichen Stopps. Leute steigen ein und aus. Sogar eine ganze Schulklasse macht es sich irgendwo im hinteren Teil des Busses gemütlich – und das nicht allzu leise. Zum Glück sind wir weit genug weg von denen. Erste Reihe, erwähnte ich das bereits? Auch unsere Sitznachbarn auf der anderen Seite des Ganges wechseln drei- oder viermal während der Fahrt. Nur wir nicht. Wir bleiben sitzen. Bis. Zum. Bitteren. Ende.

Am nächsten Morgen läuft der Fernseher immer noch. Auch dieses Patagonien zieht weiter an der Frontscheibe vorbei. Alles so wie gestern. Verpasst haben wir nichts. Und sonst? Was passiert sonst noch Spannendes? Wir zählen unsere Finger, machen peinliche Schlaffotos (die mit offenem, sabberndem Mund), warten, gehen im Gang spazieren, geben den Insekten auf der Windschutzscheibe Namen, feuern den Sekundenzeiger an – was man eben so in einem Bus ohne Internetzugang macht. Zwischendurch holt Bärbel gerne mal eine Runde heißes Wasser – aber die madige Mate-Mischung kann sie schön selbst trinken. Ein paarmal muss der Kutscher tatsächlich einen Tankstopp einlegen. Ich hoffe, der Fahrer wird auch mal abgelöst!?

Tja, und dann ist es irgendwann doch so weit: Bärbel und ich, wir müssen uns um Bariloche kümmern. Ist ja unser Deal. Wundert mich, dass sie es überhaupt so lange ausgehalten hat, ohne aufzumucken. Zumal wir jetzt schon knapp fünfundzwanzig Stunden unterwegs sind. Unsere Hintern sind platt wie zwei altersschwache Flundern. Wir holen die ausgedruckten Zettel aus unserem Handgepäck, dazu Flyer, Broschüren, Tourangebote, Bilder, Bücher, Panoramafotos, Diavorträge, Pappaufsteller – all das soll uns Bariloche näher bringen. Anscheinend hat Bärbel sich doch schon ein bisschen vorbereitet. Es dauert nicht lange, da prasseln die ersten Vorschläge aus ihr raus. Welches Restaurant einen tollen Ausblick haben soll, welche Wanderung besonders empfohlen wird und warum man welchen Ausflug machen sollte. Ich weiß immerhin schon, dass die Stadt San Carlos de Bariloche heißt und 2010 knapp mehr als 133 000 Einwohner hatte. Steht hier auf so 'nem Flyer. Bringt mich meinem Vorhaben, möglichst wenig in Bariloche zu unternehmen, aber nicht näher. Bärbel argumentiert mich in Grund und Boden. »Hier, vom Cerro Campanario hat man einen gigantischen Ausblick, da müssen wir mal hoch und ein Panoramafoto machen. Oder hier, wir können einen Tag auf einer Farm verbringen, mit den Einheimischen essen und so.«

»Oh, guck mal, da läuft *Friends.*« Ich zeige Richtung Fernseher.

Bärbel ignoriert mich noch nicht mal. »Diese Einheimischen-Farm. Da sollten wir schon hin.«

*Friends*? Neee? Ok. Tja. Für den Fall, dass ich keinen Bock auf Farm-Urlaub hätte, wäre jetzt der Zeitpunkt, ein krachendes Gegenargument zu bringen. »In Bariloche wohnen 133 000 Menschen – warum müssen wir ausgerechnet zu *denen*?« Herzlichen Glückwunsch zum schwächsten Argument der Welt. Sieht Bärbel genauso. Sie reagiert wieder nicht. Weil mir nichts weiter einfällt, lüg ich Bärbel an: »Na gut, hast ja recht. Klingt super.«

»Ach ja?«

»Lass uns das machen.«

»Was? Hast du da echt Bock drauf?«

»Nee, aber grad kein Bock zu diskutieren. Meistens sind die Sachen, die du raussuchst, ja nicht komplett scheiße.« Sie fällt mir in meinem gemütlichen Bussessel um den Hals. Dabei hauche ich ihr ins Ohr: »Gib's zu, du hast vorher schon geguckt, oder?«

Sie kichert und flüstert: »Ich hab sogar schon reserviert.«

Sie. Hat. Was? Hinter meinem Rücken Touren gebucht? Gegen unsere Abmachung? Das geht zu weit. Ein kleiner Streit bricht vom patagonischen Drahtzaun. Sachen wie »nicht dein Ernst« oder »Ach komm, du willst es doch auch« werfen wir uns an den Kopf. Sogar die Schulklasse ganz hinten verstummt für einen Moment, um unserem plötzlichen Gegacker zu lauschen. Weil sie aber kein Wort verstehen, lärmen sie gewohnt weiter. Eben ist Bärbel mir noch um den Hals gefallen, jetzt würde sie ihn mir gerne würgen. Wie so oft dauert aber auch diese Auseinandersetzung nicht lange. In diesem Fall wird sie von einer Lautsprecherdurchsage des Fahrers unterbrochen. Irgendwas mit »termino«.

»Was für ein Termin?«, schnauze ich Bärbel an.

»Mann, wir sind da, du Strohhalm. Endhaltestelle.« Aso.

Das Unglaubliche ist passiert, die Hölle ist zugefroren, Schalke ist Meister: Wir. Sind. Da. Noch unglaublicher: Es ist kurz vor acht. Abends. Wir sind tatsächlich fast auf die Minute genau achtundzwanzig Stunden unterwegs gewesen und fahren gerade nach Bariloche rein. Hier wohnen übrigens 133 000 Menschen.

Weil im Bariloche-Busbahnhof nicht der richtige Ort zum Streiten ist, verschieben wir die Argumentation. »Alles gut?«, frage ich.

»Alles gut«, antwortet sie. Wir sammeln unser Gepäck ein, hüpfen ins Taxi und lassen uns zum Hostel bringen. Unterwegs schweigen wir. Hauptsächlich, weil der Taxifahrer anscheinend noch mehr Infomaterial über Bariloche hat als Bärbel, das er uns in einem einzigen Wortschwall entgegenrotzt. Zum Glück verstehe ich nur Spanisch (*ein Mal musste ich den bringen!*).

Im Hostel angekommen ist die Stimmung zwischen Bärbel und mir einigermaßen normal, wir checken ein, und die gemeinsame Verwunderung über unser Doppelzimmer schweißt uns wieder zusammen. Etwa sechs Quadratmeter misst unsere Unterkunft für die kommenden drei Nächte, das Doppelbett ist ein Etagenbett, und die Zimmerdeckenhöhe liegt bei etwa genau zwei Metern. Na, Glückwunsch. Mit meinen 2,05 Metern sind da Kopfschmerzen programmiert.

Es dauert ein bisschen, bis wir die optimalen Rucksack-Positionen herausgefunden haben, sodass sich die

Tür öffnen und wieder schließen lässt. Das Minifenster bringt kein Licht, weil das Kabuff im Untergeschoss und unterhalb der Grasnarbe liegt. Der komplette Raum ist mit Holzlatten verkleidet. Ist mir Latte, ich will hier raus, mich mal wieder aufrichten und vor allen Dingen was essen – zum Glück haben wir beide Hunger. Als wir in Bärbels Aussichts-Pizzeria ankommen, ist es schon dunkel. Irgendwelche Berggipfel oder tolle Seen sehen wir also heute nicht mehr, dafür aber gibt's ein Pizza-all-you-can-eat-Angebot. Restaurantbesitzer freuen sich nur bedingt, wenn ich das bestelle. Denn sie ahnen, nur mit Glück kommen sie da plus minus null raus. Heute haben sie kein Glück. Die Pizza ist lecker. Frisch gebacken und heiß kommen die Viertel in regelmäßigen Abständen auf den Teller. Die Frequenz könnte höher sein, aber das ist wahrscheinlich Masche. Macht nix. Der Riese hat Hunger. Bärbel bestellt sich lieber eine Pizza von der Karte, ein All-you-can-eat lohnt sich für sie und ihren Vogelmagen nicht. Wir werden beide satt, ich lass mir den Rest des Büffets zum Mitnehmen einpacken, und wir schleppen uns vollgefressen zurück ins »Alaska-Hostel«, gehen sofort ins Bett. Auch wenn das deutlich zu kurz ist für mich, falle ich sofort ins Fresskoma und schlafe die ganze Nacht tief und entspannt durch. Ganz zum Leidwesen von Bärbel, die oben liegen wollte.

»Es war gar nicht so leicht, jedes Mal runter- und anschließend wieder hochzuklettern. Du hast aber nichts davon gemerkt«, verrät sie mir am nächsten Morgen. Irgendwie sieht sie bleich aus.

»Warum musstest du denn so viel klettern?«, frage ich.

»Na ja, ich hab heute Nacht dreimal gekotzt.«

»Was?? Was ist los?«

»Mir ist schlecht. Immer noch. Plus Kopf. Ich glaub, ich hab die Pizza nicht so gut vertragen.« Oh je. Dass ausgerechnet sie diejenige ist, die in diesem Zimmer Kopfschmerzen bekommt, ist überraschend. Magen-Darm in einem Sechs-Quadratmeter-Zimmer mit Gemeinschaftsbad auf dem Gang. Jackpot.

Um die reizende Reizdarm-Kotz-Geschichte im Sinne aller ein wenig abzukürzen: Bärbel hat zwei Tage lang das Zimmer nur für den Gang ins Bad verlassen. Am dritten Tag waren wir einmal kurz spazieren. Frische Luft schnappen. Mehr war nicht drin. Ich war zwei, drei Mal im Supermarkt, stand sonst gerne mal in der Küche und hab Bärbel so gut es ging mit Zeug versorgt. Zwieback, mal ein bisschen Obst, Salzstangen, Cola. Jetzt ist es also passiert. Hier, in Bariloche, können wir zum ersten Mal während der Reise nicht mehr Vollgas geben. Nein, wir können sogar nur genau nichts machen. Gar nichts. Außer dem Pizza-Laden und dem Busbahnhof hat Bärbel von dem 133 000-Einwohner-Dorf nichts mitbekommen. Trotz aller Vorbereitung. Die geplanten Touren haben wir verfallen lassen.

Wir verlassen Bariloche, stilecht, mit dem Bus Richtung Santiago de Chile. Der Trip soll neunzehn Stunden dauern, Kurzstrecke also. Haben die dafür extra Sitze in den Bus gebaut, und wenn ja, muss man sich anschnallen? Lohnt sich doch gar nicht. Unsere Plätze sind dieses Mal nicht in der ersten Reihe, aber trotzdem mit ausreichend Beinfreiheit. Warum gibt es diese Busse nicht auch in Europa? Hier in Argentinien könnte ich glatt Fan von Busfahrten werden.

Unterwegs lässt Bärbel, der es zum Glück wieder

einigermaßen geht, die vergangenen Tage Revue passieren. Dabei wird ihr bewusst, dass es unmöglich ist, während so einer langen Reise jeden Tag Vollgas zu geben. Es geht einfach nicht, jeden Ort komplett auszulutschen. »Vielleicht brauchen wir mal ein paar Tage Ruhe. Ohne Programm«, sagt sie zu mir.

»Nein«, antworte ich. Leicht erschrocken guckt sie mich an. »Ganz sicher brauchen wir das«, stelle ich klar. Erleichtert schlafen wir beide ein.

Bis wir die argentinische Grenze zu Chile erreichen. Dort halten wir an, müssen aussteigen und zusehen, wie das komplette Gepäck ausgeräumt, auf die Straße gestellt und ein Hund gerufen wird. Bello schnuppert voller Begeisterung an allen Rucksäcken, Taschen und Koffern. Nach Drogen und Sprengstoff, kombiniere ich messerscharf. Plötzlich schlägt er an! Zum Glück nicht an meinem Rucksack. Oder Bärbels. Was jetzt wohl passiert? Die brummeligen Beamten bleiben ganz entspannt, geben dem Köter ein Leckerli und ziehen die Tasche aus dem Verkehr. Deren eigene Tasche. Mit Drogen. Oder Zeug, was nach Drogen riecht. Damit der Hund auch mal ein Erfolgserlebnis hat. Bei dem ein oder anderen Passagier ging aber gerade der Arsch gut auf Grundeis. Vielleicht sollte der Köter noch mal… »Einsteigen! Weiter geht die Reise!« Aso. Endlich weiter im Bus sitzen.

# Neuseeland, Australien, Fidschi

## *Die Pille, die alles verändert*

*(Kaikoura, Neuseeland)*

Wenn man in Kichikichi in die Pokaka-Straße einbiegt, dort ins Cafe Pipi spaziert, dann verfolgt man kein Tamagochi in einer Pokemon-Welt, sondern ist ganz normal in Neuseeland unterwegs. Kia ora! Nein, diese Namen sind nicht ausgedacht. Alles echt. Original maorisch, also ureinwohnerisch. Neuseeland ist schon ziemlich großartig. Allerdings, wenn man das Land per Campervan erkundet, gibt's da einen kleinen Schönheitsfehler: Guter Internetzugang ist so selten wie ein schlecht gelaunter Kiwi.

Kiwi, wie Kiwi? Die Kiwis, das sind Land, Menschen, Frucht und Vogel – alles in einem. Ein nettes und zuvorkommendes Volk. Offen, hilfsbereit, irgendwie immer gut gelaunt. In den sieben Wochen haben Bärbel und ich nicht einen Einheimischen getroffen, der schlecht drauf war. Argentinien, Patagonien, Chile – das Südamerika-Kapitel der Weltreise ist geschlossen. Dreizehn Stunden saßen wir im Flieger, von Santiago de Chile nach Auckland. Zum Glück haben wir ja mittlerweile eine gewisse Übung darin, so lange in Bussen oder Fliegern unterwegs zu sein. Das Komische an diesem Flug ist allerdings, dass er uns einen ganzen Tag kostet. Wir fliegen nämlich über die Datumsgrenze. Abflug: 30. November. Ankunft: 2. Dezember. Gut, dass keiner von uns am

1. Dezember Geburtstag hat. Gut auch, dass wir (natürlich) mal wieder am Notausgang sitzen. Das entspannt uns beide bei dem längsten Flug, den wir bis heute gemacht haben.

Die Kiwis haben eine Menge wunderbarer Geschichten und Erlebnisse für uns vorbereitet. Die wahrscheinlich außergewöhnlichste ist die der kleinen unscheinbaren Pille, die unser Leben für immer verändern wird. Im positiven Sinn, das sollte ich bei kleinen lebensverändernden Pillen wohl kurz erwähnen. Dies ist ihre Geschichte.

Liebe Freunde der Reiseübelkeit, der Kaikoura-Cracker ist die Lösung! Dieser eine Tag, Mitte Dezember, in Neuseeland, der Tag mit den vielen Delfinen, er hat alles verändert. Dabei war es bislang immer das Gleiche. Immer! Ohne Ausnahme. Bärbel und ich machen einen Ausflug. Mit dem Boot. Oder auch Schiff. Manchmal auch im Bus. Theoretisch sogar im Auto, gerne bei wilden Taxifahrten. Sobald *sie* das Gefährt – sagen wir in diesem Fall: ein Boot – betritt, läuft es ab wie in einem Comic. Erster Fuß auf dem Boot – ihr Blick wandert ruckartig ins Leere, die Augen vergrößern sich, der Mund ist verschlossen, ausdruckslos waagerecht, ihre Mienen sekundenlang versteinert. Heftiges Schlucken. Zweiter Fuß auf dem Boot – der Blick wandert etwas verwundert nach unten. Erneutes Schlucken. Ja, Bärbel steht tatsächlich mit beiden Beinen auf einem schiffbaren, wackeligen Untergrund. Gesichtsfarbe entweicht langsam von oben nach unten. Magengegrummel. Das unausweichliche Schicksal wird seinen Lauf nehmen. Von jetzt an dauert es handgestoppte drei bis fünf seichte Wogen, bis Regenbogenfarben ihr Gesicht erobern, um kurz darauf erneut in kompletter Blässe zu enden. Sie spricht nicht mehr, reagiert auf keine Fragen. Die Fahrt endet irgendwann in der Umklammerung eines Eimers oder dem Festkrallen einer Plastiktüte. In beiden Fällen ist der Inhalt anschließend aber immer der gleiche…

Ja, Bärbel wird (rasend) schnell seekrank. Level pro advanced deluxed. Auch gerne mal im Bus oder im Auto. Eben überall da, wo es schunkelt. Wir beide wissen das mittlerweile. Andere Menschen, die mit uns den Ausflug genießen wollen, meist nicht. Doch dieser Tag Mitte Dezember sollte eine Ära beenden. Ein neues Zeitalter ausrufen.

Tatort Neuseelands Südinsel, das wunderschöne Örtchen Kaikoura an der Ostküste. Sechs Uhr morgens. Mal wieder deutlich vorm Aufstehen. Zum Kotzen, wie ich finde. Bärbel und ich sitzen schon in einem kleinen Bus, umgezogen in kompletter Hochsee-Schnorchel-Montur. Heißt: Der Schwimmanzug samt Mütze sitzt hauteng, Flossen und Schnorchel mit Brille liegen auf dem Schoß. Das Gute an diesen Neopren-Dingern ist, dass es sie auch für große Menschen gibt. Ist ja wie Gummi, das Zeug kann sich auch mal in die Länge ziehen. Kein Problem für Körperlänge 205 und Schuhgröße 52. Ein bisschen wie Elastigirl in dem Animationsfilm *Die Unglaublichen*. Aber lassen wir das.

Heute steht Schnorcheln mit Delfinen auf dem Programm. Ganz normal hier in Neuseeland. Wir ruckeln vom Tour-Hauptquartier zehn Minuten auf die andere Seite des Hügels, zum Pier. Sogar diese Fahrt hat eigentlich schon Kotz-Potenzial. Ich schaue Bärbel an, sie straft mich mit einem »Nicht dein Ernst«-Blick.

»Ich bin ja nur um dich besorgt«, sage ich beschwichtigend. Anscheinend geht es ihr wohl noch gut. Das macht Hoffnung.

Denn auch heute Morgen, wie bereits am Tag zuvor bei der Tour-Anmeldung, haben die freundlichen Schnorcheltour-Mitarbeiterinnen immer wieder drauf hingewiesen: Bitte unbedingt Reisetabletten schlucken, am besten die aus der ortsansässigen Apotheke. »Das sind keine normalen Tabletten, die helfen *wirklich*«, verriet uns gestern die Anmelde-Tussi.

»Na ja, schlimmer als ohne Tabletten kann es ja nicht werden, also probieren wir die doch mal aus«, schlug ich Bärbel vor.

»Können wir machen, aber ich glaub da ja nicht dran.« So viele schlechte Erfahrungen stecken in diesem Satz. Wir kauften eine Packung und wollten mal schauen, was sie mit Bärbel machen.

Jetzt also sitzen wir im Schunkel-Bus. Auch, wenn es »nicht mein Ernst« ist – immer wieder blinzel ich rüber zu Bärbel, checke das Zustandsbarometer Gesichtshautfarbe. Noch scheint alles gut – die Vorfreude auf das bevorstehende Delfin-Event ist wohl doch stärker als der Brechreiz. Oder wirken die Pillen womöglich wirklich? Sicherheitshalber hat Bärbel heute Morgen kurz nach dem Aufstehen gleich mal ein paar eingeworfen, womöglich die ein oder andere mehr als empfohlen. Am Pier in South Beach angekommen steigen wir aus. Insgesamt nehmen etwa vierzig Touris an der Tour teil, dazu noch fünf Guides. Eine von ihnen ist Andrea. Sie zeigt uns, auf welches Boot wir müssen – und erzählt ganz beiläufig, dass heute perfekte Bedingungen sind, um mit Delfinen zu schwimmen: »Das Meer ist extrem aktiv, es gibt gute Wellen.« Na Mensch, das ist ja toll. Also, für die Flipper. »Je höher der Wellengang, desto mehr Spaß haben die Delfine«, freut sich Andrea. Für mich aber gilt: Je höher der Wellengang, desto lauter röhrt Bärbel in den Eimer.

Jetzt gibt's kein Zurück mehr. Nur wenige Schritte vor uns schunkelt das Boot sanft und bedrohlich. Noch ist es angetäut. Ich halte Bärbels Hand, während sie den ersten Fuß so bedacht aufs Bötchen setzt, als wolle sie die Eisdicke eines zugefrorenen Sees testen. Andrea eilt zur Hilfe. »Nee, passt schon«, versuch ich sie abzuwimmeln. »Sie können mir nachher auf hoher See zur Hand gehen und ihr den Eimer reichen. Hahahaha.« Unangenehm, wenn nur einer über einen Witz lacht. Anscheinend versteht Andrea meinen Gag nicht, und bei Bärbel kommt er nicht sooo gut an. So zumindest deute ich, dass sie meine Hand loslässt und die von Andrea ergreift.

Kurz darauf sitzen Bärbel und ich nebeneinander auf dem Boot, zwischen uns haben sich die Wogen wieder geglättet. Anders der Pazifische Ozean, auf den wir jetzt langsam, aber sicher rausfahren. Kurzer Check: Bärbels Gesichtsfarbe hält. Noch. Trotzdem: Ungewissheit. Auf beiden Seiten. Was kann der Kaikoura-Cracker – so heißen die Wunderpillen – wirklich? Hält der in Tablettenform gepresste Zaubertrank mit seinem Mammutblut, klein geriebenen Drachenpupillen und einhundertzwanzig Prozent Koffein, was alle hier versprechen?

Andrea haut noch mal geballtes Wissen raus, erklärt allen, wie wir uns im Falle der bei einigen mit Sicherheit auftretenden Seekrankheit zu verhalten haben. Wichtigster Tipp: den Blick in die Ferne richten, auf die Berge, besser noch auf den Horizont. Scheint gleich echt ein Thema zu werden, diese Seekrankheit. Für mich ist das ja bärbeliger Reisealltag. Die sieht – ich gucke sie schnell noch mal an – aber weiterhin entgegen den Erwartungen den Umständen entsprechend überraschend gut aus. Nix zu sehen von irgendwelchen bunten Comic-Regenbogenfarben, die sich gleichzeitig in ihrem Gesicht abwechseln.

Na, dann gibt der Kutscher auch gleich mal Gas. Bislang war also eher Schongang angesagt? Die ersten zehn Minuten Vollgas sind tatsächlich komplett entspannt. Wellengang, Stimmung, Sonnenaufgang. Alles prima. Trotz der frischen Uhrzeit.

Je weiter wir hinausfahren, desto holpriger wird's. Nette Herausforderung, dieser Wellengang. Es geht auf. Und ab. Und auf. Und ab. Nach rechts. Nach links. Dabei rauf. Und wieder runter. Würde man nicht seekrank davon werden, man könnte die Tour glatt genießen. Ich bin da so gut wie immun gegen, leide aber mit Bärbel mit. Schon jetzt entgleisen vereinzelte Gesichter auf dem Boot. Komischerweise aber nicht Bärbels. Die hockt da entspannt neben mir, guckt sich den Südpazifik an und genießt das blaue Meer. Ohne grünes Gesicht. Sie antwortet auf hoher See auf Fragen, ist ansprechbar. Das ist neu. Für uns beide. Irgendwie entspannt. Kaikoura-Cracker, du fängst an, mir zu gefallen.

Nach knapp 'ner halben Stunde werden wir langsamer, halten an. Heißt aber auch, dass wir im Stillstand jede einzelne Welle mitnehmen. Wir schaukeln. Nicht zu wenig. Es geht auf und ab. Und ab und auf. Viel wichtiger aber: Delfine! Überall hinter unserem Boot. Sie toben, springen in alle Himmelsrichtungen, scheinen putzmunter. Jetzt müssen, nein, dürfen wir ins Wasser. Es ist bestimmt bitterkalt. Aber Schwimmanzug inklusive Haube, Schuhen, Flossen und Schnorchelmaske in Kombination mit dem riesigen Schwarm Delfine um uns herum lenken wunderbar von der frühen, morgendlichen Wasserkälte ab.

Ab ins Meer. Und tatsächlich: Wir schwimmen mit Delfinen! Tauchen ein bisschen mit ihnen. Die Tiere springen um uns herum, gucken uns unter Wasser an und wollen wissen, ob wir mit ihnen spielen. Je mehr wir uns bewegen, lustige Lieder in den Schnorchel reinsingen (ja, das sollen wir so machen, hat uns Andrea verraten), desto mehr toben sie mit uns. Und es funktioniert. Ich schmetter die erste Strophe inklusive Refrain von Robbie Williams' »Let me entertain you«, und sofort hab ich die ersten Groupie-Delfine um mich herum. Wir tollen und toben im Wasser. Leck mich am Neoprenarsch – ist das geil!

Nicht zu vergessen, dass bei dem ganzen Spaß auch der ein oder andere Schwall Salzwasser im Magen landet. Ekelig, aber nicht zu verhindern. Angesichts der Delfine auch zu verkraften. Nach etwa zehn Minuten müssen wir alle wieder an Bord krabbeln. Ich suche Bärbel. Hmmm, im langen Schwarzen sehen alle irgendwie gleich… da ist sie! An der Körpergröße erkannt. Also, sie mich. »Hast du auch so viel Wasser geschluckt?«, frage ich sie.

»Ja, aber ist das nicht großartig? Das hat riesig Spaß gemacht. Wir schwimmen mit Delfinen!« Sie nimmt mich voller Freude in den Arm. Untenrum.

»Ist dir nicht übel?«, vergewissere ich mich.

»Nö. Die Pillen scheinen zu funktionieren.« Adrenalin trifft Koffein. Kracher!

Die Delfine sind weitergeschwommen. Also fahren

wir auch wieder ein bisschen. Denn die Flipper schwimmen und springen gerne in der Bugwelle des Boots. Unser Captain drückt drei, vier Minuten richtig aufs Gas, hält dann an. Wir dürfen wieder ins Wasser. Schwimmen, tauchen, toben und singen. Insgesamt machen wir vier von diesen Schwimmgängen mit den lustigen Tierchen.

Zwischendrin verlieren Bärbel und ich uns immer aus den Augen. Denn alle komplett in Schwarz vermummten Tauch-Touris mit ihren Brillen und Schnorcheln im Gesicht und den Neopren-Sturmmasken aufm Kopf sehen gleich aus. Im Wasser erkennt man die Menschen noch nicht mal an der Größe. Keine Chance, Bärbel von einem der anderen zu unterscheiden.

Als die ganze Show vorbei ist, schälen sich alle aufm Kutter aus ihren Anzügen. Die Hauptbeschäftigung von Andrea und ihren Kolleginnen ist mittlerweile: Eimer umspülen. Denn was mir wegen des ganzen Rumtollens mit den Delfinen entgangen ist: Mittlerweile sitzen da sieben bis achtzehn Leute, die die Gesichtsfarbe vom unglaublichen Hulk angenommen haben. Und reihern reihenweise in die Eimer. Trinkwasser wird gereicht, dazu gibt's warmes Wasser aus'm Schlauch zum Abspülen und wärmende Decken. Hilft aber nicht viel. Das röhrende Kotzgeräusch ist den Unterwasser-Songs gewichen. Ach so, wie geht's eigentlich Bärbel?

Na, das nenn ich doch mal eine gelungene Überraschung. Bärbel gehört immer noch nicht zur reihernden Zunft. Sie strahlt mich an. Als habe sie gerade stundenlang mit Delfinen auf offener See getobt – und nicht gekotzt. Kaikoura-Cracker, kei te aroha au i a koe!

Sogar auf der langen Rückreise zum sicheren und

nicht mehr wankenden Hafen sitzt Bärbel neben mir, brabbelt mich zu mit ihren vielen Abenteuern des noch so jungen Tages – und ist einfach mal nicht seekrank. Jede Medaille hat zwei Seiten, aber in diesem Fall ist mir der Redeschwall lieber als der aus Kotze. Eine Bootstour mit Bärbel zu genießen ist eine neue Erfahrung.

Der Kaikoura-Cracker vermag also wirklich Wunderdinge zu tun. Nach all den Jahren scheint es ein Mittel zu geben, nach dessen Einnahme Bärbel auf 'nem Schiff nicht mehr die kompletten Spektralfarben in ihrem Gesicht wiedergibt und anschließend zum Eimer-Umklammerer mit röhrender Kehle wird. Es funktioniert! Direkt nach der Tour kaufen wir in der Apotheke das Zeug packungsweise – wer weiß, wann wir das nächste Mal wieder zwei Füße auf ein Schiff setzen. Ab sofort sind wir vorbereitet und können jegliches Schwanken genießen. Beide! Kaikoura-Cracker – das Kryptonit der Seekrankheit.

## Der Zwischenfall vorm Wasserfall

*(Milford Sound, Neuseeland)*

Er ist klein und befindet sich wirklich an einem der abgelegensten Orte der Welt – sogar, wenn man schon am anderen Ende der Erde in Auckland ist. Aber alle sprechen davon. Einheimische, Touristen, Freunde und Bekannte, die schon mal Neuseeland gesehen haben. Der Milford Sound (ja, das heißt so) soll der absolute Geheimtipp hier sein. Aha. »Da müssen Sie unbedingt hinfahren, auch wenn er so weit weg auf der Südinsel liegt.« Den guten Ratschlag gab uns vor ein paar Wochen die propere Dame der Autovermietung in Auckland, als wir vor ihr saßen, um die Übernahmepapiere für unseren Van auszufüllen. Klingt ein bisschen komisch, wenn man schon mal in Neuseeland ist, dass dann ein Ort noch »weit weg« sein soll. Ein Blick auf die Karte verrät aber, dass die Propere recht hat. Nur eine einzige Straße führt dorthin, zu diesem Milford Sound. Die müssten wir dann auch wieder zurückfahren. Sackgasse quasi. »Meinen Sie, das lohnt sich wirklich?«, fragte sogar Bärbel damals skeptisch nach.

»Absolut! Jeder, der dort war, schwärmt davon. Ich selbst hab's da noch nicht hingeschafft, aber es muss wirklich wunderschön sein.«

Eine Frage brannte mir seit Beginn des Gesprächs auf der Zunge. Ich traute mich erst nicht so richtig – aber was soll's? »Entschuldigung, was ist überhaupt dieses Milford Sound?«

Die Dame lachte, auch Bärbel hatte in dem Moment ein bisschen Mitleid mit meiner offensichtlich zur Schau gestellten Dummheit. Anscheinend ist weitläufig bekannt, was das ist. »Das ist eine Wasserstraße, die zum Meer führt. So wie ein Fjord in Skandinavien«, belehrte mich Bärbel ruhig und klopfte mir dabei sanft mit der flachen Hand auf den Kopf. Trotzdem: Nicht ich war hier der Bemitleidenswerte, sondern die Dame auf der anderen Seite des Schreibtischs. Die Arme. Sitzt den ganzen Tag in ihrem Kabuff, nimmt schmutzige Autos entgegen, gibt saubere wieder raus, hilft den ahnungslosen Touris so gut sie kann mit ihren Tipps – und kommt selbst nicht vor die Tür. Geht geiler. »Nicht vergessen: immer schön links fahren!«, gab sie uns zum Schluss mit auf den Weg.

Genau das fiel Bärbel und mir am Anfang gar nicht so leicht. Wir brauchten ein paar Kilometer, um uns an die Kreuzungen und Kreisverkehre zu gewöhnen. Anscheinend sind wir aber nicht die Einzigen, für die das ungewöhnlich ist. Unzählige »Links fahren«-Schilder pflastern unseren Weg. Die Richtungspfeile auf den Straßen helfen auch. Spätestens ein auf unserer Spur entgegenkommendes Auto erinnert uns hier und da wieder an den Linksverkehr. Zum Glück gehört das mittlerweile der Vergangenheit an. Wir haben den Linksverkehr so verinnerlicht, dass wir beide sogar Linkshänder geworden sind.

Wir sind jetzt auf dem Weg von dem Städtchen Te Anau im Südosten der Südinsel in Richtung Milford. Die Straße führt durch ein Naturschutzgebiet, in dem es keine Tankstellen, kein fließend Wasser und keinen Strom gibt. Bedeutet für Campervan-Urlauber wie uns: volltanken – und zwar alle Tanks. Vor Abfahrt. Die »Campingplätze« am Rande der einzigen Straße sind einfach nur Stellplätze in einem markierten Bereich, wo niemand arbeitet. Es gibt außer ein paar Plumpsklos hier nichts. Tut ja nichts zur Sache, aber: Der Wassertank in unserem Van ist nur zur Hälfte gefüllt. Dämlich von uns. Aber jetzt nicht mehr zu ändern. Heißt: In den kommenden drei Tagen sollten wir Wasser sparen. Ich bin ja der Meinung, weil Bärbel sich da durchgesetzt hat, dass wir zum Milford fahren, hätte sie sich auch um *alles* kümmern müssen. Also auch ums Wasser. Komisch, dass sie das anders sieht. »Ein bisschen Hilfe von dir wäre ja auch nicht schlimm gewesen«, hatte sie gesagt. Die Stimmung zwischen uns hier am Hintern der Heide könnte schon ein bisschen angenehmer sein. Aber Zwischentiefs sind wir ja schon gewohnt – und das richtige Sturmtief werden wir schon bald abbekommen.

Für unsere Launen kann die Natur natürlich nichts – und die feiern wir ab. Dieser Fiordland-Nationalpark (ja, der schreibt sich mit i), durch den wir gerade fahren, scheint nicht von dieser Welt. Die Natur lenkt von banalen Bedürfnissen wie Sprit, Strom und Wasser ab. Menschen, die wenig Zeit haben, weil sie beispielsweise in Auckland hinter einem Schreibtisch hocken, können übrigens die komplette Tour von Te Anau zum Milford Sound, eine Runde mit dem Boot und wieder zurück in die Stadt an einem Tag schaffen. Bärbel, und somit *wir,* haben aber den Plan, dass wir wegen der angeblichen Schönheit der Gegend hier zwei Nächte verbringen, um dann erst wieder in Te Anau Zivilisation zu schnuppern.

Zwei. Nächte. Abenteuer und so. Abseits der Couch. Immerhin: Die Gegend ist wirklich spektakulärer als die Uckermark. Echt jetzt.

Wir fahren also vorbei an ungewohnt klaren Bergkonturen, durch reine, frische Luft, sehen wuchtige Wolken und entdecken neue Farben. Wir erwischen uns dabei, wie wir mit offenen Mündern aus dem Fenster gucken und einfach nur geflasht sind. »Da vorne müsste einer dieser Campingplätze sein, da stellen wir uns drauf, ziehen uns um und machen eine kleine Wanderung«, sagt Bärbel. Sie ist schon wieder so krass vorbereitet, ich hab von dem ganzen Gebiet hier keine Ahnung. Dabei gibt's hier doch nur diese eine Straße, dachte ich. »Wir machen den Key Summit Trail, da soll man einen tollen Überblick über die ganze Gegend hier haben.« Wenn sie das sagt, dann machen wir das wohl.

»Moment mal, hast du ›Summit Trail‹ gesagt?«, frage ich nach. »Das klingt aber ganz schön anstrengend.« Gipfel-Pfad. »Da müssen wir ja erst mal hochkommen«, gebe ich zu bedenken.

»Klar. Ein bisschen Sport wird uns aber ganz guttun. Hast du Lust?« Als ob das eine Rolle spielt. Aber wenn wir beide uns mal wieder ein wenig bewegen, schadet das sicher nicht, da hat sie recht.

»Joa, so mittel«, sage ich.

»Prima, zieh dich um!«

Es passiert das, was in solchen Momenten des Öfteren in letzter Zeit vorkommt: Das Abenteuer außerhalb meiner Komfortzone ist ein richtiger Kick! Die Wanderung hoch zu den Gipfeln geht schon ganz gut in die Beine – zumal es wenig überraschend fast nur bergauf geht. Der Lohn für die Mühen ist aber dementsprechend:

Wir stehen im strahlenden Sonnenschein auf einem der höchsten Gipfel weit und breit. Der Blick schweift so weit in die Ferne, dass wir sehr vermuten, dort hinten sogar die Spitzen des Kölner Doms erkennen zu können. Ist mal wieder Zeit, Bärbel in den Arm zu nehmen. Ich stell sie auf einen höheren Felsen, damit ich sie auch richtig umarmen kann. »Gut, dass du mich hier hochgeschleppt hast. Ist ganz nett hier«, flüster ich ihr auf den Kopf.

»Ich weiß.«

»Weißt du auch, dass der Rückweg anstrengender wird als der Weg hier hoch? Die Strecke ist recht steil, und das wird in die Beine gehen, und wir werden ordentlich Muskelkater haben.«

»Passt schon«, erwidert Bärbel.

Nach der Hälfte des Abstiegs ist es dann so weit: Unsere Oberschenkel fangen bei jedem Schritt an zu brennen und zu zittern, wir müssen die ein oder andere Pause einlegen. Gut, dass wir Wanderschuhe angezogen haben und dass Bärbel meine extra aus Deutschland mitgebracht hat. Ohne die wäre ich jetzt schon wieder aufgeschmissen – im wahrsten Sinn des Wortes. »Danke noch mal für die Schuhe. Gerade heute …«

»Ja ja, ist gut«, unterbricht mich Bärbel. »Lass gut sein.« Sie redet immer noch nicht so gerne über den Wanderschuh. Dabei will ich ihr doch nur zeigen, wie toll ich es finde, dass sie mir die Dinger mitgebracht hat, auch wenn es noch so anstrengend war.

Wieder am Van angekommen klopfen wir uns verdient auf die Schultern und die Schuhe aus, lassen sie einen Moment draußen stehen. »Und? Die Wanderung, der ganze Tag – gut?«, grinst mich Bärbel an.

»Rhetorische Frage, richtig?«

Sie nickt. Und fragt: »Was ist denn jetzt eigentlich mit duschen?«

»Also, ich hab ganz gut geschwitzt, ich würde mich schon gerne fix waschen«, sage ich.

»Ja, ich auch – aber haben wir genug Wasser? Und passt du überhaupt in die Dusche rein?«

Bislang habe ich mich immer auf den Campingplätzen geduscht, aber hier im Nationalpark gibt es solchen Luxus nicht. Es muss aber sein, sagt mein Körpergeruch. »Kein Ahnung. Wird schon.«

Ich zwänge mich in die Dusche unseres Vans. Die Kabine ist etwa 1,90 hoch, was bei meinen 205 Zentimetern Körperlänge Problem Nummer 1 ist. Nummer 2: Es ist hier auch noch sehr eng, sodass ich mich nicht mal umdrehen kann. Problem Nummer 3: Das Klo befindet sich auch noch hier drin. Nr. 4: Der Duschschlauch ist sehr kurz. Ich möchte uns allen an dieser Stelle weitere Details ersparen, nur so viel sei gesagt: Es gibt Körperstellen, an die bekomme ich ums Verrenken kein Wasser. Welches ich ja auch noch sparen muss. Fazit: Es gibt schönere Duscherlebnisse. Anders Bärbel. Sie hat nichts zu beanstanden. Kein Wunder. Mit ihren 164 Zentimetern kann sie locker in der Van-Dusche springen. Auf der Toilette stehend.

Wandern, Duschen, Essen, Autofahren – unsere To-do-Liste für heute ist überschaubar, aber erlebnisreich. Das mit dem Essen müssen wir jetzt aber noch eben zaubern. Macht Bärbel netterweise, während ich mich um die »Vertrauenskasse« kümmere. Die und Plumpsklos – die einzigen Sachen, die dieser Campingplatz zu bieten hat. Ich nehme also einen leeren Plastikbeutel aus der Vertrauenskasse, stecke zwölf Neuseeland-Dollar (umgerechnet etwa 7,50 Euro) für eine Nacht da rein und schmeiße ihn in eine Art Briefkasten. Ein kleines Abreißschild wandert hinter unsere Windschutzscheibe. Damit sollte allen Menschen klar sein, dass wir ganz brav bezahlt haben. So das Prinzip Vertrauenskasse. Das Prinzip Plumpsklo sollte bekannt sein.

Bärbel ist fertig mit Kochen. Ok, es ist mehr ein Erhitzen. Aber auch Nudeln mit Soße haben ihren Charme. Während sie den Tisch deckt, hänge ich noch unsere Wanderklamotten und die nassen Handtücher draußen auf, wo unsere Schuhe noch ein bisschen vor sich hin dampfen. Nach dem Sterne-Menü drehen wir noch eine Runde über den Campingplatz, um zu gucken, was hier so abgeht. Nichts. Die einzigen Highlights bleiben Vertrauenskasse und Plumpsklos. »Komm, wir gehen ins Bett«, schlage ich vor.

»Baust du auf?«, fragt mich Bärbel.

Jau. Mach ich. Schließlich haben wir einen Transformers-Van. Heißt: Ich kratze die letzten Nudelsoßenspritzer vom Tisch und schraube die Platte ab, damit sie zu unserem Bett wird. Als Verbindung mit den Sitzbänken wird das jetzt unsere Liegefläche. Es grenzt an Zauberei. Unser Bett ist gigantisch, ich kann mich komplett lang machen. Da wir sechs Wochen in dem Wagen schlafen, wäre es auch eine mittelgroße Katastrophe, wenn das Bett zu kurz für mich wäre. Ist es aber nicht.

Am nächsten Morgen habe ich keinen Bock, mich auf unser Klo zu zwängen. Mein Wellness-Duscherlebnis vom Vortag steckt mir immer noch in den Knochen. Also mach ich mich in meiner morgendlichen Not auf den Weg zum Plumpsklo. Tja, was soll ich sagen? Es ist der Blick in den Schlund der Hölle. Automatisch setzt der Würgereiz ein. Als während des Geschäfts Fliegen neben meinem Hintern emporsteigen, frage ich mich, wem es gerade beschissener geht: der Fliege oder mir? Keine weiteren Einzelheiten. Ich bin gerade auf dem Weg zurück von der Hölle zum Van, als ich plötzlich wie vom Blitz getroffen stehen bleibe. Angewurzelt. »Ach du Scheiße«, huscht es mir laut durch die Lippen, und damit meine ich nicht mein gerade Erlebtes.

Bärbel kommt aus dem Van gehüpft, sieht mich und guckt verwundert. »Was ist los?«

Oh. Mein. Gott. Ich weiß gar nicht, wie ich es ihr sagen soll.

»Alles ok, geht's dir gut?«

»Ja.« Noch.

»Siehst aber nicht so aus.«

»Bitte sag mir...« Während meine Worte langsam den Mund verlassen, bewege ich mich in Zeitlupe wieder auf den Van und Bärbel zu. »... dass du gestern Abend die Schuhe noch reingestellt hast.«

Schweigen. Bärbel dreht sich um, läuft suchend ums Auto herum und guckt mich finster an. »Nein«, sagt sie. »Du?«

»Hab ich völlig vergessen«, gestehe ich. Die Klamotten und Handtücher haben wir wieder reingeholt, die Schuhe nicht. Warum? Wissen wir bis heute nicht. Fakt ist: Sie sind nicht mehr da.

»Heißt das«, holt Bärbel aus, »dass deine riesigen *beschissenen* (herrlich, wie sie dieses Wort betont) Wanderschuhe, die ich dir *mühsam* (auch das will an dieser Stelle pikant betont sein) aus Deutschland hierhergeschleppt habe, geklaut worden sind?« Messerscharf, diese Bärbel. Bevor ich die Frage aber beantworte, will ich sichergehen, dass ich nicht lüge. Also laufe auch ich einmal um den Van, schaue drunter, durchwühle drinnen das Schuhfach, gucke vorne im Fußraum der Fahrerkabine. Nichts. Keine Spur. Einfach weg. Als hätte David Copperfield die Freiheitsstatue verschwinden lassen. Nur dieses Mal schwieriger: meine Schuhe. Ich befrage alle Menschen auf dem Campingplatz. Ach so. Hier ist ja kein Publikum. »Also, ich sehe sie nicht. Warum haben wir sie denn gestern Abend nicht mit reingeholt?« Aber es ist wohl noch zu früh für die Analyse, wir sind noch bei der Feststellung der Schwere des Falls. »Unsere beschissenen Schuhe sind geklaut? *Deine* Schuhe? Wer zum Teufel klaut Schuhgröße 52??« Ein guter Punkt. Was machen die Diebe in Neuseeland mit Schuhen dieser Größe? Nikolaus war gerade erst und überhaupt: Ich weiß nicht, ob es hier auch die Tradition gibt, am Nikolausabend die Schuhe rauszustellen, damit diese am nächsten Tag mit Nüssen, Orangen und Schokolade gefüllt sind. Dafür ist Schuhgröße 52 perfekt. Und für meine Füße. Aber sonst? Die passen doch niemandem hier. Bärbel erhitzt nicht nur, sie kocht vor Wut. Ist sauer. Auf die Diebe, die Schuhe, auf mich, Hundewelpen, auf alles. Ich selbst bin auch nur mäßig begeistert, dass meine Schuhe weg sind. Traue mich aber nicht, meinem Ärger freien Lauf zu lassen, weil ich glaube, das ist Öl für Bärbels Feuer. Wir setzen uns erst mal wieder rein. »Nur mal, um das zu klären«, durchbreche ich die Stille. »Du denkst nicht, dass das meine Schuld ist, oder?«

»Es ist die Schuld der Diebe. Solche Arschlöcher.«

»Ja, genau!«, pflichte ich ihr erleichtert bei. »Krass, dass wir die einzigen Camper hier auf dem Platz sind und uns trotzdem die Schuhe geklaut werden.«

»Hätte ich das gewusst«, sagt Bärbel, »hätte ich sie

nicht aus Deutschland mitgebracht. War das eine Tortur, und jetzt sind sie weg.« Da hat sie wohl recht. Schon das zweite Paar Wanderschuhe, das mir auf dieser Reise abhandenkommt. Reicht dann auch erst mal. Um so richtig Dampf abzulassen, gehen wir knallhart eine Runde joggen.

Das hilft zwar unseren Gemütern, ändert aber grundlegend nichts. Unser Ziel heute heißt weiterhin Milford. Nur eben ohne Wanderschuhe. Egal mit welcher Laune, da fahren wir heute hin. Eigentlich ist Milford nur ein kleiner Hafen, ein Flugplatz und eine Ansammlung von vielen Parkplätzen. Ob das wirklich ein Ort ist, in dem auch Leute wohnen, bezweifle ich bis heute. Jedenfalls legt hier unser Schiff ab, das uns durch den Milford Sound, also den Milford-Fjord (ja, den schreibt man mit j), schippert. Ohne Wanderschuhe. Nie wieder Wanderschuhe. Stimmung! Konfettikanone.

Mehr als zwei Stunden tuckern wir zwischen den Bergen im Wasser umher, kommen irgendwann sogar bis zum Ozean raus. Jetzt aber schnell wieder umdrehen, zurück in den geschützten Fjord. Sonst kann es doch noch ungemütlich werden. Mal wieder. Bärbel und ich reden nicht viel. Blauer Himmel, blaues ruhiges Wasser, grüne felsige Berge, Wasserfälle. Eigentlich ganz schön, dieses Idyll.

Unser Kapitän liest während der gesamten Tour sein Lieblingsmagazin, den *Skipper*. Zu Recht. Ob da schon unsere Schuhe in den Marktplatzanzeigen angeboten werden? Nur einmal legt er das Heft aus der Hand und manövriert das Schiff höchstpersönlich. Während TLCs »Waterfalls« aus den Lautsprechern dröhnt, nähern wir uns einem rauschenden Wasserfall. Der wird doch nicht... Doch, er macht es. Captain Milford steuert seinen Kahn direkt *unter* den Wasserfall! Alle werden nass. Anscheinend haben wir auch ein paar »Whoo-Girls« an Bord, die jetzt ausrasten. Das ist zumindest ein bisschen witzig. »Komm«, sagt Bärbel. »Wir können es nicht ändern. Es ist so, wie es ist, die Schuhe sind weg. Wenn wir die ganze Zeit schlechte Laune haben, kommen sie auch nicht wieder zurück.« Sie nimmt mich in den Arm. Das tut gut. Wir lassen unseren Ärger einfach hier, im Wasserfall des Milford Sound.

Auf dem Rückweg im Van Richtung Te Anau machen wir noch einmal Halt am Mirror Lake. Dem Spiegelsee. Das Wunderbare hier ist, dass sich Wolken, Berge und die ganze Natur gestochen scharf im Wasser des Sees spiegeln. Normalerweise. Im Reiseführer und auf den ganzen Instagram-Bildern ist aber kein Wort von den Enten zu finden. Hier gibt's Enten. Viele, nervige, schnatternde Enten. Die Viecher ziehen vor unseren Augen schön ihre Bahnen in dem spiegelglatten Wasser und zerstören mutwillig den Effekt, den die Natur extra für uns Touris hier anbietet. Vögel! Genervt steigen wir wieder in den Van. Die Enten halten uns den Spiegel vor: Wanderschuh-Gate steckt uns anscheinend doch noch ein bisschen in den Knochen.

Ohne Wasser, Strom, Wanderschuhe und mit wenig Sprit kommen wir wieder in Te Anau an, laden erst mal alle Akkus auf. Auch ein elfengleiches, weißes, schlichtes Keramikklo feiern wir ab. Und die schlechte Internetverbindung. Ich versuche, gebrauchte Wanderschuhe Größe 52 im Internet zu finden. Ohne Erfolg. Bis heute nicht. Wahrscheinlich hängen die ausgestopft bei den Dieben überm Kamin, zwischen Kiwis und Papageien.

»Eins ist aber mal total klar«, sagt Bärbel. »Wenn wir diesen Van wieder abgeben, raten wir der Tante, dass sie sich unbedingt den Milford Sound angucken soll.« Da hat sie recht. Ich hoffe (und halte es eigentlich für selbstverständlich), dass die Dame das hier jetzt liest: Sie müssen zum Milford Sound! Ja, der ist abgelegen, wie Sie selbst gesagt haben. Ja, er ist weit weg, sogar von Auckland. Ja, er ist den Aufwand wert. Ja, er gehört zu den schönsten Flecken dieser Welt. Packen Sie sich genug Wanderschuhe ein.

## Bootsfahrt mit einer betrunkenen Crew

*(Doubtful Sound, Neuseeland)*

Zweifelhaft. Dass ich diese Tour vergessen werde. Doubtful Sound. Es passiert auf Neuseelands Südinsel, im Fiordland-Nationalpark. Mit den Milford-Erlebnissen der vergangenen Tage in den Knochen erkundigen Bärbel und ich uns in Te Anau, was es denn mit diesem Doubtful Sound so auf sich hat. Wir quatschen mit der netten Dame in dem i-SITE, wie die Touristen-Info speziell für Campervaner bei den Kiwis heißt. Die verrät uns, dass das »Wetter« die große Stärke vom Doubtful Sound sei. Aha. Versteh ich nicht. Was kann das Wetter denn hier, was es woanders nicht kann? Ausführen kann ich den Gedanken in meinem Köpfchen nicht, denn während ich leicht abwesend hier rumdöse, unterschreibt Bärbel neben mir schon irgendwas. »Können wir auch auf dem Schiff übernachten?«, fragt sie.

»Ähhhm«, ist mein Beitrag zu der Diskussion.

»Ja, das geht grundsätzlich. Allerdings sind die Touren in den nächsten Tagen alle schon ausgebucht«, antwortet Frau i-SITE. Ein Jammer.

»Schade. Dann machen wir eben die Tagestour«, beschließt Bärbel. Aha, dann machen wir wohl die Tagestour. Mit dem Schiff. Zum Glück haben wir ja noch den Kaikoura-Cracker.

Milford mit seiner Natur hat uns in den vergangenen

Tagen schon beeindruckend beeindruckt. Die Latte liegt hoch für Doubtful. Ehrlich gesagt mehr als zweifelhaft, dass dieser Sound an Milford rankommt. Schon einen Tag nach Bärbels Buchung startet die Doubtful-Tour. Und wie. Es ist nicht nur früh, es ist auch noch dunkel und verregnet, als wir jetzt gegen fünf Uhr in Te Anau aufbrechen. Trotz der unmenschlichen Uhrzeit gibt's hier knallhart Linksverkehr. Ekelig. Anstrengend für den Fahrer – also *mich*. Zum Glück ist der Verkehr in Neuseeland so entspannt wie die Menschen hier, da passiert uns nichts. Recht schnell checke ich heute Morgen, dass ich auf der falschen Fahrbahn fahre. Zum Glück früh genug. Nix passiert. Wenigstens bin ich jetzt hellwach.

Je näher wir dem Hafen von Manapouri (offiziell hat das Kaff 240 Einwohner, aufgerundet) kommen, desto mehr nimmt der Regen zu und meine Laune ab. Bärbels irgendwie nicht. Egal. Scheint ein Schiettag zu werden. Kein Wunder, wenn wir schon um fünf Uhr wach werden müssen. Als wir vom Parkplatz zum Schiff gehen wollen, halten wir im Van kurz inne – denn gerade öffnet der Himmel alle Schleusen. Glückwunsch. Die schwergrauen Wolken versperren den gesamten Himmel. So wie es aussieht, wird sich das heute auch nicht mehr ändern. Na super. Ich mag ja weder früh aufstehen noch bin ich »Typ Regen«. Läuft. Bärbel sieht das immer noch irgendwie anders.

»Los, es hilft ja nichts. Komm, wir rennen zum Boot.«

»Hast du den Kaikoura-Cracker genommen?«

»Ja, heute kann mich nichts mehr umhauen. Komm jetzt.« Wir rasen durch den Regen Richtung Boot.

Dort macht sich aber erst mal Ernüchterung breit. Offensichtlich hatten die Crewmitglieder gestern Abend eine wilde Feier, sie wirken noch stark angetrunken. Denn sie begrüßen uns mit den Worten: »Einen wunderschönen guten Morgen! Was für ein perfektes Wetter für die heutige Tour.« Die haben nicht mehr alle Schafe auf der Weide. Komischer Kiwi-Kalauer. Oder soll das Ironie sein? Keine Chance, dass ich das so frühmorgens schon unterscheiden könnte.

Und Bärbel begreife ich auch nicht. Die strahlt mit dem Regen um die Wette, als würde die Sonne scheinen. Na ja, auf Reisen, vor allem auf langen Reisen, lernt man sich ja immer noch ein bisschen besser kennen, das wissen wir ja bereits. Anscheinend ist heute wieder so ein Tag. Bärbel mag Regen. »Pluviophil«, hatte Bärbel früher mal gesagt. Dass es dafür sogar ein Wort gibt, überrascht mich sehr. Es gibt dementsprechend noch ein paar Menschen mehr, die den Regen lieben, nicht nur Bärbel. Ich persönlich verstehe das nicht. Muss ich aber auch nicht. In letzter Zeit habe ich festgestellt, dass ich so einige Sachen an Bärbel nicht verstehe.

Noch immer ist es dunkel draußen. Obwohl die Sonne wahrscheinlich schon längst aufgegangen ist. Die grauschwarze Wolkenbarrikade verhindert, dass man denken könnte, es sei schon Tag. »Sag mal, wie spät ist es eigentlich?«, will ich von Bärbel wissen, während wir es uns in dem warmen, trockenen Raum im oberen Teil des Schiffs bequem machen. »Bärbel? Bäääärbel?« Verschwunden. Eben war sie doch noch neben mir. Ich reiße den Kopf von links nach rechts, lasse den Blick durch den Raum gleiten. Nichts. Keine Spur von ihr. Durch die Scheiben erblicke ich sie plötzlich. Draußen. Da ist sie! Allein! Allein steht sie vor der Tür auf Deck – und tanzt im dunklen Regen. Sie breitet die Arme in ihrer Regenjacke aus, legt den Kopf in den Nacken und, wenn mich meine Augen nicht täuschen, freut sich über den Regen-Segen. Mit offenem Mund sitze ich drinnen, im Trockenen, und gaffe nach draußen. Unsere Blicke treffen sich, sie reißt auch den Mund auf, macht große Augen und signalisiert, ich solle nach draußen kommen. Locken will sie mich. Als wäre ich sechs Jahre alt, und sie stünde im Ikea-Bälle-Paradies. Dabei bin ich Mitte dreißig, und sie plantscht im strömenden Regen.

Komische Gedankenwolken ziehen in meinem noch leicht schläfrigen Kopf auf: Wie gut passen Bärbel und ich eigentlich zusammen? Wie gut passen zwei Menschen zusammen, die womöglich so krass unterschiedlich sind? Ich meine, zwischen uns liegen einundvierzig Zentimeter – und das allein nur bei der Körpergröße. Sind es ansonsten Welten? Sie mag Stressreisen – offensichtlich. Sie mag Über-Planung. Jetzt mag sie auch noch den Regen. Warum ist mir das vorher noch nicht aufgefallen? Überhaupt: Wer mag Regen? Ok, diese Pluvio-Irgendwas-Menschen, aber das sind ja eher vereinzelt Verstörte. Und ich, was mag ich? Sommer. Ok, vielleicht bin ich nicht auf den ersten Blick der südländische Typ. Mein Gemüt aber schon, das schiebt hin und wieder gerne mal eine Siesta ein. Ich mag den Strand samt Sand. Ruhe. Und Liegen. Auch Rumliegen. Sie die Action. Waren wir beide blind und haben nicht gesehen, dass wir womöglich gar nicht kompatibel sind? Da steht sie also da draußen, im Regen. Und strahlt. Glücklich sieht sie aus. Ich sitze hier drin und frage mich, warum wir den ganzen Scheißaufwand überhaupt betrieben haben. In diesem Moment unterbricht der Kapitän des Schlechtwetterkutters meine zweifelnden Gedanken.

»Herzlichen Glückwunsch, sehr geehrte Damen und Herren.« Sind wir hier bei der versteckten Kamera, oder ist er auch ein vereinzelt Verstörter und meint das ernst? »Sie haben das große Glück, dass es heute regnet.« Alles klar. Verstört. »Gestern schien noch die Sonne, heute zum Glück nicht mehr.« Solche Menschen muss es offenbar auch geben. »Schließlich sind wir in einem Regengebiet, hier regnet es dreihundert Tage im Jahr.«

»Ist es nicht toll«, flüstert mir Bärbel ins Ohr. Huch, hab gar nicht bemerkt, dass sie sich wieder reingeschlichen hat und meine Klamotten nass tropft.

»Gibt es draußen keine Lautsprecher? Hast du nicht gehört, was der Wetterfrosch da vorne gerade erzählt hat?«

»Doch«, antwortet sie. »Ist das nicht schön?«

»Nein.«

»Ach komm schon. Der Regen ist toll.«

»Toller Regen??«, fauche ich zurück. »Warst du mal draußen?«, keife ich sie an, um im selben Moment zu merken, wie behämmert meine Frage ist. Bärbel verdreht die Augen, geht wieder raus. In ihr Paradies. Ich bleibe hier im Warmen und starre aus dem Fenster ins Dunkel. Der Kapitän plappert weiter: »Der Manapouri-See liegt inmitten eines Regenwaldgebiets. Wer im Regenwald einen sonnigen Tag erwartet, hofft auch auf Regen in der Wüste.« Mann. Was soll das Klugscheißergelaber jetzt? Hat der noch einen sitzen, so wie seine Crew auch? Meine sowieso schon schlechte Frühaufsteherlaune sinkt. Draußen turnt Bärbel rum. Ein bisschen habe ich Angst, dass das ein Regentanz ist. Allerdings: Mehr als jetzt gerade kann es auch nicht mehr regnen.

Während sie rumzappelt und ich mir Gedanken mache, ob wir überhaupt füreinander geschaffen sind, schippern wir über den Manapouri-See. Am anderen Ufer angekommen gehen wir alle von Bord und werden in einen Bus gestopft – aber keine Sorge, nur ganz kurz. Zwanzig Minuten später sind wir nämlich schon in »Deep Cove«. Tiefe Höhle? Na, die dürfte schön unter Wasser stehen. Die Crew unseres Trips erzählt, dass die Einwohnerzahl sich hier auf eins beläuft. Ein einziger Mensch soll hier wohnen. Warum macht der das? Bei mehr als dreihundert Regentagen im Jahr. Kann ich Bärbel auch gleich hierlassen?

Die ganze Reisegruppe dackelt vom Bus auf das nächste Schiff. Der eigentliche Trip fängt jetzt erst an, wie wir erfahren. Endlich geht's raus auf den Doubtful Sound. Allerdings wechselt das Personal – aber nicht die Stimmung. Denn auch die neuen Fuzzis begrüßen uns mit Sätzen wie: »Was für ein super Wetter« oder »Ihr werdet gleich sehen, wie toll der Regen sein kann.« Sagt mal, bloß weil bei euch das Wasser im Klo andersherum abfließt, heißt das doch noch lange nicht, dass ihr hier komplett einen an der Waffel haben müsst, oder?

Mehr als drei Stunden dauert diese Schifffahrt. Wieder Berge, direkt am Ufer. Wie bei der Milford-Tour. Nur sind die Gipfel heute nicht zu erkennen, zu tief hängen die dösigen Wolken. Regenwolken, erwähnte ich das bereits? Eine Stimme aus den Lautsprechern erklärt uns in diesen drei Stunden, was wir draußen sehen. Beziehungsweise nicht sehen. Ein Berg, der direkt am Ufer in die Höhe ragt, sei 1200 Meter hoch. Das sei dreimal das Empire State Building in New York übereinandergepackt. Klingt hoch – wir sehen aber: nix. Verwunderlich ist, dass wir die ganzen Wasserfälle, die an den Hängen in den Sound stürzen, überhaupt vom normalen Regen unterscheiden können.

Der Doubtful-Flüsterer erklärt, dass es gestern nur zwei Wasserfälle zu sehen gegeben hätte. Wir aber haben großes Glück, dass wir dank des Regens (schon wieder keine Ironie!) heute alle Fälle sehen können. Unzählig viele angeblich. Wahrscheinlich verwechselt *er* jetzt Regen mit den Wasserfällen. Und Bärbel? Noch sitzt sie mir am Tisch gegenüber, aber wohl nicht mehr lange. Ich merke doch, wie es sie nach draußen zieht. »Willste raus?«, frag ich.

»Klar! Und dieses Mal kommst du mit!«

»Ich mag Regen nicht. Ich will nicht raus.«

»Was ist los mit dir? Du klingst irgendwie komisch.«

Der Typ, dem die Lautsprecherstimme gehört, labert ununterbrochen weiter, während Bärbel mich jetzt leicht erschrocken anguckt. Lautsprecher-Louis sitzt übrigens nicht irgendwo in seinem warmen Kämmerlein und liest seinen Text ab. Nein, der Freak steht allen Ernstes draußen. In kurzer Hose. Überraschend, dass er eine Regenjacke anhat. »Los, Leute, kommt alle raus zu mir hier nach vorne – es sieht schlimmer aus, als es ist.« Mann, der Vogel hilft mir in dieser Situation gerade wirklich nicht. Das mit Bärbel könnte eine ernste Unterhaltung werden und ...

»Na los jetzt«, unterbricht sie meine Gedanken. »Lass uns rausgehen, Jimmy hat recht, wenn er sagt, dass wir an die frische Luft sollen.« Jimmy? Woher weiß sie denn schon wieder, wie er heißt? Bärbel steht auf, greift meine Hand und spaziert mit mir Richtung Ausgang. Wenn ich mit ihr reden will, bleibt mir eh nichts anderes übrig, als mich auch in den Regen zu stürzen. Glückwunsch.

Ich öffne die Tür – sofort peitscht mir eine steife Brise ins Gesicht. Langsam arbeite ich mich nach vorne, wo neben dem Ringsprecher schon einige andere Touris rumstehen und sich dieses »Wetter« angucken. Komisches Volk. Schön zu sehen, dass der Regen nicht nur von oben, sondern auch von vorne kommt. Dank des Windes. Wenigstens wird Bärbel trotz des Wellengangs wegen des Kaikoura-Crackers nicht schlecht. Vielleicht liegt es ja auch an genau dieser Koffeinbombe, dass sie heute so abgeht. Egal. Ich muss wirklich mit ihr reden. Jetzt und hier, im Doubtful Sound.

Die Wolken lichten sich ein bisschen, der Himmel ist zu erkennen. Trotzdem regnet und windet es, mal stärker, mal weniger. Ich nehme Bärbel zur Seite. »Wir müssen reden«, sage ich. Oh Mann, was für ein klischeehafter Start. Innerlich klatsche ich mir mit der flachen Hand auf die Stirn. Bärbel schaut mich sorgenvoll an. »Was ist denn los?« Dann prasseln die Worte aus mir raus wie der Regen aus den Wolken. Sie ist klein, ich bin groß. Sie will Abenteuer, ich meine Ruhe. Sie liebt den Regen, ich die Sonne. Überhaupt, sie ist doch viel mehr in diese Reise und die Erlebnisse verliebt als in mich. Ich fühle mich als Beiwerk zum Abenteuer. Haben wir so eine gemeinsame Zukunft, gemeinsame Pläne, oder sind das nur ihre Pläne, an denen ich teilhabe? Rumms! Jetzt spürt auch Bärbel das Gewitter.

Kaum bin ich fertig mit meiner ungewohnt schonungslosen und ungefilterten Rede merke ich, dass es mir besser geht. Das musste anscheinend mal raus. Ob das eine gute Idee war? Bärbel schaut mich mittelentsetzt an, wie ein begossener Zwergpudel. Offensichtlich hat sich das für sie nicht so angebahnt wie für mich.

»Wa… was? Ist das der erste Schritt in Richtung Ende?«

»Nee. Aber…«

»*Aber*?«, schreit sie mich entsetzt an. »Was für ein Aber?«

»Na, ich weiß gerade einfach nicht, ob wir überhaupt zusammenpassen. Ich habe das Gefühl, wir machen deine Reise, und ich bin auch mit dabei. Das ist schon manchmal recht anstrengend für mich.« Ich versuche, jetzt nicht mehr so radikale Worte wie eben zu wählen, weil: Bärbel ist den Tränen nahe. Deshalb habe ich mit ihrer nächsten Reaktion nicht gerechnet. Sie fällt mir um den Hals, genauer gesagt um die Hüfte, und umklammert mich ganz fest. Ich merke, wie sie schluchzt. Heute fließt aber echt unerwartet viel Wasser. Irgendwas von »will nicht verlieren« und »so toll« oder so sabbert sie heulend an meinen Bauch, ihren Kopf in meiner Regenjacke vergraben. Ich nehme sie auch in den Arm. Jetzt fühle ich mich schlecht. Schließlich hab ich nicht damit gerechnet, dass meine Worte Bärbel zum Weinen bringen. Ok, eigentlich hatte ich gar kein Szenario im Kopf, was nach so einer Rede passiert. Richtig vorbereitet war ich sicherheitshalber nicht – der frühe Morgen und der viele Regen haben meiner Laune so zugesetzt, dass am Ende dieser Wasserfall an Vorwürfen mehr oder weniger spontan dabei rauskam. Ich schließe meine Arme enger um sie. Nach einer halben Ewigkeit wischt sie sich die Tränen aus den Augen, den Rotz unter ihrer Nase und von meiner Jacke weg, und wir beschließen, den Rest drinnen zu besprechen.

Dort setzen wir uns an einen Tisch und quatschen. Offen, ehrlich, möglichst ohne den anderen zu verletzen.

Irgendwie erwachsen. Fühlt sich gut an. Das Tollste daran: Wir sind beide willig, mehr Verständnis für den anderen zu zeigen und ihm entgegenzukommen. Konkret für unsere Reise heißt das, dass ich auch mal Sachen planen soll, Ruhezeiten, Pausen und Entspannung inklusive. Andersrum zeige ich Engagement und positiven Aktivismus, wenn Bärbel Zeug machen will, bei dem mein Inneres sich normalerweise reflexartig ans Sofa krallt. Wir wollen beide an uns arbeiten, dem anderen mehr zuhören – und das auch noch weit über unsere Reise hinaus. Und siehe da: Schon haben wir gemeinsame Zukunftspläne. Egal, wie groß sie sind, es gibt sie. Merke: Gemeinsame Ziele sind wichtig und fühlen sich toll an. Um zu zeigen, dass ich das alles verstanden habe, stehe ich auf, nehme ihre Hand. »Komm, wir sind nur heute auf diesem Schiff. Lass uns jetzt erst mal rausgehen, in den Regen stellen und den Doubtful Sound genießen. Wäre doch schade, wenn wir nichts davon mitbekämen.« Gewöhnungsbedürftig, eine solche Einstellung. Vor allem für mich. Aber: Ich merke, dass meine Reaktion ganz gut ankommt. Lächelnd greift Bärbel meine Hand, und wir schlurfen raus.

Nassregnen ist also wieder angesagt. Aber dieses Mal mit einer anderen Einstellung, nämlich gewollt. Bärbel und ich schließen die Augen und versuchen es zu genießen, gerade jetzt hier zu sein. Wer übrigens auch immer noch hier ist, ist Jimmy. Der faselt weiter ununterbrochen Zeug in sein Mikro. Grüß dich.

Weil das Wetter hier recht launisch ist, sind mittlerweile viel mehr Menschen draußen, stehen ganz vorne auf dem Schiff. Insgesamt wechselt das Wetter während der drei Stunden so oft wie in Deutschland im April und November zusammen. Mal blinzelt kurz die Sonne durch, mal regnet es von allen Seiten, dann wieder Sturm. Obwohl Bärbel und ich gerade ein innerliches, reinigendes Gewitter hinter uns haben, können wir das hier draußen doch gerade ein bisschen genießen. Trotz des Regens. Oder deswegen? Dieses bei uns in Deutschland als schlecht und ungemütlich abgestempelte Wetter, das wird hier gefeiert. Besonders im Doubtful Sound. Es gehört dazu wie der Sand zur Wüste. Langsam fällt auch bei mir der Groschen. »Glücklich sind die, die die Tour inklusive des so typischen Wetters erleben«, sagt Jimmy. Also quasi: wir. Die Wasserfälle, die rauchigen Wolken, der Regen – ohne das wäre der Sound wohl ein anderer. Die ganzen Crews mit ihrem Mist vom schönen Schietwetter, die sind wohl doch nicht dudeldicke.

Jimmy macht einen auf allwissende Müllhalde: »Als Erster war übrigens James Cook hier. 1770. Damals traute er sich nicht, in den Fjord hineinzusegeln – weil er Zweifel hatte, dass ihn die Winde wieder hinausbringen würden. Daher der Name: Doubtful Sound.« Wahrscheinlich hat's damals einfach nur zu doll geschifft.

Der Jimmy-Redeschwall wird abrupt unterbrochen. Eine fremde Stimme ertönt aus den Lautsprechern. Nanu? Wer ist das denn? »Sehr geehrte Damen und Herren, hier spricht Ihr Kapitän.« Na klar, dass Jimmy dann Sendepause hat. »Wir verlassen jetzt das ruhige Fahrwasser des Doubtful Sounds und fahren ein bisschen raus aufs raue Meer«, verrät der Schiffschef. Da waren Bärbel und ich gerade schon, denke ich. »Wir haben Glück, dass das heute möglich ist, meistens ist das Meer da draußen zu gefährlich, wegen der vielen Winde. Heute aber nicht. Achtet trotzdem auf eure Taschen und Rucksäcke, es wird etwas schaukeliger.« Noch mehr Winde? Es gibt eine Steigerung zu diesem Wetter?

Angekommen an einem Felsen, auf dem eine Robbenkolonie sich ausruht, machen auch wir einen Moment Pause. Und Fotos. Ob die was werden, so wie das hier schaukelt? Dauert aber nicht lange, dann müssen wir wieder schnell zurück in den sicheren Fjord. Was wir noch nicht wissen: Wir steuern auf den schönsten Moment der Tour zu.

Der Kapitän schippert uns in einen Seitenarm des Fjords, die See ist ruhig, das Schiff schaukelt kaum. Wir fahren auf einen der Berge zu. Kurz vorher halten wir an. Wär auch doof, wenn nicht. Jetzt erklärt uns die Stimme aus den Lautsprechern, wir möchten bitte alle nach vorne aufs Deck kommen. »Alle! Schließlich regnet es gerade auch nicht.« Ganz wichtig dabei: Fresse halten! Keine Fotos, nicht reden, nicht die Türen benutzen. Nicht furzen. Nix. Gerade mal leise atmen sei erlaubt. Der Kapitän stellt die Maschinen ab – mit dem Ziel, dass wir uns alle einfach mal für eine Minute den Sound anhören. Die Stille genießen. Bärbel und ich nehmen uns mal wieder in den Arm, schauen uns an und schließen die Augen. *Das* fühlt sich gerade richtig an. Kitschig, aber schön.

Niemand sagt etwas. Keiner macht ein Foto. Keiner furzt. Laut. Es ist nichts zu hören. Außer dem Sound. Wasserfälle. Wellen. Ein paar Vögel. Der Wind in den Bäumen. Wir lauschen der Natur. Mit geschlossenen Augen. Was. Für. Ein. Moment. Den Sound aufsaugen. Geil. Für mich *der* Höhepunkt der gesamten Neuseelandtour. Auch dank des Bärbel-Bebens.

Plötzlich schmeißt der Kapitän die Motoren wieder

an, reißt uns aus der Stille. Wir schippern weiter. Heimreise. Zum Bus. Mit dem zum nächsten Schiff, um über den See zu kommen. Richtung Van, der im 240-Seelen-Dorf Manapouri auf uns wartet. Wieder an Land vollbringen wir das Kunststück, uns zu verfahren und unseren dämlichen Campingplatz erst mal nicht zu finden. Das Kaff hat drei Straßen, und wir verlieren die Orientierung. Respekt!

Aber so was spielt heute keine Rolle mehr. Beim Abendessen fragt Bärbel mich: »Ganz schön viel los hier in den beiden Sounds. Wie fandest du es?«

»Die Touren haben schon Bock gemacht«, antworte ich. »Was wir aber gebraucht haben, war die Aussprache heute. Ich hoffe, dass das den Schalter bei uns umgelegt hat, und bin gespannt, was das die nächsten Tage und Wochen mit uns macht.«

»Ja, finde ich auch.« Bärbel und ich haben heute Größe gezeigt. Hach, schon fast zum Kotzen schön, so eine harmonische Stimmung. Bei noch einer Sache sind wir uns einig: Sowohl Doubtful als auch Milford Sound sollten für alle Reisebegeisterten als wichtigstes Reiseziel ever hoch priorisiert werden! Egal, ob bei einer Südafrika-Safari oder einem Turin-Trip: Nehmt die Neuseeland-Sounds mit auf jede Reise-To-do-Liste – auch, wenn das einen klitzekleinen Umweg bedeuten könnte! Für alle, die es schon bis nach Neuseeland geschafft haben: Lasst zur Not das Te-Papa-Museum in Wellington weg (das geilste Museum, in dem ich je war). Verkneift euch, wenn's sein muss, die Hobbit-Höhlen in Matamata (ein geniales Erlebnis – sogar für Nicht-Hobbit-Freaks wie uns) – und mit gaaaanz viel Schmerz: Lasst sogar Kaikoura mit dem Delfin-Schwimmen (es gibt nicht viele geilere Erlebnisse im Leben) links liegen. Aber macht auf jeden Fall eine Tour zum und auf dem Milford Sound. Das Gleiche gilt für den etwas spezielleren Doubtful Sound. Bärbel und ich sind noch immer völlig geflasht – auch von uns. Und aufregen über Regen gehört für mich ab sofort der Vergangenheit an.

## Scheitern am Schicksalsberg

*(Turangi, Neuseeland)*

Die letzten Tage waren anders. Intensiver. Bewusster. Zwischendurch sogar mal ein bisschen wie in den ersten sechs Monaten einer Beziehung, wenn zwei Menschen frisch verliebt alles durch die rosarote Brille sehen. Nicht selten ekelhaft, das als Dritter mitansehen zu müssen. Selbstverständlich war es bei uns nicht so schlimm. Bärbel und ich, wir verstehen uns wieder richtig gut. Sie hat einen Gang rausgenommen beim Reisen, bezieht mich in die Planungen mit ein und berücksichtigt ernsthaft, wenn ich Bedenken habe. Ich meinerseits bekomme meinen imaginären Hintern hoch und auch meinen wahrhaftigen. Ein bisschen mehr Energie und Enthusiasmus ist ja nicht schlimm. Und siehe da: Wir funktionieren wunderbar zusammen. Deswegen haben wir uns auch beide für diese eine Tour entschieden. Gemeinsame Recherche, ein kurzer Diskurs, dann die einstimmige Entscheidung: Wir ziehen sie durch. Trotz des großen Aufwands. Da stehen wir also jetzt. Vor diesem Schild. Und müssen laut lachen.

Bis hierher war es nicht mehr als ein kleiner Spaziergang. Wir hatten sogar überraschend viel Spaß, haben uns über uns selbst lustig gemacht. Warum? Weil wir mitten in der Nacht aufstehen mussten, nur um diese eine Tageswanderung zu machen. Kurz nach dem Aufwachen haben wir uns schon gefragt, ob sich das alles lohnt. Aber wir haben uns aufgerafft und stehen jetzt hier. An diesem Schild. Nach etwa einer Stunde laufen. Ok, wandern. Wir glotzen diese Hinweistafel ungläubig an. Sie soll uns warnen. Die Aufschrift: »Bist du *wirklich* vorbereitet auf diese Tour? Ist das Wetter ok? Hast du die richtige Ausrüstung und Kleidung? Bist du fit genug? Wenn du eine dieser Fragen mit ›Nein‹ beantwortet hast, denke *ernsthaft* drüber nach, umzukehren.« Wie lustig! Solche Fragen nach einem lächerlichen Spaziergang. Wir sind amüsiert, schießen Fotos. Kopfschüttelnd und immer noch herzhaft lachend machen wir uns auf den Weg, den Rest der Wanderung anzugehen. Is' klar, was kommen muss: Dauert nicht lange, da lösen Schweiß und Schmerzen das Lachen ab. Und dann ist da noch diese eine Sache, die ich bis heute bereue.

Angeblich ist es eine der schönsten Tageswanderungen der Welt! Tongariro Alpine Crossing, 19,4 Kilometer lang, auf der Nordinsel Neuseelands, in der Nähe von ... tja, von was eigentlich? Eine richtige Stadt gibt's weit und breit nicht, das nächstgrößere Dörfchen ist Turangi nördlich vom Tongariro-Nationalpark. Eben weil es eine der schönsten Wanderungen der Welt sein soll, sind wir überhaupt erst darauf aufmerksam geworden. Damals schon, in Deutschland, bei der Reiseplanung. Vor ein paar Tagen hatten wir uns das Ding dann mal genauer angeguckt – und festgestellt, dass die Organisation der Wanderung sehr aufwendig ist. Das frühe Aufstehen war dabei erst der Anfang.

Um halb sechs – bäh! – klingelte der Wecker. Wir mussten heute Morgen echt zeitig los, denn wir hatten reserviert. Zwei Plätze im Bus. Bye bye Campingplatz, wir fuhren mit dem Campervan zu einem Parkplatz – dem Ziel der Wanderung. Jepp: Ziel. Sowohl Fressalien, Getränke als auch unsere wichtigsten Wertsachen stopften wir in zwei kleinere Rucksäcke, die wir dabeihaben. Wir hatten was von Langfingern gehört, die hier am Parkplatz gerne mal Autos aufbrechen. Bärbel und ich stiegen in den Bus, der uns zum Startpunkt der Wanderung brachte. Deutlich vor sieben Uhr standen wir also mit gefühlt hundert anderen meist müden Freaks und dem ein oder anderen Morgenmensch (wie kann man um die Uhrzeit schon so viel Dünnpfiff labern?) irgendwo in dem Nationalpark. Vor uns ein kleiner Trampelpfad – das wird dann wohl der Wanderweg sein. Wir warteten erst mal, bis die Morgenmenschen so viel Vorsprung hatten, dass wir sie nicht mehr hörten. Anschließend quetschten auch wir uns auf die Piste. Ganz schön viel los hier um die Uhrzeit. Hätten wir doch einen Bus früher buchen sollen? Ganz klar: nein! Früher aufstehen kann niemals eine Alternative sein.

Schnell stellten wir fest, dass sich das Feld der Wanderer verläuft. Zu Beginn war der Weg zwar nicht wirklich breit, und ein Überholmanöver bedurfte immer auch der freundlichen Zustimmung der lahmen Wanderer. Trotzdem: Es fing an, Spaß zu machen. Bärbel und ich tauten so langsam auf. Zwischendurch spazierten wir auf extra installierten Holzstegen durch die doch sehr karge Landschaft. Ein paar Gräser hier und da, mehr Leben gedeiht hier nicht. Steinig, nebelig, morgendlich. Ein schönes Schauspiel, wenn die Sonne hinter den Gipfeln langsam emporsteigt, den Nebel verscheucht und die Wanderer begrüßt. Trotz der frühen Stunde liefen viele im T-Shirt.

Je länger wir unterwegs waren, desto mehr verdrängten Steine und Felsen die letzten Grashalme. Auch der Holzsteg ist Geschichte. »Wanderschuhe wären jetzt total praktisch.« Ich versuchte mal, vorsichtig und mit Humor herauszufinden, wie Bärbel zu dem Thema steht. Bislang sind unsere geklauten Schuhe uns noch nicht wieder in die Hände gefallen – dabei habe ich intensiv nach Wanderschuhen der Größe 52 und 38 gesucht. Gebraucht. Nix gefunden. So müssen wir uns heute mit Turnschuhen begnügen.

Der Weg ging so leicht bergauf, dass wir es noch nicht mal gemerkt hatten. Aber weil wir nach etwa einer Stunde jetzt an diesem Schild ankommen, sehen wir darauf im Streckenprofil, dass wir schon einen ordentlichen Teil geschafft haben. Sieben Stunden soll die Wanderung dauern? Mehr als ein Viertel haben wir doch schon hinter uns. Lächerlich!

Wir machen Fotos, lachen uns über die komischen Hinweise auf dem Schild kaputt, gehen weiter. »Richtige Ausrüstung?« Pah! Das geht auch mit Turntretern. Allerdings müssen wir auf den folgenden Streckenabschnitten das Tempo erstmals ein wenig drosseln. Das liegt weniger an unseren Schuhen, mehr am Streckenprofil. Plötzlich merken wir, dass es deutlich steiler wird. Kurze Pause – dabei verfolgen wir den Weg, der vor uns liegt, ein Stückchen mit unseren Augen. Hoppla. Der kleine Ameisenschwarm, der sich da den Berg hochkämpft, das sind alles Wanderer! Sogar da oben, über unseren Köpfen, auf dem Bergkamm, die kleinen Pixel bewegen sich. »Daaaaaa müssen wir hin?« Bärbel und ich gucken uns an – keiner lacht mehr. Ohne Scheiß: Schweiß macht sich breit. Na, dann mal ab in den Berg.

Die nächste halbe Stunde quatschen wir nicht miteinander. Kein Wort. Auch mal ganz nett. Wir kommunizieren hauptsächlich mit Gesten. Luft scheint sich in Luft aufgelöst zu haben, ist Mangelware. Die bleibt uns einfach mal weg. Wir nehmen gerade laut Reiseführer »Devil's Staircase« volley. Die Teufelstreppe. Genau so fühlt es sich auch an. Nur ohne Treppe. Es ist mal richtig steil. Ich bekomme eine Art Signal von Bärbel, dass ich jetzt doch bitte auch ihren Rucksack tragen soll. Sie kann nicht mehr. Aha. Mach ich dann wohl mal – alles fürs Team. Trotzdem müssen wir wegen Bärbel viele Pausen machen, finde ich jetzt nicht soooo schlimm. Der Anstieg zieht sich, bis wir oben ankommen und wieder Luft bekommen. Das war hart! Hat sich aber gelohnt: Der Ausblick ist alle Mühe wert. Die Weite, die Wolken, die Berge, die Natur, die armen Ameisen da unten. Saugut. Kaum einer hat hier oben noch eine lange Hose an, die meisten stecken in so krass-nerdigen Trekking-Trousers, bei denen man die Hosenbeine abmachen kann. Ich übrigens auch. Jeder schwitzt, hechelt nach Luft. Ich übrigens auch. Jeder Atemzug schmerzt. Den meisten Menschen sieht man es nicht an, aber: Wir alle sind glücklich, hier oben zu sein. Egal mit welcher Hose.

Der nächste Teil der Wanderung durchzieht eine Art Tal. Die beste Nachricht: Es geht weder bergauf noch bergab – der einzige Streckenabschnitt, auf den das zutrifft. Zu allen Seiten der Senke ragen Berge in den blauen Himmel, vereinzelt schiebt sich zum Glück mal eine weiße Wolke vor die Sonne. Klar ist auch, was uns gleich am Ende des Tals erwartet: ein Aufstieg. Aber kann es schlimmer werden als die Teufelstreppe? Achtung, Spoiler: ja.

Es gesellt sich eine neue Herausforderung hinzu, speziell für Bärbel und mich. Im neuen Anstieg merken wir zum einen, dass wir »Devil's Staircase« schon in den Beinen haben – zum anderen verändert sich der Untergrund. Es ist jetzt ein sandiger Stein oder steiniger Sand, was auch immer. Auf jeden Fall gibt er unter den Schuhen nach. So, als ob man auf eine Sanddüne am Strand klettert. Das kostet richtig Kraft – trotz der sportlichen Turnschuhe. Oder gerade deswegen? Zur Belohnung darf ich mir wieder beide Rucksäcke umschnallen. Gerne doch. Oben auf dem Gipfel aber werde ich später feststellen, dass ich noch nicht mal die ärmste Sau des Tages bin. Kaum zu glauben, ich weiß.

Bis dahin dauert es aber noch ein bisschen. Immer wieder bleiben wir stehen – und sogar das ist alles andere als leicht. Teilweise ist der Weg des Aufstiegs sehr schmal. Wenn andere Menschen meinen, sie seien schneller als wir, müssen wir, obwohl schon ziemlich nah am Abgrund, irgendwie Platz machen. Wir erinnern uns an das Schild, das wir eben noch belächelt haben. Jetzt steht fest: Eine gewisse körperliche Verfassung sollte tatsächlich jeder mitbringen, der hier hochwill. Zu unserer Überraschung wackelt eine ältere Dame an uns vorbei, die keine Wanderschuhe trägt. Nicht mal Turnschuhe. Sondern irgendwelche glitzernden offenen Treter, die hauptsächlich gut aussehen sollen, sonst aber ganz klar keine Funktion haben. Soll man dafür jetzt Respekt zeigen oder Unverständnis? Ich stupse Bärbel an, nicke in Richtung der Füße der Dame. Bärbel guckt hin, schaut mich wieder an, zieht die Schultern hoch und holt tief Luft. »Weiter geht's.« Gleichgültigkeit! Das ist die Lösung. Ach egal.

Wir treffen die Dame oben auf dem Gipfel wieder.

Zusammen mit einem holländischen Pärchen. Sie mit einem riesigen Rucksack auf dem Rücken, er mit dem (wahrscheinlich) gemeinsamen Kind. Auch auf dem Rücken. Respekt! Zwei oder drei Jahre mag das Mädel alt sein. Wie viel wiegen die dann? Fünfundzwanzig Kilogramm doch mindestens. Aber ganz egal, ob das Balg nun zu Hause im Wohnzimmer ist, im Bälleparadies, aufm Spielplatz oder im Tongariro-Nationalpark – wenn es Hunger hat, hat es Hunger. Einzige Chance, sich mitzuteilen: schreien. Das Gleiche gilt wohl auch für das Thema Durst. Und Pipi. Zu der körperlichen Belastung von Mama und Papa kommt damit auch noch die psychische – und die ist ordentlich. Nicht nur für die Eltern, sondern auch für alle Umstehenden wie mich. Trotzdem: Der Ärmste-Sau-Award des Tages geht an den Typen, der seine schreiende Tochter hier hochgeschleppt hat, um sie dann füttern und wickeln zu dürfen. Herzlichen Glückwunsch.

Auf diesem höchsten Punkt der Wanderung (1886 Meter) schlagen wir unser »Lager« auf. Heißt, ich lege unsere Rucksäcke ab, wir packen die Sandwichs aus und bleiben mal für 'ne Viertelstunde an einem Ort. Schließlich ist jetzt auch Fotozeit. Wir stehen nämlich am Fuße des Mount Ngauruhoe. Der ist ja bekanntlich weltberühmt. Vielleicht unter einem anderen Namen: Mount Doom – oder in der deutschen Fassung von *Herr der Ringe*: der Schicksalsberg. Jawohl, hier muss der Hobbit Frodo den Ring reinwerfen. Drei episch lange Filme braucht er dafür. Dabei ist der Gipfel doch extra ausgeschildert. Von hier aus soll es noch drei Stunden dauern, bis man oben ist – zusätzlich zu den etwa sieben Stunden, die für die normale Wanderung im Reiseführer stehen. Das hatten wir gar nicht auf dem Schirm, dass man da hochlaufen kann. »Hast du Bock, dass wir …«

»Nein!« Bärbel trifft recht schnell die Entscheidung: »Ich geh da nicht hoch. Aber ich warte hier gerne auf dich.«

Tja. Und nun? Bock hätte ich ja schon. Aber 'nen hartnäckigen Schweinehund eben auch. Typ Deutsche Dogge, kein Zwergdackel. Außerdem will ich Bärbel ja nicht drei Stunden hier warten lassen. Hinzu kommt, dass ich in der Ferne niemanden sehen kann, der auf dem Weg da hoch ist. Oder doch? Ich meine, wenn ich lange genug auf eine Stelle des Berges starre, dass sich da vier oder fünf Pünktchen bewegen. Genau sagen kann ich es aber tatsächlich nicht. Ich gebe mich geschlagen. »Nee, ich geh da auch nicht hoch.« Findet Bärbel nicht schlimm – auf drei Stunden Warterei hätte sie keinen Bock gehabt. Aber warum springt sie jetzt nicht auch mal über ihren Schatten und motiviert mich in dieser Situation? Denn: Bis heute bereue ich meine Entscheidung, die Herausforderung nicht angenommen zu haben. Nie wieder werde ich diese Wanderung machen. Nie wieder werde ich die Möglichkeit haben, den Mount Doom zu erklimmen. Der Berg hat mich besiegt. Damit muss ich jetzt leben. Was der Hobbit kann, schafft der Riese noch lange nicht.

Wir machen ein paar der typischen Ring-in-den-Berg-werf-Fotos, packen unsere Sachen zusammen und ziehen weiter. Der Abstieg von hier aus hat es genauso in sich wie der Aufstieg – aber das wurde in den Filmen komplett verschwiegen. Mit einem Schritt rutschen wir drei, vier Meter in die Tiefe, so lose ist der Untergrund. Ob Wander-, Turn- oder offener Schuh macht hier auch keinen Unterschied mehr. Schuhgröße 52 gibt da natürlich schon etwas mehr Halt als Bärbels schlanke 38. Zu unserer Überraschung bekommt die Landschaft ungewohnte Farbkleckse. Zwei Seen, so türkis wie das Meer der Malediven. Die Ufer ockerfarben – Schwefel! Niemand ist im oder am Wasser. Aus gutem Grund: Man soll es auf keinen Fall berühren, geschweige denn trinken. Nur gucken, nicht anfassen. Das reicht auch vollkommen. Hinter den beiden Türkis-Tümpeln geht es weiter bergab. Zum Glück festigt sich irgendwann der Untergrund wieder, sodass ich Bärbel ihren Rucksack zurückgeben darf.

Später kommen wir sogar auf einen gepflasterten Weg, der uns in ausschweifenden Serpentinen weiter Richtung Parkplatz (der liegt auf achthundert Metern Höhe) bringt. Allerdings ziiiiiiiiiieht er sich wie die letzte Schulstunde vor den Ferien. Es kommt und kommt kein Ende. Wir brauchen auf dem Pflasterweg noch mal mehr als anderthalb Stunden, bis wir dann auch wirklich den Parkplatz erreichen. Was für eine Geduldsprobe.

Aber so ist das meistens im Leben: Die letzten zwanzig Prozent des Projekts rauben achtzig Prozent der Energie. So auch bei dieser Wanderung. Nach mehr als acht Stunden bergauf und bergab klettern wir erschöpft in unser Auto, setzen uns rein und sind überwältigt vom Glücksgefühl. Und der Leistung unserer Körper, vor allem der Beine. Wir sind richtig happy! Zum einen, tatsächlich endlich angekommen zu sein, zum anderen, eine der mit Sicherheit schönsten Tageswanderungen der Welt gemacht zu haben. Eine gute Entscheidung. Eine gemeinsame.

# Ein Riese auf den Spuren der Hobbits

*(Turangi, Neuseeland)*

Leider hat der Spaß bald ein Ende. Dauert nicht mehr lange, dann müssen wir den Kiwis goodbye sagen. Einen kleinen Trip hat Bärbel, Quatsch, haben *wir* allerdings noch geplant. Liegt eh auf unserem Rückweg nach Auckland, wo wir den Van abgeben und von wo aus wir nach Australien fliegen. Matamata. Aha. Noch so ein komischer Name hier. Denken die Neuseeländer aber sicherlich auch von uns. Rheda-Wiedenbrück. Castrop-Rauxel. Düsseldorf. Die müssen auch glauben, wir haben zu viele Buchstaben im Alphabet. Wo war ich? Ach ja, mit Bärbel auf dem Weg nach Matamata. Das Städtchen war vor ein paar Jahren noch so bekannt wie St. Vit heute. Bis eines Tages Peter Jackson um die Ecke kam. Schon mal gehört? Wahrscheinlich, denn der Typ ist Regisseur, Produzent und Drehbuchautor der *Herr der Ringe*-Trilogie. Und Neuseeländer. Fast komplett wurden die Filme also auch hier bei den Kiwis gedreht. Eines der vielen Sets war vor den Toren von Matamata aufgebaut und ist – voll nett – heute noch für Besucher geöffnet: Hobbiton. Das Dorf, in dem die Hobbits in den Filmen gewohnt haben.

Zwar gehören Bärbel und ich nicht zu den weltgrößten HdR-Fans, aber immerhin: Wir haben alle Teile gesehen und uns sogar die anschließenden Hobbits-Filme reingezogen. Logisch, dass wir nach Hobbiton müssen. Drei Stunden dauert die geführte Tour, kostet fast fünfzig Euro pro Person – nicht nett. Wucher. Kleine Hobbits, großer Preis. Die Neuseeländer habe ich bislang als freundliches und zuvorkommendes Volk erlebt. Anscheinend können sie auch wirtschaftlich denken. Denn fünfzig Tacken für die Tour sind eine Frechheit. Zumal es eine Fließbandabfertigung ist. Aber: Es wird ja niemand dazu gezwungen, die Hobbiton-Tour mitzumachen, die Leute zahlen freiwillig und fleißig. So wie Bärbel und ich eben auch. Zugegeben, der wahre Grund ist: Ich wollte einmal ein Bild von mir vor oder in so einem winzigen Hobbit-Häuschen haben.

Der große Bus, mit dem wir vom Zentrum Matamatas bis zur Hobbiton-Wiese gebracht werden, ist gerappelt voll. Kein einziger freier Platz. Bei dem Preis eigentlich Wahnsinn – und das im abgelegenen Neuseeland. Aber der *Herr der Ringe* fasziniert nicht nur Touris, sondern auch die Kiwis selbst. Deshalb sitzen hier auch nicht wenige Einheimische mit im Bus. Schon unterwegs plappert uns die Reiseleiterin voll. »Die Fahrt, liebe Gäste, dauert etwa eine halbe Stunde.« Gut. Weil der Bus wohl auch schon von den Hobbits genutzt wurde und der Platz nicht für Riesen wie mich … »Er war ein Pedant«, unterbricht das Mikrofonmädel meine wertvollen Gedanken. »Peter Jackson hat sich schon Jahre vor Drehbeginn mit den Filmen und den Sets beschäftigt. Aber auch kurz bevor es losgehen sollte, hat er gerne noch mal alles umgeworfen. Es gibt Menschen, die sagen, dass es nicht immer einfach gewesen sei, mit ihm zu arbeiten. So zum Beispiel hat ihm bei der Abnahme des Sets hier in Matamata einiges nicht gepasst. Er hat extra eine Person eingestellt, die morgens vor jeder dieser vielen kleinen Hütten Wäsche aufhängen und sie abends wieder abnehmen sollte. Niemand hat damals verstanden, warum. Nach vierzehn Tagen war Peter Jackson wieder da und sehr zufrieden. Warum? Weil es jetzt kleine Wege zwischen den ganzen Hobbit-Höhlen gab, die der Wäscheaufhänger getrampelt hatte. So sah es bewohnt aus in Hobbiton. Das zeigt, wie penibel und perfektionistisch Peter Jackson arbeitet.«

Das ist natürlich schon putzig. Den ganzen Tag über bekommen wir immer mal wieder solche kleinen Geschichtchen zu hören. Einen Blick hinter die Kulissen finde ich spannend – auch wenn die Kulissen schon seit Jahren nur noch für Touris wie mich aufrechterhalten werden. An einer Schranke halten wir kurz an. Alle kleben gebannt mit ihren Nasen an den Fenstern, wundern sich, wo denn endlich dieses Hobbiton ist. »Keine Sorge«, beruhigt Lautsprecher-Lisa. »Sie können noch nichts sehen, das dauert noch zehn Minuten.« Weil: Hobbiton liegt auf dem Grundstück eines Farmers. Der hat so unglaublich viel Land, dass er damals einen Teil davon Peter Jackson zur Verfügung gestellt hatte. Darauf baute der dann das Hobbit-Dorf. Weil aber unzählige Lkw und andere Autos zum Set gelangen mussten, wurde extra eine Straße gebaut. All das war damals mit hohen Kosten verbunden. Da die Regierung des Landes das Projekt *Herr der Ringe* aber ganz gut fand und das Militär nichts zu tun hatte (und hat), einigte man sich darauf, dass die den Bau der Straße übernahmen. »Neuseeland muss sich ja nicht verteidigen oder irgendwen angreifen. Das Militär ist nicht wirklich ausgelastet, also war das mal eine willkommene Abwechslung, beim Dreh eines Kinogroßprojekts mitzuhelfen«, erklärt unsere Reiseleiterin. Interessant. Nee, wirklich mal. Könnte ich stundenlang zuhören, bei solchen Lagerfeuerlegenden. Und Bärbel? Joa, die findet's ganz nett, glaub ich, hier haut sie aber nichts vom Hocker. Sie ist hauptsächlich dabei, weil ich mich wie ein kleines Kind darauf freue, das Riesen-Foto vor einer winzig kleinen Hobbithaustür zu machen. Bis es so weit ist, müssen wir aber erst mal an Abertausenden Schafen vorbei. Der Farmer, dem das ganze Land hier gehört, besitzt etwa 15 000 von den Tieren. Dass es in Neuseeland mehr Schafe als Menschen gibt, überrascht niemanden. Und dieser Typ hier gehört zu den Top-fünf-Schafbesitzern. Aber er ist der Einzige, weltweit, der Hobbiton auf seinem Acker stehen hat.

Mir war schon vor Abfahrt der Tour klar, dass irgendwer – und sei es Bärbel – eine Referenz zu Gandalf bringen würde. Der groß gewachsene Zauberer aus *Herr der Ringe* spaziert im ersten Teil der Trilogie in der Hobbit-Bude von Bilbo Beutlin umher. Der Längenunterschied der beiden Figuren ist zwar deutlich größer, aber Bärbel und ich können da schon fast mithalten. Außerdem lasse ich seit Reisebeginn meine Haare einfach mal wachsen. Jeder sollte schließlich ein Hobby haben. Wenn ich meine Mähne mal offen trage, ist schon klar, dass das keine Kurzhaarfrisur mehr ist. Einziger Unterschied zum Zauberer: Meine Fusseln sind (noch) nicht so weiß wie die Gandalfs. Trotzdem eigentlich nur eine Frage der Zeit, bis das entscheidende Stichwort fällt. Nachdem wir aus dem Bus ausgestiegen sind, dauert es genau 83 Sekunden. Vom Akzent her würde ich sagen, dass sie eine US-Amerikanerin ist, die sich den kessen Spruch in ihrer Gruppe nicht verkneifen kann. »Schaut mal, wir haben unseren eigenen Gandalf dabei. Hahahahahahaha.« Hahahahahahaha. Warum lachen jetzt alle? Außer mir. Und Bärbel. Die US-Tussi kommt zu mir, greift mir an den Ellbogen und sagt: »Oh, Entschuldigung. War das doof, was ich gesagt habe? Ich wollte Sie nicht verletzen. Tut mir sehr leid.« Hoppla. Das erlebe ich auch nicht jeden Tag. Menschen, die sich wegen eines vermeintlich behämmerten Spruchs über meine Größe entschuldigen. Die meisten setzen voraus, dass ich – aufgrund meiner Größe – mit dämlichen, zum Teil abwertenden Sprüchen entspannt umgehe. Mittlerweile tue ich das auch, bei den meisten höre ich schon gar nicht mehr hin. Es kümmert mich herzlich wenig, was andere über mich erzählen. Früher aber war das mal anders. Und ich glaube, viele andere große Menschen haben an dämlichen Sprüchen zu knabbern. Worte können verletzen. Daher bin ich umso erstaunter, dass Linda, wie sich die Frau vorstellt, dafür entschuldigt. Das sogar aus einer Gruppe heraus, wo das soziale Schutzschild noch viel größer und dicker ist. »Alles in Ordnung, machen Sie sich keine Sorgen«, sage ich ihr. »Aber vielen Dank, dass Sie sich entschuldigt haben, das machen tatsächlich nur sehr wenige.«

Sie lächelt mich freundlich an: »Viel Spaß euch beiden bei der Tour.«

»Danke gleichfalls«, erwidert Bärbel von unten.

Es dauert natürlich nicht lange, da stehen wir endlich vor dem ersten originalen Hobbit-Häuschen. Hach, wie niedlich die Dinger doch aussehen. Alle wollen sofort ein Foto machen – mit sich selbst davor. Endlich bin ich dran, mein großer Moment ist gekommen: Ich drücke

Bärbel die Kamera in die Hand und stelle mich vor die bunte Tür. Sie macht mich glücklich – endlich habe ich mein lang ersehntes Foto! Da steht auch schon Linda wieder neben mir. »Sorry, dass ich dich noch mal störe. Ist es ok für dich, wenn ich ein Foto von uns beiden vor dieser Tür hier bekomme? Du bist so groß. Das finde ich gerade in dieser Umgebung ganz toll.«

Ich muss lachen. »Klar, kein Problem.«

Sie drückt Bärbel ihre Kamera in die Hand, und wir posieren gemeinsam vor der Hobbit-Höhle. Womit ich nicht gerechnet habe ist, dass anschließend noch mehr Menschen mit mir ein Foto machen wollen. Da wäre es ja unhöflich, nein zu sagen, aber ein bisschen komisch finde ich es schon. Gehen diese Menschen dann nach Hause, zeigen das Foto der Familie und sagen: »Guck mal, dieser völlig fremde, große, unfassbar gut aussehende Mann war mit auf unserer Tour, und ich habe ein Foto mit ihm.« Und dann? Verstehe ich nicht, muss ich aber auch nicht. Fotos mit Promis, das kapiere ich. Aber mit dicken, dünnen, kleinen, großen Menschen? Warum? Bärbel meint, ich soll sie doch lassen. Tue ich ja auch – aber jetzt hier auf zehn Fotos oder so drauf zu sein finde ich schon seltsam. Zum Glück passiert das nicht vor jedem der vielen Hobbit-Eingänge, sondern nur vor diesem ersten.

Fein, dann möchte ich aber auch mal reinschauen in so eine Bude.

»Nein«, bremst mich unser Guide aus. »Dahinter ist nichts. Die ganzen Türen hier gehen – bis auf eine Ausnahme – noch nicht mal auf. Alle Szenen, die *in* den Räumen der Hobbits spielen, wurden im Studio gedreht. Wir kommen aber gleich noch an einer Tür vorbei, die sich öffnen lässt. Da dürfen Sie dann alle auch einmal kurz reingehen. Nacheinander, versteht sich, denn viel Platz ist da nicht.« Na also, das klingt spannend. Wir bekommen einen Einblick in das Reich der Hobbits. Da haben sich die fünfzig Euro ja schon fast gelohnt. Fast.

Anekdote über Anekdote prasselt auf uns ein. Wie Gandalf so groß gezaubert wurde, die Hobbits so klein. Dass der gigantische Baum, der über dem Dorf thront, gar kein echter ist, sondern in mühsamer Kleinstarbeit zusammengebastelt und angemalt wurde, und noch mehr Krams und Legenden von hinter den Kulissen. Ganz nett, dieses Gebrabbel, aber eigentlich will ich jetzt endlich in diese Hobbit-Höhle kriechen. »Weißt du, welche die Tür ist, in die wir reinkönnen«, flüster ich Bärbel zu. Keine Ahnung, woher sie das wissen sollte, aber einen Versuch ist es wert.

»Woher soll ich das wissen?«, raunzt sie zurück. Ist ja gut! Immer schön sachlich bleiben. Unsere Gruppe zieht weiter.

»So, hier haben wir jetzt die Tür, durch die Sie reingehen können. Lassen Sie sich gerne Zeit, die Tour ist so weit vorbei, wir treffen uns nachher alle wieder im Green Dragon. Das ist die Bar, in der es sich auch schon die Hobbits in den Filmen haben gutgehen lassen, Sie kennen sie ja vielleicht. Also dann, bis nachher«, verabschiedet sich unser Guide. *Endlich* sind wir an der Tür angekommen. *Endlich* kann ich mir dat Dingen von innen angucken. Natürlich muss ich einen Moment hier draußen in der Sonne warten, weil ein paar andere vor mir an der Reihe sind. Das nervt. Echt jetzt mal. Bärbel kann meinen ganzen Heckmeck nicht verstehen. Mir egal, ich bin jetzt an der Reihe.

Die Tür geht mir bis knapp unter die Brust, ich muss mich also deutlich mehr als sonst bei Türen bücken. Drinnen ist es recht finster, Licht fällt nur durch den Türspalt rein. Nur langsam gewöhnen sich meine Augen an die Dunkelheit hier drin. Aufrecht stehen kann ich nicht, trotzdem schaue ich mich in alle Richtungen um. Was ich sehe, ist hart enttäuschend. Nix Hobbiton, hier ist alles nur fieser Fake. Ein paar Balken, die die Höhle stützen, ein Berg Erde, dahinter ein Spaten. In etwa so spektakulär wie ein leerer Einkaufswagen bei Aldi. Oder Lidl. Schade. Als ich mich wieder hinausbücke, merke ich, dass Bärbel ein paar Fotos von mir schießt. Finde ich gut. Also mache ich das schön langsam und richte mich draußen mal ordentlich auf, sodass ich nett fürs Foto pose. Mal nur für mich. Dabei stelle ich fest, dass nicht nur Bärbel Fotos von mir schießt, sondern auch der ein oder andere Fremde. Unverschämtheit! Schnell beende ich die unfreiwillige Session, schnapp mir Bärbel, und wir schlendern auf eigene Faust durch das Filmset. Ein Riese und die kleine Bärbel stapfen durch Hobbiton. Davon gibt es leider kein Foto. Oder vielleicht doch, und wir wissen es nur nicht.

Ob man jetzt die *Herr-der-Ringe*-Filme mag oder nicht – ein Besuch von Hobbiton tut nicht weh. Nur dem Portemonnaie. Es ist nicht der krachende Abschluss eines unvergesslichen Neuseeland-Abenteuers, aber doch eine Anekdote, die wir vielleicht mal Kindern vorm Kamin erzählen werden. Kostenlos.

# Ungeliebtes Känguru trifft unsichtbaren Koala

*(Apollo Bay, Australien)*

Neuseeland ist Geschichte. Eine gute. Schade, dass die sieben Wochen schon vorbei sind. Wir machen uns auf den Weg nach Australien. Zähneknirschend. Also, Bärbels Zähne knirschen. *Sie* wollte damals, bei der Reiseplanung, auf gar keinen Fall nach Down Under. Was haben wir diskutiert! Für mich war das Pflichtprogramm. Was kam raus bei den Verhandlungen: Sieben Wochen Neuseeland, zwei Australien. Das passt von der Größenrelation an keiner Ecke, im doppelten Sinne. Mehr war aber für mich nicht zu holen bei der kleinen Bärbel. Ihre Argumente gegen Australien: zu teuer, zu giftig, zu gefährlich, zu teuer, zu groß und zu teuer. Außerdem behauptete Bärbel damals: »Alles, was Australien so schön macht, gibt es kompakt in Neuseeland.« Aha. Keine Ahnung, ob das stimmt, aber einen Ayers Rock habe ich bei den Kiwis nicht gefunden. Allerdings: In Neuseeland gibt's kein giftiges oder gefährliches Tier. Anders Australien. Da weiß man nie, wie tödlich die Spinne in der Küche wirklich ist und ob die Schlange im Garten nicht womöglich doch Krokodile frisst. Und ja, Australien kostet 'ne ordentliche Stange Geld. Trotzdem: Einmal ein Känguru und einen Koala live sehen, wer will das denn bitteschön nicht? Einmal einen Bumerang werfen, Ayers Rock erleben, in die Tiefen des Great Barrier Reefs eintauchen, einem Aborigine die Hand schütteln – *das* klingt doch nach Abenteuer! Mit Ausnahme des Kängurus hab ich rückblickend übrigens nichts davon geschafft.

Sydney heißt unsere erste Station. Nach drei Tagen haben wir das Städtchen ordentlich weggerockt, Fish and Chips im Hafen gegessen, die Harbour-Bridge bestiegen, die Oper berührt und das Nachtleben überlebt. Weil wir bei Freunden untergekommen sind, sind wir ein bisschen tiefer in die Stadt eingetaucht, als wir das ohne Locals hätten schaffen können. Es ist immer ein unbezahlbarer Vorteil, Freunde, Bekannte oder Familie in einem fremden Land zu haben. Die beiden Jungs gaben uns auch den Tipp, einen Ausflug zu machen. Nach Katoomba. Nein, nicht nur wegen des Namens (aber auch). Das Örtchen liegt etwa zwei Bahnstunden außerhalb von Sydney. Lustig: In den Zügen kann man die Rückenlehne auf die andere Seite der Sitzfläche werfen – und somit immer in Fahrtrichtung sitzen. Genial! Genauso wie Katoomba. Keine ganz schlimme Ecke. Wer schon mal in der Sächsischen Schweiz im Elbsandsteingebirge war, kann sich ansatzweise vorstellen, wie es hier aussieht. Felsen, Bäume, Grün, Sonne. Geil. Top Tipp.

Zurück in Sydney habe ich heute einen ganz besonderen Auftrag: den Mietwagen abholen. Weil's hier so teuer ist, blieb uns keine andere Wahl, als einen Kleinstwagen zu reservieren. Das ist zwar Gift für meine Gelenke, aber unser Budget verbietet einen Porsche Cayenne. Während Bärbel also in unserer Unterkunft bleibt und die Rucksäcke packt, breche ich auf zur Autovermietung. Warum es allerdings ausgerechnet jetzt regnen muss, verstehe ich nicht. Wie aus Eimern. Dabei ist doch Januar, also Hochsommer. Hilft nichts. Ich muss da durch.

Schnell fällt mir auf, dass die anderen Menschen, die wahrscheinlich auch alle ein Auto reserviert haben und das abholen müssen (warum sonst sollte man bei diesem Wetter vor die Tür?), besser vorbereitet sind als ich. Die haben so komische Aufspanngeräte, die den Regen größtenteils vom Körper fernhalten. Abgefahren, die Aussies! So ein Ding hab ich natürlich nicht. Völlig durchnässt komme ich bei der Autovermietung Avis an. Und treffe *sie*. Die Frau, die mir den Tag, die uns die kommenden Tage verschönern wird. Der Sonnenstrahl an meinem Regentag. Der Regenschirm in meiner Not. Das warme Brötchen vom Bäcker. Das meiste Fleisch aufm Döner. Der Schokobrocken der Stracciatella-Eiskugel. Diese Frau bringt mich zum Lächeln. Sie ist pickelig, klein, rund, riecht und trägt eine unpassende Brille. Sie ist toll! Denn sie schenkt mir gleich aus einem ganz besonderen Grund ein Upgrade: wegen meiner Größe.

Schon beim Betreten des kleinen Büros siffe ich alles voll. Ich tropfe, dass jeder begossene Pudel Mitleid mit mir bekäme. Deshalb hätte ich jetzt gerne einfach nur meinen Kleinstwagen, um möglichst fix im Trockenen wieder zurück zur Wohnung zu fahren, wo Bärbel wahrscheinlich mit gepackten Rucksäcken wartet (nein, wird sie nicht).

Ich lächel die freundliche Avis-Dame an, tropfe jetzt sogar ihr Pult nass, die Unterlagen weichen durch, Tinte verschmiert. Sie lässt sich nichts anmerken, fragt nach meiner Numm… Namen! Sie fragt nach meinem Namen. Ich buchstabiere ihn. Sie lacht, tippt ihn aber trotzdem in ihren noch trockenen Computer ein.

»Sie haben einen Nissan Micra reserviert«, sagt sie verwundert. Ich nicke. Dann säuselt sie das, was ich lange Zeit nicht vergessen werde: »Ich kann mir Sie nicht in einem Nissan Micra vorstellen. Sie sind ja viel zu groß für das Auto. Ich muss mal sehen, was ich da machen kann.« Wow! Das ist aber nett von ihr! »Wow. Das ist aber nett von Ihnen.«

»Sehr gerne. Ich kann Ihnen einen Wagen anbieten, der zwei Kategorien besser ist. Zum selben Preis, versteht sich. Und ich sehe gerade, dass wir noch ein Navi übrig haben, das können Sie auch haben.« Ich weiß gar nicht, was ich sagen soll. »Ich weiß gar nicht, was ich sagen soll. Danke schön!« Krass. Bärbel wird Augen machen, wenn ich plötzlich mit einem Schiff um die Ecke komme. Ob sie wohl schon die Rucksäcke gepackt hat oder in diesem Moment dabei ist? Wahrscheinlich macht sie gerade …

»*Hier!*«, schreit mich jemand an.

»Was?« Mein Gott, habe ich mich erschrocken.

»Unterschreiben Sie bitte hier, sonst bekommen Sie den Wagen nicht.«

Hoppla, da war ich wohl kurz weggetreten. Ich kritzel meinen wunderschönen Nachnamen aufs Dokument, sie reicht mir die Schlüssel.

Wir gehen in die Tiefgarage, ich presse mich in den Toyota Corolla, weiche den Sitz ein und haue sofort ab. Im Rückspiegel sehe ich sie noch winken. Jetzt schreit sie mir sogar hinterher. Na, nicht dass sie es sich jetzt doch anders … der Fahrzeugbrief! Ich habe den Fahrzeugbrief vergessen. Die Reifen quietschen kurz, als ich bremse. Frau Avis kommt zu mir und reicht mir die Papiere durchs Fenster. »Danke schön.« Jetzt aber nichts wie weg, ich fahre mit dem Corolla raus in den Regen. Lässiger Luxus im Vergleich zum mickrigen Micra. Ab nach Hause. Bärbel wird baff sein vor Freude. Oder halt auch nicht. Irgendwie interessiert sie die wundersame Geschichte von mir und meinem Avis-Abenteuer nicht. Sie wundert sich nur, warum ich so lange weg war. Und ich mich, warum die Sachen noch nicht gepackt sind.

Später verstauen wir das Gepäck ins riesige Auto und brechen auf. Ein kurzer Stopp noch bei Aldi. Ja, das gibt's auch in Australien. Sonst könnten wir da ja keinen Stopp machen. Hier sind die Lebensmittel wenigstens einigermaßen bezahlbar. Dass es die ganze Zeit regnet, kann mir die Stimmung nicht mehr verhageln. Denn ich habe heute die tolle Frau Avis kennengelernt – dank ihr cruisen wir in diesem fast schon riesigen Auto. Nach dem Einkauf haben Bärbel und ich nur noch ein Ziel: die Great Ocean Road. Da regnet's bestimmt nicht.

Es gibt schon ein paar berühmte Straßen auf der Welt. Die kurvenreiche in San Francisco zum Beispiel. Lombert Street. Den Highway No. 1, der in Kalifornien an der Küste entlang verläuft. Natürlich auch die Route 66, die sich quer durch die USA zieht. Die Abbey Road in London, Stichwort Beatles. Klar, die Champs-Élysées in Paris. Die Walberberger Straße in Köln (hab da mal gewohnt, krasses Teil!). Und auch die Great Ocean Road darf bei dieser Aufzählung nicht fehlen.

Wie der Name schon sagt, führt sie meist direkt am Wasser entlang. Das Dingen hat aber noch eine einzigartige Besonderheit, da kann nicht mal die Walberberger Straße mithalten: Koalas. Die hängen nämlich da einfach so in den Bäumen rum. Nicht gefangen im Zoo, sondern tatsächlich in dieser sagenumwobenen »freien Wildbahn«. Wer ein gutes Auge hat (und nicht hinterm Steuer sitzen muss), hat gute Chancen, einen während der Fahrt zu sehen. Sogar die Australier selbst finden den Knuddelbären putzig – was alles andere als eine Selbstverständlichkeit ist. Wir haben viele Einheimische kennengelernt und nicht einen getroffen, der nicht über Kängurus hergezogen ist. Bitte was? Ja, genau! Scheinbar ganz Australien ist angepisst von den doch eigentlich ganz niedlichen Hüpfdingern. Wir hier in Deutschland finden die Viecher super. Weil sie das Sinnbild für Australien sind, einem Sehnsuchtsort, um dem tristen Alltag zu entfliehen. Kängurus bedeuten Freiheit. Ferne. Ferien. Nicht so Down Under. Da sind das Mistviecher. So unterschiedlich kann man ein und dieselbe Sache sehen. Warum sind die Kängurus so unbeliebt? Es gibt einfach viel zu viele davon, meinen die Australier. Eine Plage. Besonders auf längeren Fahrten – und es gibt richtig lange Straßen hier, riiiiiiiiiiiiiiiichtig lange – kommt es regelmäßig vor, dass einem die ach so kauzigen Kängurus vor die Karre hüpfen. Regelmäßig heißt nicht etwa mal alle zwei Jahre eins, sondern alle hundert Kilometer drei bis elf. Genug, um den gemeinen Australier ausrasten zu lassen. Nicht wenige Kühlergrills haben schon Bekanntschaft mit einem Känguru gemacht. Wir kennen das, wenn uns im Herbst oder Winter Rehe vors Auto springen. Verständlich also, wenn die Aussies keinen Bock auf ihre Kängurus haben. Da geht es den Koalas besser. Jeder mag sie. Schließlich springen die auch nicht vors Auto. Die sind zum Knuddeln knuffig!

Auf unserer mehrtägigen Autotour sehen wir zu Beginn nicht sooooo viele Kängurus. Wir haben sie alle gezählt: null. Dafür sind die Städtenamen einigermaßen lustig. Weil es uns in Wollongong nicht so gefällt, fahren wir weiter nach Ulladulla. Wir kommen durch Bodalla und Traralgon, bis wir an Melbourne vorbei endlich Torquay erreichen, wo ein überdimensionales Schild den Beginn der Great Ocean Road markiert.

Von da an starren wir unterwegs die ganze Zeit wie bekloppt in die Bäume. Es heißt, dass man im Geäst dieser Straße Koalas sehen könne. Das gilt, wie wir feststellen, jedoch nicht für die kompletten 243 Kilometer, die wir hier runterschrubben wollen. Es gibt Regionen, ausgewählte Wälder, in denen tatsächlich die niedlichen Bärchen rumhängen. Einfach so. Faul, wie sie sind. Ich habe mir das Wissen übrigens nur angelesen und von anderen erzählen lassen – *selbst habe ich keinen einzigen Koala gesehen*. Ich muss ja fahren. Und mich hin und wieder doch mal auf die Straße konzentrieren. Während Bärbel plötzlich aufschreit: »Da! DA! Daaaaaaaaa ist einer. Nein – *viele*!!« Leider kann ich in diesem Moment die Augen nicht vom Verkehr lassen, muss einen Nu warten. Kurz darauf aber schnellt mein Blick in den Baum. Nichts. Ätzende Äste und Blätter. Kein Koala. Böse gucke ich Bärbel an.

»Neee, in dem davor«, sagt sie.

Bis heute weiß ich nicht, ob sie tatsächlich Koalas gesehen hat oder mir einfach was voraushaben will. Sie weiß, wie sehr ich drauf stehe, solche Tiere in echt zu sehen.

Zum Glück hat die Gegend deutlich mehr zu bieten als nur die vermeintlichen Koalas. Erst mal ist die Aussicht nicht ganz ohne, erinnert tatsächlich ein bisschen an den kalifornischen Highway No. 1. Besonders gefällt uns die Ecke um Apollo Bay. Da lassen wir uns von unserer Hotelrezeptionistin beraten, welches Restaurant sie hier empfehlen könne. Überraschenderweise sagt sie, der schlichte Seafood-Imbiss hätte den besten Fisch. Dabei ist die ganze Fressmeile gespickt mit schicken und teuren Restaurants. Aber der Schuppen, der aussieht wie eine Fast-Food-Kette und »Apollo Bay Seafood Café« heißt, soll der letzte Schrei sein. Mit unserer Portion Fish and Chips setzen wir uns an den Strand und ... tatsächlich! Das Zeug ist super.

Wahrscheinlich auch wegen des guten Fish and Chips bleiben wir zwei Nächte, starten von hier aus unsere Tour zu den berühmten acht oder neun Zwölf Aposteln. Also, es heißt »Zwölf Apostel«. Es waren mal neun, sind jetzt nur noch acht. Verwirrende Logik. Die »Twelve Apostel« sind Kalksteinformationen im Meer, direkt vor der steilen Küste. Könnte auch in Portugal sein, ist aber an der Great Ocean Road. Die mit den Koalas.

Besonders im Sonnenauf- und -untergang sollen die Felsen hier toll aussehen. Ist wahrscheinlich so ein Mumpitzmythos wie die Koalas auf der Great Ocean Road. Denn wir haben hier grad keine Sonne. Und die Wolken zaubern keinen magischen Schimmer an diesen ach so besonderen Ort. Die Felsen sollen nach dem »Ayers Rock« die zweitmeistfotografierte Touriattraktion des Kontinents sein. Offensichtlich nur an sonnigen Tagen.

Auf dem Weg zurück zum Auto sehen wir dann endlich unser erstes Känguru. In einem kleinen Busch, nur zwei (meiner) Armlängen von uns entfernt, hat es sich versteckt, raschelt aber zu auffällig. Also glotzen wir uns gegenseitig an, das Viech hält meinem Blick nicht stand, hüpft einfach tiefer ins Dickicht, wir ins Auto. Ab auf die Wild Dog Road Richtung Melbourne, wo wir den riesigen Wagen leider wieder abgeben müssen. Genau an dieser Straße erschlagen uns die Kängurus! Beim ersten halten wir noch an, versuchen auszusteigen, ohne das Hoppelding zu verscheuchen. Picture Time! Bei den folgenden achthundert können wir langsam verstehen, wie man von ihnen gelangweilt oder sogar genervt sein kann. Zum Glück hüpft uns keiner vor den Kühlergrill. Eine echte Plage. Anders als die Koalas. Hab ich gehört.

## Der Riese wird von der Insel geschmissen
*(South Sea Island, Fidschi)*

»Bula.« Was fast so klingt wie der Bär aus dem *Dschungelbuch* ist auch ähnlich entspannt. »Bula.« Ein Wort, das alles sagt. Dahinter verbirgt sich ein ganzes Land, eine Mentalität. Das ist Fidschi, bedeutet übersetzt »Hallo« und heißt zugleich einen Gast herzlich willkommen. Außerdem aber bedeutet es »Leben«. Oder auch etwas freier übersetzt: »Das Leben ist schön.« Muss man noch mehr über die Fidschianer und deren Lebenseinstellung wissen? Wenn Männer in pinken Röcken und Blumen im Haar dir lächelnd »Bula« wünschen, weißt du, dass du eigentlich gar nicht mehr zurückmöchtest. Wohin auch immer.

Ein Freund sagte mir damals bei der Vorbereitung auf die Reise: »Wie stellst du dir Fidschi vor? Und genauso ist es auch.« Er sollte recht behalten. Jeder Gast wird mit der Klampfe am Strand empfangen und verabschiedet. Kein Klischee, sondern die nackte, wunderschöne Wahrheit.

Zehn Tage sind Bärbel und ich auf Fidschi, zehn Tage Urlaub von der Reise. Das haben wir im Landeanflug auf Nadi auch genau so besprochen. Wir machen hier Urlaub, keine Abenteuerreisen. Strand und Sonne und so. Vielleicht mal ein Angel- oder Tauchausflug (hahaha, sicher nicht!), aber das entscheiden wir spontan nach

Lust und Laune. Die Ankunft am Flughafen allerdings ist nicht ganz so, wie wir uns das von Fidschi erwartet hatten. Die Sonne scheint gar nicht!? Bärbel und ich sind nur einmal im Leben auf Fidschi – und die Sonne versteckt sich vor uns?!!? Schlimmer noch: Hinten am Horizont ziehen dunkle Wolken auf. Was geht denn hier ab? Freches Fidschi. Da kann ich im Winter ja gleich in Berlin bleiben. Ok, es ist wenigstens angenehm warm.

»Offiziell ist hier gerade Regenzeit. Da sind solche Wolken ganz normal. Gleich wird es regnen«, sagt uns der Kellner, bei dem wir ein kleines Frühstück bestellt haben, während wir auf unsere Fähre warten. Wolken und Regen – solche Vokabeln gibt's auf Fidschi?

Nach dem kleinen Snack fahren wir Boot. Knapp zwanzig Minuten, dann sind wir da. Fast. Bärbel und ich klettern von dem großen Katamaran auf ein kleines Motorbötchen, welches uns bis zum Strand unserer ersten Insel-Hopping-Station bringt: South Sea Island. Exakt in dem Moment, als wir von dem riesigen Kutter auf das Bötchen umsteigen, beginnt die diesjährige Regenzeit. Die Schleusen öffnen sich, ein Wolkenbruch, der den Namen verdient hat. Wir fahren zwei Minuten bis zum Strand, klettern aus der Nussschale, flüchten über den Strand in die Unterkunft ins Trockene. Komplett durchnässt. Alles trieft, sogar die Unterbuchse. Weit und breit kein Bula. Oder die versprochene Klampfe am Strand. Die Angestellten versuchen, unser Gepäck mit Plastiktüten geschützt möglichst trocken ins Trockene zu bringen. Ohne großen Erfolg, die haben hier offensichtlich kaum Erfahrungen mit Regen. Na, dann mal herzlich willkommen auf Fidschi!

»Findest du den Regen hier jetzt auch spitze?«, frag

ich Bärbel bockig. Ich erinnere mich noch sehr gut an den Doubtful Sound in Neuseeland.

»Quatsch, wir sind auf Fidschi, ich will Sonne.«

Na, da sind wir ja schon zwei. Zum Glück dauert der erste Regen nur knapp 'ne halbe Stunde. Danach beruhigt sich alles wieder. Wetter und Gemüter. Endlich: Die Sonne scheint scheinheilig. Ich darf's vorwegnehmen: Während unserer zehn Tage auf Fidschi werden wir noch zweimal Zeugen solcher Wolkenbrüche. Die sind nicht ohne. Ein Phänomen: Hier in der Südsee fotografieren die Touris nicht nur den blauen Himmel, sondern auch die Wolkenbrüche. Sollen sie. Wir jedenfalls wollen uns dann mal dieses South-Sea-Gedöns genauer angucken.

Dieser Sandkasten von Insel ist in etwa so groß wie eine Familienpizza. Ok, vielleicht wie eine große Familienpizza, aber das bisschen, was da aus dem Ozean ragt, ist wirklich nicht fürs Wacken-Open-Air geeignet. Selbst wenn ich (Rechtshänder) mit links einen Stein werfen würde, ich würde ihn locker vom einen Strand bis auf den gegenüberliegenden schleudern können. Ein Spaziergang einmal rund um die Insel dauert keine fünfzehn Minuten – inklusive Cocktailpause an der Bar.

Auf der Mini-Insel steht das Hauptgebäude, in dem sich der einzige Schlafsaal mit etwa fünfzig Betten befindet, dazu Badezimmer, der Aufenthaltsraum und die Bar. Hinterm Pool gibt's noch 'ne Art Kinderparadies – das ist aber eher ein Dach über den ganzen Spielsachen als ein richtiges Gebäude. Die Tauchschule und die Unterkünfte für die Bediensteten sind auch noch richtige Gemäuer. Das war's. Zwischen den Bäumen und Palmen sind Hängematten und riesige Tücher gespannt, der Pool ist nicht überdacht. Der Grill hingegen schon.

Prioritäten richtig gewählt. Überall stehen Liegen am Strand, manche unter einem Pavillon. Im Wasser liegt ein Boot vor Anker, in dem man die Unterwasserwelt Fidschis bestaunen kann. Ein Überwasser-U-Boot. All das zu erkunden dauert keine zwanzig Minuten – inklusive Strandspaziergang.

Nach unserer Erkundungstour sind unsere Klamotten fast schon wieder trocken, die Sonne meint es gut mit uns. Und nicht nur die: Gut gelaunte Resortmitarbeiter winken Bärbel und mir zu, wir sollen doch mal an die Bar kommen, wo schon ein paar andere Gäste rumlungern. »Hey Mann, für dich ist die Insel ja noch kleiner als für uns«, prustet einer mit Blume im Haar heraus und klopft mir auf die Schulter. Alle lachen, aus Höflichkeit auch Bärbel und ich. »Ach Quatsch. Kleiner Scherz. Schön, dass ihr hier seid. Habt ihr Lust auf einen Cocktail aufs Haus? Weil's so viel geregnet hat und weil wir euch deswegen nicht so herzlich begrüßen konnten.« Ein Cocktail aufs Haus, weil's geregnet hat? Gibt's die Bar auch in Berlin?

Wäre ganz schön unhöflich von uns, den jetzt abzulehnen. Klar, her damit! Leicht angeschwipst kommt das richtige Fidschi-Feeling sicherlich schneller auf. Bärbel steht auf Cocktails, das ist ihr Getränk. Und weil wir gerade in so geselliger Runde zusammenstehen, frage ich: »Wo sind denn die ganzen anderen Gäste, oder kommen noch welche an heute?«

»Neee, ihr seid alle. Ist ja grad Regenzeit, da sind wir nicht komplett ausgebucht«, verrät mir der Typ hinter der Bar, während er unsere Getränke dekoriert. Ich zähle mal schnell durch: neun. Wir sind neun Gäste. Ist dann ja fast eine Privatinsel hier für uns.

Das spendierte Schirmchengetränk hebt die Laune. Und weil wir schon so nett hier zusammen rumstehen, schmeißen wir alle gleich noch einen Cocktail hinterher. Ortszeit 11.30 Uhr. Bula! Leicht einen sitzen schmieden Bärbel und ich Pläne für den heutigen Tag. Aktivitätsangebote gibt's ja wie Sand am Meer (Budummm-Tschschsch): in den Pool hüpfen, um die Insel laufen, lesen, auf einer Liege liegen, aufs Meer gucken, ausruhen. In der Reihenfolge wollen wir das auch abhaken – sehr nach meinem Geschmack. Noch während wir alle an unserem zweiten Cocktail arbeiten, fängt das Personal an, den Tisch zu decken und den Grill anzuschmeißen. Großartig! Logischerweise sind alle Mahlzeiten hier inklusive – wo soll man auch sonst was zu beißen herbekommen? Beim Mittagessen sitzen wir alle also angenehm aus der Kurve geschüsselt am Tisch und freuen uns, dass wir auf dieser winzigen Insel sind.

Immer an unserer Seite: ein bunter Cocktail. Jedes Mal, wenn ich zu Bärbel rüberschaue, hat der eine andere Farbe. Am Cocktailglas macht ihr niemand was vor, da ist sie eine Große. Schirmherrin auf Fidschi. Ist das ein Ausbildungsberuf? Das Mittagessen holt mich wieder ein bisschen ins Leben zurück. Eine andere Deutsche guckt mich schräg an, als ich mir ein Glas Wasser einschenke. »Wegen der Sicherheit«, sage ich und lache. Sie hat wohl noch einen Stock im Allerwertesten oder ist humorresistent. Sie fragt: »Wegen welcher Sicherheit?« Ok. Lassen wir das.

Nach dem Mittagessen zieht es Bärbel und mich wieder an die Bar. Sie bestellt zwei Cocktails, wir blödeln mit dem Barkeeper rum, andere Gäste gesellen sich dazu. Hoch die Gläser! Nach einer weiteren Runde brauchen wir aber mal eine Auszeit, Bärbel und ich verabschieden uns Richtung Strand. Während wir konzentriert auf einer Liege liegen, gehen uns die Drinks aus. Wollen wir das? »Loll ich us no szwei holn?«, frage ich Bärbel. Beim Blick rüber merke ich: Die pennt. Soll ich dann also nur einen holen? Beantworten kann ich die Frage nicht mehr, denn ich schlafe bei den anstrengenden Gedanken auch ein. Zum Glück liegen wir im Schatten. Gutes Leben!

Wir werden wieder wach, weil das Pack an der Bar so laut ist. Als sie bemerken, dass der Lange und die Kurze sich auf ihren Liegen bewegen, rufen sie uns zu sich rüber. »Die ganze Insel ist hier an der Bar versammelt, da könnt ihr doch nicht fehlen«, bölkt der Barkeeper. Überredet! Beim Aufstehen merke ich, dass ich doch noch nicht ganz nüchtern bin. Aber was soll's, hab ja heute keine Termine mehr. Bärbel und ich schleppen uns an die Theke und bestellen zwei Cocktails, damit wir nicht die Einzigen in der Runde sind, die kein Glas in der Hand halten. Das wäre ja wieder unhöflich. »Cheers!« Hoch die Schirmchen. Wie sich rausstellt, kommen die anderen Gäste aus allen Ecken der Welt. Neuseeländer sind dabei, US-Amerikaner, Israeli und Kanadier, Deutsche, dazu die ganzen Fidschianer, die hier arbeiten. Ein wunderbarer Haufen, der mit jedem Drink lauter und bunter wird. Ach, was soll's: »Ich nehm noch einen Schirmchensaft.« Und es wird immer besser: Gleich gibt's Abendessen. Schlafen, essen, trinken, essen. *Hicks.* Perfekt.

Der Grill wird wieder vorbereitet, während wir uns fleißig die Cocktails reinstellen. Was für eine großartige Stimmung – und wir sind noch keine zwölf Stunden hier. So langsam kann ich aber nicht mehr stehen, so sehr hab ich einen sitzen.

»Spielst du eigentlich Basketball?«, fragt einer. Klassiker. Wenn ich das mit einem schlichten Ja beantworte, entsteht ein völlig falsches Bild von mir. Einige glauben dann, ich würde zusammen mit diesem Nowitzki spielen. Andere fragen mich, ob ich gut davon leben könne. Dabei ist in Wirklichkeit der Ball nicht mein Freund. Ich zocke nur ein bisschen Basketball, damit ich mich wenigstens hin und wieder mal bewege. So wie halb Deutschland Fußball spielt, aber nur die oberen Tausend davon leben können. Also ist mittlerweile meine Standardantwort: »Ja, aber in einer Liga, in der wir nicht absteigen können.« Der Fragensteller ist dann meist enttäuscht. Wie, du bist mit deiner Größe kein reicher Basketball-Profi? Dazu der »hey, das macht doch nichts«-Blick in meine Richtung. Ich weiß! Aber was soll das? Wer groß ist, muss also nach deren Theorie automatisch gut Basketball spielen können? Wer klein ist, ist doch deswegen auch nicht automatisch ein Weltklasseturner. Na ja. Ich mach mir da schon lange nichts mehr draus. Ich bestell mir noch einen »Long Island Orgasmus on the Beach« und setz mich zu den anderen Turnern an den gedeckten Tisch, wo Bärbel schon wartet.

»Alles ok?«, fragt sie mich leise.

Ich nicke nur kurz: »Basetall.«

Sie lächelt und zwinkert mir zu, bevor sie mit ihrer Sitznachbarin weiterquatscht.

»Füh su di no nüchtern?«, flüster ich ihr laut ins Ohr.

»Ja, alles prima. Geht's dir auch gut?«

»Kla naro!«

Es gibt Fisch und Fleisch, dazu am Buffet Salat und gegrilltes Gemüse. Nahrung für mein Sprachzentrum. Ich stopfe mir viel Brot rein, das hilft beim Ausnüchtern. Oder macht mich zumindest nicht noch betrunkener. Dazu kippe ich Wasser rein. Wegen der Sicherheit. Unter freiem blauem Himmel. Läuft. Gegen Ende des Mahls muss ich mich dringend kurz zum Klo verdrücken, als ein Mann, der bislang noch nicht in Erscheinung getreten ist, mich bittet, noch einen Moment sitzen zu bleiben. Ernsthaft? Jetzt? Ein schlechter Zeitpunkt zum Warten, meldet meine Blase. Aber ich versuch's. Auch aus Höflichkeit.

Irgendwie wirkt der Typ nicht so entspannt. Hatte wohl noch keinen Schirmchendrink heute. Er trägt auch keine Blume im Haar. Was ist denn mit dem los? »Könnte ich einmal bitte eure Aufmerksamkeit haben«, unterbricht er die trunkselige Stimmung am Tisch. »Ich möchte euch nur kurz darüber informieren, dass ihr alle morgen auf eine andere Insel gebracht werdet. Es gibt hier Frühstück, dann fahren wir gemeinsam rüber, und abends geht's wieder zurück. Um 9.30 Uhr ist Abfahrt.« Rummms! Der sitzt. Kein Wunder, dass der keine Blume im Haar hat. Der Typ mit den schlechten Nachrichten ist nicht so das Party-Animal.

»Hä? Wie Abfahrt? Was denn für eine Insel? Und wer alles?« Oha. Die Deutsche ist wohl nicht so die hellste Kerze im Cocktail. Viel Erfolg, ihr das alles zu erklären, denke ich heimlich. Die meisten anderen am Tisch sind ein bisschen irritiert, einige schocknüchtern, andere schnauzen einfach mal drauflos. »Was soll das denn?« »Das können Sie doch nicht machen, wir haben hier zwei Nächte bezahlt.« »Wir wollen hierbleiben. Frechheit.« Das ganze Programm. Mit besonnenen Gesten versucht der Blumenlose das aufgebrachte Volk zu beruhigen. »Das ist alles kein Problem, es kostet Sie nichts, und Sie dürfen alles kostenlos in dem anderen Resort auf der anderen Insel nutzen.«

»Was kostet nichts?« Oh. Mann.

Ich bin aber zu egal, dass mir das betrunken ist. Bevor ich platze, geh ich jetzt mal eben besser zum Klo. Ich stütze die Hände auf den Tisch, schiebe die Bank ein bisschen zurück und richte mich auf. Mit großen Augen macht der Fidschi-Fuzzi mit den schlechten Nachrichten ein, zwei Schritte zurück und signalisiert mir, ich solle mich beruhigen. Meine Geste Richtung Klo und das »Ich muss mal« erleichtert ihn. Hatte er etwa ernsthaft Schiss, dass ich ihm eine kleben oder seinen Kopf in den Sand stecken würde? Ich find's amüsant. Aber ich bin ja auch stark alkoholisiert.

Als ich wieder erleichtert an den Tisch zurückkehre, ist die Diskussion im vollen Gange. Die Deutsche sitzt immer noch mit dem Fragezeichen auf der Stirn am Tisch, ich lass mich von Bärbel auf den neusten Stand bringen: »Also, ein paar hier wollen nicht weg, weil morgen ja der einzige Tag ist, den wir komplett auf der Insel sind. Aber, das meinte der Typ zumindest gerade, es gibt gar keine andere Wahl. Irgendwer hätte die Insel für einen Tag gebucht, und wir müssen alle runter.« »Aha.« *Hicks.* Krass, dass Bärbels Sprachzentrum nicht an den Alkoholkreislauf gekoppelt ist. »Un was denksu drüber?«, will ich von ihr wissen.

»Na ja, wir bekommen kostenlos eine andere Insel zu sehen, haben da morgen Mittag Büffet und kommen abends wieder zurück. Ich find's ok.«

Na, dann finde ich's auch ok. Echt jetzt, an welchem Fidschi-Strand ich morgen ausnüchtere, ist eigentlich egal. Da mach ich jetzt kein Fass auf. »Ich hätt gernoch 'n 'ier«, rufe ich zur Bar rüber. Vielen Gästen ist die Trinklaune abgesoffen, mir eher nicht so. Über den hitzigen Köpfen entdecke ich kleine Gewitterwolken. Stunk im Paradies. »Es ist eine Frechheit, uns das erst beim Abendessen zu erzählen«, pöbelt die New Yorkerin. Das kann ich nachvollziehen. Tatsächlich hätte das Management das etwas eher kommunizieren können. Bringt aber alles nichts. Offensichtlich zahlt die Gruppe, die die Insel für einen Tag gebucht hat, so gut, dass es keine Kompromisse gibt. Allerdings wird es morgen auch keinen Alkohol hier mehr geben, so wie wir bechern. Ha, unsere stille Rache an den Reichen! Ändert aber nichts. Wir müssen ausnahmslos alle runter, das kapiert sogar die Deutsche irgendwann. Na dann, Prost!

Am nächsten Morgen stelle ich fest, dass sogar der Kater im Paradies entspannter ist. Ein bisschen Kopfschmerzen, die aber schnell weg sein sollten, wenn ich gleich mal zur Sicherheit Wasser trinke. Und Bärbel? »Alles gut. Ich hab super geschlafen, bin fit.« Wundert mich nicht. Gegen Cocktails scheint sie immun zu sein. Dann kann der zweite Fidschi-Tag ja losknattern. Kotzen, duschen, Frühstück.

Anschließend tuckern wir alle – die einen mehr, die anderen weniger schmollig, ein paar deutlich verkaterter als ich – rüber nach Mana Island. Keine Überraschung, dass die Insel größer ist als South Sea. Wir bekommen eine kurze Resorteinweisung vom lustigen Joe, der sogar die Schmollfressen wieder zum Grinsen bringt. Fidschianer eben. Vielleicht liegt's aber auch einfach an seiner Blume am Ohr. Wir wissen auf jeden Fall jetzt, wo es mittags das Essen gibt, wo wir schnorcheln gehen können und wo der Pool ist. Infinity-Pool selbstverständlich. Also die Dinger, die scheinbar mit dem Horizont verschmelzen. Schreit nach einem endguten Tag. Fazit: Beim Schnorcheln blaue Seesterne getroffen, großartiges Essen im Restaurant, das sich in einem Gebäude befindet, welches so groß ist wie ganz South Sea Island. Der Infinity-Pool war auch nicht ganz schlimm, der Sonnenbrand hält sich im Rahmen. Heute haben Bärbel und ich allerdings die Schirmchendrinks mal weggelassen.

Als wir abends mit dem Bötchen wieder nach Hause fahren, treffen wir die anderen Gäste von South Sea Island wieder. Den ganzen Tag hatten wir keinen Kontakt, sind uns in dem riesigen Resort nicht über den Weg gelaufen. »Nicht mal dich haben wir gesehen. Hahahahaha«, versucht der Kanadier lustig zu sein und deutet auf mich.

»Ich hab auch fast die ganze Zeit gelegen.« Brüller meinerseits. Ich merke schon, wir sind alle wieder einigermaßen gelaunt und stellen fest, dass es eine gute Sache war, eine andere Insel kennenzulernen. Ein Highlight wartet sogar noch auf uns. Zum Abendbüffet gibt es heute eine traditionelle Tanzaufführung von Original-Fidschianern. So stell ich mir einen Tag im Paradies vor – selbst wenn wir von einer Insel geschmissen werden. Bula!

# Die Hai-Attacke

*(Waya Island, Fidschi)*

Haie fressen Menschen. Das weiß jedes Kind. Zumindest bekommen das die meisten eingetrichtert. Auch ich gehöre zur Generation *Der weiße Hai*. Spätestens seit dem Film ist ja klar, dass durchschnittlich mehr als jeder zweite Mensch, der im Meer schwimmt, gefressen wird. Von einem Hai. Internetvideos und bearbeitete Fotos sowie Berichte der Boulevardpresse unterstreichen das: Schwimmen im offenen Meer – und sei es nur fünf Meter vom Strand entfernt – ist so gut wie sicher tödlich. Haie sind überall und immer hungrig, Menschenfleisch gehört sowieso zu deren Lieblingsspeise. So in etwa habe ich knapp 36 Jahre lang gedacht. Ich hatte Angst, im offenen Gewässer zu schwimmen. Super Idee also, das Tauchparadies Fidschi zu besuchen? Jepp, finde ich auch. Im »Octopus Resort« auf der Waya-Insel könne man hervorragend tauchen, heißt es. Unglaubliche und total seltene Fische könne man da beobachten. Aha. Na wunderbar. Für euch lebensmüde Taucher. Das könnt ihr ja alle machen. Geht ihr nur tauchen! Aber eines sag ich euch gleich: Ich rette euch nicht aus den Zähnen der Haie. Zum Glück kann man hier in Fidschi auch noch andere tolle Sachen machen. Zum Beispiel am Strand liegen. Da kommen meine Stärken ins Spiel.

Üblicherweise kommt man in so einem Resort schnell

in Kontakt mit den anderen Gästen. Besonders während der Mahlzeiten im Restaurant. Zweiertische gibt es so gut wie keine, meistens nur zum Frühstück. Man tauscht sich aus (»Wo kommst du denn her?«, »Darf ich fragen, wie groß du bist?«), bespricht das bislang Erlebte und das, was noch vor einem liegt. Die Gespräche sind echt alle ziemlich gleich. Hauptsächlich aber wird ausgerechnet hier pausenlos über das Tauchen geredet. Es dauert keine zwei Abende, da wissen alle Gäste Bescheid: Der lange, schlaksige, behaarte Deutsche ist ein Schisser. Der geht nicht tauchen. »Du bist doch ein Mann wie ein Baum – und hast Angst vor Haien? Hahaha!« Ein Mann wie ein Baum. Hätte ich jedes Mal, wenn ich das höre, hundert Euro bekommen, würde ich nicht auf Fidschi Urlaub machen, sondern hier wohnen. Und im Übrigen: Auch Bäume haben Gefühle!

Am zweiten Abend passiert es. Die Leute an unserem Nachbartisch winken mich hektisch zu sich herüber. Alle acht, die dort eigentlich zu Abend essen sollten, haben auf einmal ganz große Augen, die meisten wedeln mit ihren Händen in der Luft herum und signalisieren mir, ich müsse sofort alles stehen und liegen lassen und zu ihnen an den Tisch kommen. Ich entschuldige mich kurz bei Bärbel und den anderen und gehe zu den Nachbarn rüber. Nichts ahnend. Die meisten sind etwa Mitte zwanzig, schätze ich. Ein Blick in die Gesichter der Runde sagt mir, dass mich gleich eine Hammergeschichte erwartet. Alle grinsen und gucken mich voller Erwartung an. Was zum Teufel …

»Setz dich endlich hin und hör dir die Geschichte von ihm an.« Holländerin Beeke ergreift als Erste das Wort, ist dabei ein bisschen aufgeregt. Sie deutet auf den

Typen am anderen Ende des Tisches. Jetzt fällt er mir auf: Norweger Tore ist der Einzige in der Runde, der mich nicht anguckt, sondern mit einem Grinsen seinen Blick schüchtern zur Seite lenkt. Mich peitscht die Neugier. »Ok. Sag an, was ist hier los?«

Tore grinst – und erzählt: Tatort Thailand, Kitesurfen. Das ist dieses Dingen mit dem Segel. Also, quasi wie Windsurfen. Nur, dass die Füße auf dem Bord fixiert sind, das Segel da oben in der Luft rumflattert und der Surfer eine Stange in der Hand hält, an der das Dingen befestigt ist. Wie wenn man einen Drachen steigen lässt. Mit so einem Dingsbums war Tore also in Thailand unterwegs. Auf dem Meer. Das Board unter seinen Füßen, das Segel im Wind.

Plötzlich ein stechender Schmerz! »Das war brutal, als ob sich Rasiermesserklingen in mein Bein rammen«, sagt er. »Ich gucke nach unten und sehe, wie sich ein Hai in meinem Bein festbeißt.« Entschuldigung? Bitte *w a s*?!?

Ein Riesenschock! In Thailand für Tore, auf Fidschi für mich. »Er lässt einfach nicht los. Also habe ich ihn geschlagen, hab ihm mit der Faust in sein Gesicht geprügelt. Mit der einen Hand hab ich das Kitesegel krampfhaft festgehalten, mit der anderen versucht, den Hai zu verkloppen, damit er endlich loslässt.« Vergebens. Tore schildert, wie ihn das Viech nicht loslässt. Die Zähne bohren sich ins Fleisch, beißen sich im Unterschenkel fest. Blut fließt. Das Meer braust, wilde Gischt schäumt auf. Plötzlich eine Windbö, die das Kitesegel samt Tore ein Stück in die Höhe reißt. Und der Hai? Hängt am Bein, wird aus dem Wasser gezogen. Noch immer prasseln Tores Faustschläge auf das Monster ein – und endlich! Als Surfer, Board und Hai noch weiter in die Höhe gezogen werden, lässt der aggressive Angreifer los. Menschen rennen ins Meer, eilen sofort zu Hilfe. Das Wasser rot gefärbt. »Am Strand kamen dann erst die echten Schmerzen. Vorher war das eher harmlos im Vergleich«, sagt Tore. Der Unterschenkel blutet und brennt. Die vielen kleinen Wunden klaffen. »Mir wurde schwindelig, ich hab Sterne gesehen und dann nichts mehr. Ich bin bewusstlos geworden.«

Da sitzt also dieser kleine Norweger auf einer der Fidschi-Inseln beim Abendessen – und tischt *ausgerechnet mir* diese krasse Hai-Horror-Geschichte auf. Alle anderen gucken mich noch immer voller Erwartungen an. Wie wird der Riesen-Schisser wohl reagieren? Der Hai-Angsthase aus Deutschland. Langsam schnall ich es – bis es klickt macht: natürlich! Die Geschichte ist komplett ausgedacht. Ich fange als Einziger an zu lachen, winke ab. »Ja, ja, ist klar! Das stimmt ja von vorne bis hinten nicht. Da habt ihr …« Tore steht auf, stellt sein Bein auf den Stuhl und zeigt auf seinen Unterschenkel. Ich erstarre zur Salzsäule, traue meinen Augen nicht. Gesichtsfarbe entweicht, Züge entgleisen. Heidewitzka. So etwas kenne ich eigentlich nur von bearbeiteten Bildern aus dem Internet. Hai-Biss-Narben. *Un. Fass. Bar.* Das perfekte Gebiss des Hais, verewigt in Tores Unterschenkel. Ich krieg die Tür nicht zu! Den Mund auch nicht. Mittlerweile ist aus dem Grinsen der Tischnachbarn ein Gelächter geworden. Ich bin der Einzige, der nicht lacht. Beeke wischt sich die Tränen aus den Augen, klopft mir auf die Schulter und fragt, wann ich denn jetzt meine erste Tauchstunde nehmen würde. Das Gelächter wird lauter. Und ich krieg meinen Mund immer noch nicht zu! Mittlerweile grinst sogar der Norweger, lächelt mich skandinavisch nüchtern an. Große Gefühlsausbrüche am gesamten Tisch.

Später, an der Bar, erzählt er mir, dass er drei Tage im Krankenhaus bleiben musste. »Der Unfall ist jetzt knapp zwei Wochen her. Meinen Eltern zu Hause in Norwegen hab ich davon noch nichts erzählt«, verrät er mir. Am liebsten würde er auf die Anekdote verzichten – so krass gut sie auch sei. Aber die Schmerzen seien doch unbeschreiblich gewesen, auch noch im Krankenhaus.

»Was war das denn eigentlich für ein Hai«, will ich wissen.

»Das weiß keiner. Auch nicht, warum er mich angegriffen hat. Wahrscheinlich war das ein Weibchen, das ein Junges verteidigen wollte, haben mir die Leute erzählt.« Dann verspricht mir Tore: »Eines Tages werde ich wieder Kitesurfen. Ich will wieder raus aufs Meer.«

»Hast du denn nach diesem krassen Erlebnis gar keine Angst vor Haien?«

»Nein«, antwortet er trocken.

*Bitte was?* Der Typ, der von einem Hai angegriffen, angeknabbert wurde, hat keinen Schiss vor den Todesmaschinen? Klar, er ist jünger als ich – aber *Der weiße Hai*, den muss er doch gesehen haben! Ändert nichts.

»Respekt habe ich vor den Tieren, ja. Aber keine Angst. Und ich hab richtig Bock, wieder kiten zu gehen«, sagt Tore.

Das hat mich beeindruckt. Auch Bärbel fand die Geschichte außergewöhnlich. Und was macht die? Die. Will. Tauchen. Zum ersten Mal in ihrem Leben. Is' klar. Gequält lachend schüttel ich den Kopf, winke ab und genieße weiter Fidschi. Irgendwann aber bekomme ich mit, dass die das ernst meint. Sie hat sich allen Ernstes angemeldet, macht einen Tauch-Schnupperkurs mit. Inklusive Open-Water-Tauchen. Klingt für mich wie der nächste Teil: »Der weiße Hai – Bärbels bitteres Ende«. Nicht so für sie. Na prima, dann kann ich mir also schon mal überlegen, wie ich der Familie die schlechte Nachricht überbringe, dass ich sie nicht vom Tauchen abhalten konnte, sie aber nichts gespürt habe, weil der Biss des Hais so brutal und stark gewesen sei. Mein ganzes Geflehe Bärbel gegenüber von »Es wimmelt hier doch nur so von Haien« und »Hast du Tores Geschichte nicht gehört, seine Narben nicht gesehen???« belächelt sie nur. Ok, sie lacht mich aus. Ihr Tauchlehrer auch. Der will mich überreden, den Kurs mit ihr zu machen. Jetzt lach ich ihn aus.

Während Bärbel also im Ozean gerade die Haie besucht, gehe ich, mutig wie ich bin, schnorcheln – und wage mich weiter raus als gewöhnlich. Damit biete ich den Monstern eine alternative Mahlzeit, sodass sie sich hoffentlich nicht entscheiden können, ob sie lieber Bärbel oder mich fressen wollen, um es dann ganz sein zu lassen. Zugegeben, lange bleibe ich nicht im Wasser. Zu viel Schiss. Und Haie können Angst ja riechen, hab ich mal gelesen.

Ich lege mich aufs Bett, lese und warte. Die Minuten ziehen sich wie Stunden. Wo bleibt Bärbel? Oder kommt Jim vorbei, der Resortmanager, und überbringt mir die Horrornachricht? Da geht die Tür plötzlich auf – und es ist: Bärbel! »Hi.« Sehr witzig. Als sei nichts passiert, stapft sie ins Zimmer, grinst mich an. Insgeheim hab ich ja immer gehofft, dass sie durchkommt. Meine Erleichterung ist riesengroß: *Sie lebt!* Und strahlt. Sofort fängt sie aufgeregt an zu erzählen. Ich versteh kein Wort. Viel zu schnell. Moment. Doch, *ein* Wort habe ich gerade verstanden. Hat sie gerade was von einem »Hai« gefaselt? »Haaaaaaaaaaalt! Stopp! Was hast du gesagt? Ich hab nur ›Hai‹ verstanden...«

»Jepp, ich hab 'nen Hai gesehen.« Rumms!

»Bitte waaaaas? Gott sei Dank lebst du noch. Bist du schwer verletzt?«

»Mein Tauchlehrer hatte eine Tafel unter Wasser dabei. Da hat er draufgeschrieben, dass der Fisch da vorne ein Leopardenhai ist.«

In meinem Kopf wird ein Leopardenhai etwa neun bis dreiundzwanzig Meter lang und ist pfeilschnell, daher der Name. Im wahren Leben ist das etwas anders. So ein Viech wird maximal zwei Meter lang, ist gemustert wie ein Leopard. »Als uns der Hai gesehen hat, hat er vor Schreck ins Meer gepinkelt und ist dann gleich verschwunden«, kichert Bärbel. Angsthai!

Ich muss zugeben: Das, was sie mir da alles so vom Tauchen erzählt, klingt spannend. Und verlockend. Trotzdem: Bin ich bereit, mein Leben zu riskieren, um nicht nur todesmutig an der Oberfläche zu schnorcheln, sondern mal tiefer ins Wasser einzutauchen? Wenn Bärbel das überlebt hat – vielleicht schaffe ich es ja auch. Zumindest komme ich ins Grübeln. Aber da ist ja immer noch die Geschichte von Tore und seinem angeknabberten Unterschenkel. Wasser auf die Mühlen meiner Angst.

Als mir zugetragen wird, dass ein anderer Hai-Schisser hier im Resort, der ebenfalls zur Generation *Der weiße Hai* gehört, auch beim Schnuppertauchen war und überlebt hat, gehen mir die Ausreden aus. Hinzu kommt, dass mir immer wieder die Leute einreden, so ein »Kerl wie ein Baum« müsse doch auch mal die Unterwasserwelt erlebt haben. Die Haie hätten ja mehr Angst vor mir als ich vor denen. Das bezweifel ich entschieden. Bärbel redet mir gut zu – die Jungs von der Tauchschule sowieso. Irgendwann bin ich zum einen weichgekocht, zum anderen mehrfach belehrt worden: Haie greifen gar keine Menschen an. Selbst dann nicht, wenn sie hungrig wären. Menschenfleisch steht nicht auf deren Speiseplan. Aha – und was ist nun mit *Der weiße Hai*? Und den ganzen Hai-Toten in dieser Welt? Das seien Unfälle, versichern mir die Jungs von der Tauchschule. Und ein Hollywood-Blockbuster sei ja wohl nicht ernst zu nehmen. Ob ich denn auch an den Grinsch glauben würde? Haie verwechseln Menschen mit anderen Tieren, die in deren Beuteschema fallen. Robben oder Seelöwen zum Beispiel. »Tauchen ist ungefährlicher als Schnorcheln. Denn an der Wasseroberfläche werden Menschen noch eher verwechselt als unter Wasser. Außerdem sterben pro Jahr im Schnitt etwa 2,3 Menschen, weil sie von einem Hai attackiert werden, aber 17 oder 18 an Delfin-Angriffen«, versichert mir ein Tauchlehrer mit Blume im Haar. Was?? Die niedlichen, friedsamen Delfine töten Menschen? »Ja, wenn die sich bedroht fühlen, rammen sie mit ihren spitzen Schnauzen Menschen. Die können dann an inneren Verletzungen sterben.« Aber die lächeln doch immer.

Weil es auf Fidschi weniger Delfine als Haie gibt, sei das Tauchen hier extrem sicher. Dieses ganze Geschwafel – ob es nun stimmt oder nicht – überzeugt mich: Ich melde mich zum gefährlichsten Schnuppertauchen der Welt an.

Aufgeregt, nervös und völlig aufgelöst treffe ich mich

mit meinem Tauchlehrer. Ausgerechnet heute bin ich der Einzige, der todesmutig den Kurs mitmacht. Privatunterricht bei Save. Jawohl, mein Tauchlehrer heißt Save. Kein Scherz! Was soll da noch schiefgehen? Als Erstes packt er mich in dem kleinen Geräteschuppen, was die Tauchbasis sein soll, vor so 'nen alten Röhrenfernseher. »Da, guck!« Zwanzig Minuten dauert der Film, der in den frühen Neunzigerjahren aufgenommen worden sein muss, kurz nach *Der weiße Hai – die Abrechnung*. Ok, am Tauchen hat sich nicht viel verändert, die Physik und das ganze Zeug ist gleich geblieben. Aber einen komischen Effekt hat das verranzte Video trotzdem. So ganz ernst nehmen kann ich das alles gerade nicht. Ist vielleicht auch gut so.

Ich bekomme ein Klemmbrett mit einem Zettel drauf in die Hand geklemmt. »Du musst jetzt die Fragen beantworten. Mach einfach ein paar Kreuze da in die Kästchen, dann passt das schon«, sagt Save. Ein Test? Ernsthaft? Ich versteh nicht alle Fragen, weil ich einige Englischvokabeln nicht kenne. Ist aber kein Problem. Save kennt ja die Antworten und kreuzt diejenigen für mich an, bei denen ich mir nicht sicher bin. Bei der ein oder anderen gesundheitlichen Frage soll ich doch bitte was ändern. Save zeigt auf eine Stelle des Zettels: »Mach mal bitte lieber hier das Kreuzchen, sonst müssen wir erst einen Arzt holen, der dich untersucht, und das dauert. So lange darfst du nicht tauchen.« Auf Saves Hinweis kritzel ich einige Kreuzchen weg und setz die in andere Kästchen. Perfekt. Ich habe bestanden! Gar nicht so schwierig.

Jetzt aber ab in den Pool. Zum Glück passen mir die Tauchklamotten. Save zimmert mir noch die Sauerstoffflasche auf den Rücken, drückt mir 'ne Brille ins Gesicht und behängt mich mit Gewichten. Verstehe. Zu viel Fett. Zu viel Auftrieb. Im Pool lerne ich, wie man unter Wasser die Brille auspustet – für den Fall, dass da Wasser reinkommt. Kinderspiel! Dann noch das Atemstück unter Wasser aus dem Mund nehmen, wegwerfen, wiederfinden, zurück in den Mund. Fertig! Jetzt dreh ich noch zwei Runden im Pool und tataaaaaa: Ich kann tauchen! Wer hätte das gedacht? Insgesamt dauert das ganze Prozedere keine Stunde, dann packen wir uns aufs Boot und wollen lostuckern. Zufällig steht Tore am Strand. Er winkt uns zu, wünscht viel Spaß. Ein gutes Omen?

Wir fahren knapp fünf Minuten, sind aber natürlich trotzdem mitten auf dem Ozean. Mitten im Südpazifik. Klar, ich sehe unseren Strand, unsere Hütte und sogar Tores Haibiss-Narben von hier aus noch. Aber das ändert sich gleich, denn dann gehe ich zum ersten Mal in meinem Leben auf Tauchstation. Wo ist die Komfortzone, wenn man sie braucht?! Save lässt sich rückwärts ins Wasser fallen. Ich ebenfalls. Jetzt geht's abwärts. Ins Speisezimmer der Haie. Dauert nicht lange, dann sind wir auf etwa acht, neun Metern Tiefe. Krasse! Scheiße! Sieht das atemberaubend aus hier unten. Voll bunt. Die ganzen Algen und Korallen, die ganzen kleinen Fischchen. Und größere Fische. Wahnsinn! Wie ein Blinder, der plötzlich sehen kann, tauche ich mit leuchtenden Augen ein in diese neue, faszinierende Welt. Laut losjubeln kann ich aus Gründen leider nicht.

Jetzt aber mal los, vorwärts. Ich mache einfach alles nach, was Save vormacht. Sicher ist sicher. Beim Dahingleiten die Arme vor der Brust verschränken, langsam mit den Flossen schlagen. Save zeigt mir Nemos (diese

Clown-Fische aus'm Kino) und Korallen, die die Farbe verändern, wenn man sie leicht anstubst. Einen Rochen, große Fische, kleine Fische, bunte Fische, schnelle Fische, dicke Fische. Abgefahren! Das Beste: diese Ruhe unter Wasser. Super! Warum noch mal wollte ich nicht schon früher tauchen? Ach ja. Haie. Apropos: Wo sind denn die Monster? Jetzt will ich auch einen sehen. Ich frage Save mit gekonnter Unterwasser-Zeichensprache, wo denn die Haie hin sind. Er antwortet, ich solle mir zwei Finger ins Auge stechen?? Glaube, ich hab da was falsch verstanden. Egal. Wir sehen keine Haie. Nirgendwo. Irgendwie schade.

Nach nicht mal einer halben Stunde ist meine Sauerstoffflasche leider schon leer. So ein großer Körper braucht eben mehr Sauerstoff, die schnelle Flaschenleerung hat auf keinen Fall etwas mit meiner Aufregung und der hektischen Atmung zu tun. Flasche leer: Grund genug, wieder aufzutauchen. Jetzt ist also das eingetreten, wovon ich niemals geträumt hätte, dass es passiert: Ich war tauchen. Eigentlich müsste ich das mal mit Bärbel zusammen machen. Vielleicht sehen wir ja gemeinsam einen der sanften Räuber, einen dieser wunderschönen Haie, von denen andere glauben, sie seien Menschenfresser. Alles Quatsch! Sagt ja sogar Tore – und der muss es wissen.

## Gießt Schampus auf den Lobster!

*(Waya Island, Fidschi)*

So langsam, aber sicher neigt sich unser Urlaub hier auf Fidschi leider dem Ende zu. Die zehn Tage sind fast vorbei und... Moment mal. Dieses Kapitel wird ordentlich kitschig enden, da soll es auch kitschig anfangen:

Es war einmal ein Urlaub auf Fidschi. Fidschi. Palmen. Sonne. Weißer Strand. Tolles Essen. Angenehme Ruhe. Wundervolle Menschen. Fidschi, die Perle der Südsee. Und das Wetter? Jaaaa, das Wetter. Toll. Klasse. Verliebte Paare verbringen ihren Urlaub hier, ihre Flitterwochen, einige heiraten im Paradies. Da darf eines natürlich nicht fehlen: Abendbrot mit Kerze auf Sand. Besser gesagt: ein romantisches Candle-Light-Dinner am Strand. So etwas bietet hier wirklich jedes Resort auf jeder Insel an – und die Nachfrage ist groß. Damit so ein Candle-Quatsch auch so richtig knallt, sollte im Idealfall der oder die Umgarnte überrascht werden. Ich hab anscheinend zu viele Disney-Filme gesehen, denn auch ich habe den Plan, Bärbel an unserem letzten Abend hier im Paradies mit so einem Bilderbuch- oder besser: Instagram-Essen zu überraschen. So, und wie funktioniert der Schnack jetzt hier im Octopus Resort?

Der Preis haut mich erst mal um. Damit habe ich nicht gerechnet. Ok, ist schon klar, dass die Mahlzeit etwas mehr kostet als der Dönerteller »Salat alles?« mit Käse in Friedrichshain bei uns ums Eck. Aber diese Summe ist schon ordentlich gepfeffert. Das muss ich mir jetzt doch erst mal überlegen. Ok, wirklich lange dauert das Nachdenken bei mir ausnahmsweise mal nicht – kann man einen Preis für ein Überraschungs-Candle-Light-Dinner am Fidschi-Strand überhaupt nennen? Ist so etwas nicht unbezahlbar? Insgesamt wird uns die komplette Weltreise mehr als 30000 Euro kosten. Da geht dieses eine Abendessen ja fast unter. Aber eben auch nur fast. Das Erlebnis natürlich nicht, das bleibt ein Leben lang, is' klar.

Meine Entscheidung steht, wir brauchen einfach dieses Überraschungsdinner. Am nächsten Morgen verrate ich meinen Plan auch sofort Jim, dem Manager des Octopus Resorts hier auf Waya Island. »Bula, Jim.«

»Bula, Mr. Torsten«, begrüßt er mich lächelnd. Natürlich lächelnd. Sogar seine Blume am Ohr lächelt mich an. Er weiß meinen Namen schon, weil nicht selten andere Menschen mich recht schnell wiedererkennen. Ich wünschte, das wäre andersrum auch so. Regelmäßig kommt es vor, dass ich mich völlig Fremden vorstelle, die mir dann sagen, wir kennen uns doch schon. »Weißt du nicht mehr? Damals, die abgefahrene Party bei Bums-Bernd in Bernau? Die mit den selbst gebrannten Shots?« Bei wem? Egal. Mir bleibt dann nicht viel anderes übrig als: »Aaach jaaaaa. Jetzt kommt's wieder. Mensch, toll, dass wir uns wiedersehen. Aber wir haben uns damals nur kurz gesprochen, oder?« »Ja klar. Aber bei deiner Größe hab ich dich schnell wiedererkannt.« Super, und ich steh wie der Spacken hier rum, der weder weiß, wer *du* bist noch wer Bums-Bernd ist. Warum kannst du nicht einen großen Furunkel auf der Nasenspitze haben, dann hätte ich dich auch wiedererkannt. Besonders unangenehm wird übrigens unser Treffen in einem Jahr – wenn ich mich dir wieder vorstelle.

Egal. Ich weiß, wer Jim ist, und Jim weiß, wer ich bin. Eine gute Basis. »Ich habe da einen Plan – und hoffentlich kannst du mir dabei helfen.« Ich erzähle ihm von meinem Vorhaben, ein Candle-Light-Dinner für zwei für morgen Abend zu bestellen. Ob das denn möglich sei.

»Mr. Torsten, es ist mir eine Ehre, das für euch vorzubereiten.« Ja ja, nun übertreib mal nicht. »Welches der drei Dinner darf es denn sein: das normale, die Seafood-Variante oder der Lobster?« Pöbel, Party-Pooper oder Premium? Jim flüstert mir die unterschiedlichen Preise in meine Schulter. Hoppla, ich hatte gestern also nur den Pöbel-Preis gesehen. Aber na gut, dann hau ich gleich auch richtig einen raus, bestelle den Lobster-Luxus. »Am besten machen wir es direkt vor eurem Zimmer, damit ihr das ganz allein und in Ruhe genießen könnt.« Super Idee! »Welchen Wein möchtet ihr denn haben? Oder lieber eine Flasche Champagner vorweg?« Ja, sicher! Her mit der Pulle Schampus, alles rauf auf den Lobster. Perfekt! Der Deal steht. Alles Weitere organisiert Jim. Sagt er.

Am nächsten Tag bin ich ein bisschen aufgeregt. Klappt alles heute Abend? Wird Bärbel Augen machen? Wird sie sich freuen? Ist das ganze Dinner seinen Preis auch wert? Nein, die Frage verdränge ich, rede mir immer wieder ein, dass das Event hier auf Fidschi unbezahlbar ist.

Endlich ist es so weit. Showdown am Abend. Bärbel weiß von nix, da bin ich mir sicher. Sie bemerkt auch nicht, dass ich jetzt maximal aufgeregt bin. Weil heute Freitagabend ist, führen die ganzen Angestellten, alles echte Fidschianer, einen traditionellen Tanz auf. Nachher gibt's traditionelle Küche. Das ist in traditionellen Bananenblättern stundenlang traditionell gekochtes Gemüse, dazu traditionell viiiiiel Fisch. Natürlich nicht für Bärbel und mich – aber das weiß sie noch nicht.

Alle Resortgäste versammeln sich in der Dämmerung am Pool, wo die Fidschi-Jungs Musik machen und einen kriegerischen Tanz aufführen. Die Mädels sitzen, klatschen und singen. Anschließend zeigen auch sie, was sie tänzerisch draufhaben. Das allerdings hat weniger mit Krieg zu tun, sondern geht mehr in die Hulla-Hulla-Ecke. Zum Abschluss noch eine Polonaise mit allen Gästen um den Pool, offizielles Freuen und Klatschen, bevor die Hungrigen ins Restaurant stürmen. Klar, dass Bärbel da jetzt auch hinmöchte. Fütterung. Spitzenidee von mir, dass ich sie eben kurz bitte, mich fix zum Zimmer zu begleiten. »Ich will nur kurz unsere Sonnenbrillen und den Fotoapparat zurückbringen, geht ganz schnell«, lüg ich sie an. Was für ein Geniestreich von mir!

»Warum muss ich da mit?«

Ok, auf Gegenfragen bin ich nicht vorbereitet. »Ääääähhh … Damit du nicht alleine ins Restaurant musst?!« Langsam bekomme ich das Gefühl, sie glaubt mir kein Wort. Anstandshalber kommt sie aber mit. Ich fürchte, sie riecht den Braten. Im wahrsten Sinne. Denn wir nähern uns unserem Zimmer. Mein Puls steigt.

Vor unserer Zimmertür angekommen blicken wir direkt auf den Strand und sehen: nichts. Dunkelheit. Das Rauschen der Wellen. Einen Moment bin ich wie angewurzelt. Bis zu ihrem »Daaaa ist die Tür. Jetzt mach schon.« Verdutzt schließe ich auf, schmeiße Brillen und Fotoapparat aufs Bett, mache die Tür wieder zu. Meine Gedanken rattern – das kann doch alles nicht wahr sein! Wo ist unser Essen? Wir gehen wieder zurück Richtung Restaurant. Warum ist da nicht die Megaüberraschung aufgebaut? Was kann ich jetzt tun? Bärbel hat Hunger – sie hat's eilig. Ich eher nicht so. Zu meinem Glück läuft uns in diesem Moment Manager Jim in die Arme. Ich frage ihn: »Hey, Jim, wie ist denn die Lage so?« *Zwinker*, *zwinker*. Dabei gucke ich ihm beschwörend in die Augen.

Er lacht mal wieder, rückt seine Blume im Haar zurecht und freut sich des Lebens: »Heute war wieder ein großartiger Tag, und das traditionelle Abendessen ist ebenfalls ein richtiger Genuss. Habt ihr euch schon einen Tisch gesucht?« Er lächelt, als meinte er diese Frage ernst. Unsere Blicke treffen sich. Ich merke, dass er keinen blassen Schimmer hat, was wir gestern besprochen haben. Er hat es vergessen. Er hat *mich* vergessen. Und Bums-Bernd bestimmt auch.

Bärbel wundert sich mehr und mehr über mein komisches Verhalten. Zu Recht. Tja, jetzt bleibt mir nichts anderes mehr übrig. Ich frage Jim, an welchem Strandabschnitt er denn unser Candle-Light-Gedöns versteckt habe. Er guckt mich an, als ob ich ihm gerade seine Blume aus dem Haar geschlagen hätte.

»Was für ein Candle-Light-Dinner?«, fragt er sichtlich irritiert.

Sach ma, hat der 'nen Zwillings-Jim? »Na, das, worüber wir gestern gesprochen haben. Erinnerst du dich?«

Die Jahre ziehen ins Land. Dann, wie aus dem Nichts, trifft ihn der Paradies-Blitz. Jeeeeeetzt hat er's! Aschfahl ist er. Noch nie zuvor in seinem Leben hat er so lange Zeit nicht gelächelt.

»Oh mein Gott. Mr. Torsten, es tut mir sooo leid!« Er entschuldigt sich mehrfach eindringlich, als ob er gerade aus Versehen auf die Kronjuwelen der Queen gepinkelt hätte. »Ich spreche ganz schnell mit der Küche, ob das heute noch klappt. Sonst machen wir es morgen! Geht erst mal an die Strandbar, bestellt euch eine Flasche Wein. Aufs Haus.«

»Ähhhm.« Aber meinen Einwand bekommt Jim schon gar nicht mehr mit. Wie von einem Krebs gekniffen rast er in die Küche. Keine Chance mehr für mich, ihm mitzuteilen, dass wir morgen Abend gar nicht mehr hier sind. Tja, was nützt es? Ich schnapp mir Bärbel und setz mich mit ihr an die Bar, wir bestellen eine Flasche Weißwein. Den schrauben wir uns jetzt erst mal rein.

Bärbel grinst. Freut sich über die Überraschung, auch wenn es mit dem edlen Abendbrot womöglich nichts mehr wird. Aber die Geste zählt ja, nä!? Wir stoßen an, ich merke, dass Bärbel schon jetzt den Aufwand zu schätzen weiß, egal, was der Abend noch bringt. In diesem Moment passiert das, womit ich nicht mehr gerechnet hatte. Fünf, sechs Menschen mit Blumen im Haar huschen hastig an uns vorbei. Der eine trägt einen Tisch, andere haben Stühle und einen Sektkühler in der Hand. Geschirr klappert. Jim kommt zu uns an die Bar, hat sein entspanntes Lächeln wiedergefunden und signalisiert: Daumen hoch! »Es ist alles kein Problem, die Küche ackert auf Hochtouren – und sie wird es hinbekommen! Entschuldigung noch mal.« Wahnsinn! Wir kriegen also tatsächlich unser spezielles Abendprogramm serviert. Und zwar die komplette Rutsche und den Weißwein noch obendrauf. »Möchtest du auch ein Glas?«, frage ich Jim. Ganz professionell lehnt er ab. Schade. Wir hätten gerne mit ihm angestoßen.

Bärbel und ich entspannen noch ein bisschen an der Bar. Im Hintergrund säuseln sanfte Jazz-Töne aus den Lautsprechern, bis der Moment kommt: Ein Kellner mit weißem Tuch überm Unterarm holt uns stilvoll ab. »Mr. Torsten?« Er weist uns den Weg zum Strand. »Bitte hier entlang, big guy.« Jetzt geht's los. Wir haben aber auch echt Hunger!

Spoiler: Es wird kitschig. Die weiße Tischdecke bis zum Boden, in den Palmen hängen Leuchter, aus denen Kerzenschein flackert. Der Sektkühler ist ein Champagnerkühler – der Kellner-Fuzzi schenkt uns ein. Die Jazzmusik der Bar ist dem Rauschen der Wellen des Südpazifik gewichen. Barfuß sitzen wir uns gegenüber, leicht angeschwipst. Die Flasche Weißwein von der Bar ist noch nicht leer, wir saufen also gerade abwechselnd Schampus und Wein. Das Wasser auf unserem Tisch: reine Deko.

Eine Viertelstunde später wird serviert. Es gibt Fisch, Fischfilet, Muscheln, Scampis, Fisch, Kartoffeln, Fisch, Knoblauchbrot, Limetten, Fisch und – natürlich – den Lobster. Ein ganzer Hummer. Hammer! Ob noch etwas fehlen würde, fragt der Kellner. Ich schau mich kurz um: Sternenhimmel, Strand-Dinner, Schampus, Weißwein, südpazifisches Meeresrauschen, eine Hummerplatte, dazu Bärbel, die mir gegenüber schemenhaft im Kerzenlicht flackert. Jau, ein Fußball-Live-Spiel, ein kühles Bier und ein Schnitzel wären jetzt … »Genießen Sie Ihr Essen. Bis nachher.« War wohl eine rhetorische Frage, der Kellner verschwindet im Dunkel der Palmen.

Es schmeckt überwältigend gut! Eine paradiesische Gaumenfreude, die die Küche da mal eben gezaubert hat. Überflüssig zu erwähnen, dass wir alles verputzen, alles leer trinken. Noch lange nach dem Festmahl bleiben wir am Tisch sitzen, genießen die Atmosphäre, führen betrunken Gespräche. So teuer das Dinner auch war – das Erlebnis ist unbezahlbar. Sag ich doch. Und wenn wir nicht gestorben sind, dann erinnern wir uns noch heute! Ein kitschiger, klassischer Fidschi-Bilderbuch-Porno.

# Asien

## *Je lauter das Essen, desto besser*

*(Hongkong, China)*

Nach dem ordentlichen zwischenmenschlichen Rumms zwischen Bärbel und mir im Doubtful Sound in Neuseeland hat sich eine Menge getan. Im positiven Sinne, das haben Australien und Fidschi gezeigt. Der Gipfel unseres neuen Frohsinns war sicherlich das Candle-Light-Dinner am Fidschi-Strand. Davon können wir im Moment aber nur träumen. Also, von dem Abendessen, nicht von unserer neuen Zweisamkeit. Dat läuft.

Allerdings sind wir gerade auf dem Weg nach Hongkong. Asiatische Millionenmetropole folgt auf beschauliches Fidschi. Der härteste aller Kontraste. Damals, bei der Reiseplanung, war das alles nur graue Theorie. Jetzt, in der Praxis, ist das nicht ohne. Nach dem entspannten, entschleunigten Leben und Lümmeln auf Fidschi steigen wir jetzt aus dem A380. In Hongkong. Schon am Flughafen ist es anstrengend wimmelig und aufgeregt – wie soll das dann erst gleich in der Stadt sein, in der mehr als sieben Millionen Menschen leben? Das klingt nicht viel? Wenn man gerade auf Fidschi Urlaub gemacht hat, kommen einem die sieben Millionen wie siebentausend Trilliarden vor.

Es ist schon dunkel, als wir ins Taxi steigen. Spät am Abend sausen wir durch das Lichtermeer der Stadt, bestaunen die vorbeirauschenden Wolkenkratzer. Was für ein Gigantismus. Wir gaffen aus den Fenstern, bestaunen das Flair der Nacht Hongkongs. Was auffällt sind die unzähligen Autos. Eine Stunde dauert die Fahrt vom Flughafen zum Hostel. Eine Stunde im Automeer. Was fehlt im Straßenbild sind die Menschen. Anscheinend ist zu Fuß gehen hier verboten. Macht nichts, dafür sehen die angestrahlten Gebäude und Brücken atemberaubend aus. Ein bisschen stehe ich ja da drauf, im Dunkeln an einem unbekannten Ort anzukommen, der so wenig über sich verrät. Wie pulsiert das Leben hier? Was machen die Menschen, wie sehen die Straßen bei Tageslicht aus? Die Atmosphäre wird morgen eine andere sein. Finde ich spannend. Bärbel nicht. Die ist froh, wenn wir endlich im Hostel angekommen sind.

Unsere erste Unterkunft liegt in Causeway Bay. Wie wir die nächsten Tage rausfinden werden, eines der Epizentren von Hongkongs Hektik. Um dem zu entkommen werden wir später nach Kowloon ziehen. Eines der am dichtesten besiedelten Gebiete. Der Welt. Läuft bei uns.

Das chinesische Navi verrät, dass wir unser Ziel erreicht haben. Zumindest lässt uns der Taxifahrer, der kein Wort mit uns spricht, in einer gut beleuchteten und auch belebten Seitenstraße raus. Er zeigt emotionslos auf ein Gebäude und verschwindet sofort. Das wird dann hoffentlich unser Hostel sein. Bärbel und ich schnappen uns unsere Rucksäcke und suchen nach einem Schild mit dem Namen unserer Unterkunft: »Wang Fat Hostel«. Weil wir das nicht sofort finden, fragen wir Menschen, wovon hier zum Glück wieder welche rumlaufen. Nicht zu wenige. Kaum einer aber spricht Englisch. Weil die Stadt bis 1997 britische Kronkolonie war, hab ich gedacht, dass wir hier mit Englisch ein leichtes Spiel hätten. Falsch gedacht. Trotzdem finden wir unser Hostel irgendwann. Na, dann mal nichts wie rein in die gute Stube.

Bis zum Fahrstuhl verläuft alles reibungslos. Die drei Stufen meistern wir ohne Probleme. Dann aber öffnet sich ebenjener Aufzug. Sieht auf den ersten Blick so aus, als dürften da nur maximal zwei Menschen rein. Bisschen klein, das gute Dingen. Bärbel und ich quetschen uns mit unseren insgesamt vier Gepäckstücken in das Kabinchen, drücken den Knopf für die dritte Etage. Kurz bevor wir losfahren, schnellt noch eine fremde Hand zwischen die Türen. Eine etwa 135 Zentimeter große Chinesin – ich würde sie auf Ende fünfzig schätzen – zwängt sich noch mit rein. Sie grüßt freundlich, drückt die »1« und kuschelt sich an uns. Irgendwo in meiner unteren Magengegend spüre ich sie. Ich guck Bärbel an, die sich das Lachen nicht verkneifen kann. Nach fünf Sekunden Fahrt öffnen sich die Türen wieder, die Dame steigt aus. Sie hat einen kleinen Abdruck meiner Gürtelschnalle auf der Stirn. Lächelnd dreht sie sich noch mal um, sagt auf Englisch: »Du bist sehr groß.« Ich lächle freundlich zurück. Das war einer der seltenen emotionalen Gefühlsausbrüche, die wir hier von Einheimischen erleben werden.

Im dritten Stock stolpern auch wir aus dem Fahrstuhl, schleppen uns zur Rezeption. Tja, was soll ich sagen? Die Deckenhöhe ist niedrig, ich kann gerade so aufrecht stehen. Der Empfangsbereich ist klein, grenzt direkt an einen Aufenthaltsraum. Mehr ein Aufenthaltseckchen. Gleichzeitig wohl auch Frühstücksraum. In einer Ecke der Ecke ist noch eine Art Küche eingelassen. Ich sollte mich vorher entscheiden, aus welchen Schränken ich mein Geschirr brauche, und dementsprechend den »Raum« betreten. Denn Umdrehen darin ist mir nicht möglich. Zu fette Hüften. Für die Rezeption bin ich nicht zu dick, wir können ganz normal bei dem kleinen Mädchen einchecken. Immerhin: Hier spricht jeder Englisch. Das macht's leichter. Zu unserer Überraschung ist unser Zimmer gar nicht hier im Haus – sondern etwas weiter die Straße runter. Wir sind ja auch schon lange nicht mehr Fahrstuhl gefahren.

Eine sehr freundliche Asiatin wird uns persönlich den Weg zeigen, begleitet uns auch im Fahrstuhl. Die Menschen hier scheinen kein Problem mit Enge zu haben, mit Nähe zu Fremden schon gar nicht. Gewöhnen Bärbel und ich uns sicherlich auch noch dran. Draußen auf der Straße laufen wir ein paar Meter, dann erklärt uns der kleine Mensch, wie wir mit Hilfe eines Codes in unser Gebäude gelangen. Direkt hinter der Tür wacht rund um die Uhr ein Sicherheitsbeamter, der viele wichtige Monitore vor sich beobachtet. Oder auch nicht. Wieder ein Fahrstuhl. Wieder zu dritt. Dieses Mal immerhin der fünfte Stock. Die Chinesin zeigt uns unser Zimmer. Chen. Zimmerchen. Respekt, ist das klein. Ähnlich das Gemeinschaftsbad im Flur. »Es gibt jeden Morgen Frühstück im anderen Haus. Das ist direkt neben der Rezeption, von sechs bis neun Uhr«, meine ich verstanden zu haben. So oder so: Wenn es bei der Frühstücks-Rushhour in dem kleinen Eckchen um die Wurst geht, verzichte ich freiwillig aufs Essen. Die Dame verabschiedet sich und wünscht uns eine gute Nacht.

Da sind also Bärbel und ich im kleinsten Hostelzimmer der Welt, bepackt mit vier Rucksäcken, und die Tür steht noch auf. Ohne die nun folgende logistische Meisterleistung hätten wir diese Tür bis heute nicht schließen können. Die Rucksäcke, die nicht unter die beiden Einzelbetten passen, müssen auf ganz besondere Art und Weise gestapelt werden, damit wir da noch rankommen *und* die Tür schließt. So schlicht das Hotelzimmer auch ist: Ein Flachbildfernseher hängt an der Wand – und es laufen englischsprachige Serien. Genau das, was wir jetzt brauchen. Vom Bett aus *CSI Miami* glotzen – perfekt! Gut nur, dass die leicht zu kurzen Betten kein Holzbrett am Fußende haben. So kann ich mit meinen Unterschenkeln gleichzeitig auch noch die Tür von innen blockieren. Hervorragend.

Am nächsten Morgen steht der große Moment an: Wie begrüßt uns Hongkong im hellen Tageslicht? Ich springe freudig auf, stapfe auf Bärbels Bett, reiße die Vorhänge vor dem kleinen Fenster zur Seite und blicke gebannt nach draußen. Ehrlich, viel habe ich nicht erwartet. War schon klar, dass wir vom fünften Stock aus keinen Panoramablick über den Hafen haben. Aber das hier? Enttäuschend! Innenhof. Häuserfassaden. Direkt vor unserem Fenster: ein Gerüst. Aus Bambus. Was, aus Bambus? Tatsächlich. Laaaaangweilig.

Na ja, wenigstens ist Bärbel jetzt auch wach. Genervt guckt sie unter ihrer Decke hervor. »Warum is'n das so hell hier?«

»Komm, mach dich fertig, wir gehen raus. Der Blick hier aus dem Fenster ist müll, lass uns raus auf die Straße, Hongkong angucken«, fordere ich sie auf, aufzustehen.

»Was ist denn mit dir los? Vertauschte Rollen, oder was? Warum machst du denn jetzt schon wieder Programm?« Bärbel nörgelt zwar, aber sie steht langsam auf und macht sich fertig. Sie mag es eben, wenn ich mal ein bisschen Energie habe.

Jetzt genießen wir sogar die Fahrt mit dem Fahrstuhl, ganz ohne Gepäck und andere Hongkong-Hobbits. Das ändert sich draußen auf der Straße. Autos. Menschen. Hochhäuser. Kleine Menschen. Große Menschen. Obwohl: nee, große Menschen eigentlich nicht. Aber viele Menschen. Menschentrauben. Menschenmassen. Und Abgase. Aber das ist erst mal egal. Es ist der erste Eindruck, den Hongkong auf mich macht. Bei Tageslicht. Neue Stadt. Neues Abenteuer. Offensichtlich mitten in einem Einkaufsviertel. Gerade ist Rushhour. So früh morgens? Wie sich rausstellt ist hier so lange Rushhour, wie die Geschäfte geöffnet haben. Und unser Supermarkt ist 24/7 offen. Bärbel und ich stehen mitten in einem sich ständig bewegenden, wirren Wimmelbild. Es stimmt, was man so hört: Die Menschen sind klein, manche sogar im Vergleich zu Bärbel. Hat zur Folge: Geschäfte, Zimmer, Küchen, Restaurants, einfach alle Räume sind klein. Witzig, wie winzig! Dazu eng. Straßen wirken gedrungen, dafür sind sie aber zum Glück recht laut. Alles wirkt hektisch, zur Auflockerung sind die Menschen aber auch extrem verschlossen. Als Sahnehäubchen verstecken viele zusätzlich noch ihr halbes Gesicht hinter einem Mundschutz. Wie Michael Jackson damals. Ob sie damit sich oder die anderen schützen wollen ist mir egal. Es wirkt alles befremdlich auf mich. Hin und wieder kommt es vor, dass mir Menschen mit ihrem Kopf gegen den Ellbogen laufen. Muss ich mich dafür entschuldigen? Ja, hab ich mal gemacht. Die Reaktion? Gar keine. Weder auf die Kopfschmerzen noch auf meine Entschuldigung.

Hongkong hat doppelt so viele Wolkenkratzer wie New York – trotzdem sind Zimmer und Etagen für kleine, winzige Menschen konzipiert. Wir statten Ikea einen Besuch ab. Ist direkt ums Eck. Ja, hier in der Innenstadt gibt es ein Ikea-Restaurant. Mit Möbelladen. Ok, wir sind wegen der Fleischbällchen hier. Dazu Pommes, meinetwegen auch Kartoffelpüree und die Himbeersoße. Mir läuft bei dem Gedanken das Wasser im Mund zusammen. Dann *das*: Es gibt kein Restaurant, wie wir es in Deutschland kennen. So mit Stühlen zum Hinsetzen und Tischen zum Essen draufstellen. Nee, hier gibt's 'ne Schnellfuttertheke, zwei Stehtische neben dem Mülleimer und auf die Hand eine Fünferschachtel Köttbullar. Fertig. Aus. Nix Pommes. Keine Soße. Nicht mal »Salat alles?«

Und die Möbelausstellung? Bärbel und ich haben nur einmal kurz reingeguckt. Aber bei einer Deckenhöhe von aufgerundeten 2,20 Meter, von den dicken Rohren auf meiner Kopfhöhe mal ganz zu schweigen, ist das für mich kein Laden, in dem ich mich länger aufhalten möchte.

»Das verstehe ich«, sagt Bärbel. »Komm, wir gehen draußen ein bisschen spazieren und erkunden die Ecke hier.« Perfekt, nichts wie raus.

So richtig entspannt ist es draußen aber auch nicht. Spazieren gehen heißt nämlich Kampf gegen die Menschenmassen. Wie ein überdimensionales Ameisenvolk wimmeln sie durch die Straßen Hongkongs. Ich kann das sehen. Vogelperspektive. Weil ich anderthalb bis zwei Köpfe größer bin als die meisten hier. Die Welt von oben. Und was sehe ich? Kontrolliertes Chaos. Jeder ist auf sich bedacht, anonymisiert in der Masse. Es funktioniert. Die Menschen hier mögen das, mögen Enge, Nähe, Lautstärke. Ich bin ja eher Typ Fidschi. Sonne, Raum und Ruhe. Jetzt ein Candle-Light-Dinner am Strand, das wär's!

Vielleicht finden wir ja etwas Ruhe nebenan im Victoria Park. Einen Versuch ist es wert. Vielleicht aber auch nicht. Hier ist gerade eine Art Markt, der auf Kuscheltiere und Luftballons spezialisiert ist. Aha. Dass es rappelvoll ist, ist überflüssig zu erwähnen. Was auffällt ist, dass die kleinen Menschen hier viel Sport treiben. Dafür sprechen die Tartan-Bahn (eine Runde ist 624 Meter lang) zum Joggen (aber um Himmels willen nur in die vorgegebene Richtung!), eine große Rasenfläche, Tennisplätze, eine Schwimmhalle und überall kleine Gerüste und Anlagen, an denen Menschen Übungen machen. Wir entdecken zu unserer Überraschung eine ältere Dame, die sich mit Tai-Chi-Bewegungen fit hält. Oder irgend so ein anderes asiatisches Bewegungsdingens. Dabei führt sie bedacht ein riesiges Schwert. Jawohl. Hier im Park steht eine Ü90-Omi, die ein echtes Schwert dabeihat. Finden alle normal. Bärbel und ich sind Fan von der Omi. Großmutterartig! Überhaupt gibt's viele Weißhäupter hier, die, teilweise in Gruppen, manche alleine, so Tai-Chi-Zeugs machen. Sehr beeindruckend, wie sich Jung und Alt zusammen fit halten. Überraschend ist allerdings, dass die Menschen in Hongkong maximal nur zu viert auf einem Tennisplatz stehen. Obwohl da doch locker mindestens 53 Mann draufpassen.

So oder so ähnlich vergehen die nächsten Tage und Nächte. Viele kleine Menschen um uns herum, aber wir gewöhnen uns immer mehr an die Mentalität. Auch an das Bambusgerüst vor unserem Hostelfensterchen. Wir stellen fest, dass ganze Wolkenkratzer in Hongkong komplett in Bambus gehüllt sind. Ganz schön großes Grundvertrauen in das Holz. Ein anderes spektakuläres Highlight ist der Hot Pot. Typisches chinesisches Essen. Wir suchen uns ein empfohlenes Restaurant aus und lassen uns das Projekt mal genau erklären. Der Laden hat nichts von westlicher Gemütlichkeit, strahlt eher kühlen Charme aus. Es dauert einen Moment, bis der eine Kellner da ist, der auch Englisch spricht. In der Mitte des Tisches wird ein großer Topf auf eine heiße Platte gestellt. Darin ist die Grundsuppe (Bärbel und ich haben uns für Kartoffeln, Tomaten, Schwein mit Knochen, nicht scharf entschieden). Danach wird unser Tisch zugestellt mit Essen, welches wir separat von der Karte bestellt haben. Gemüse, Fisch, Fleisch, Muscheln, undefinierbares Zeug. Alles roh! Das Zeug gehört jetzt in den Hot Pot getunkt, die mittlerweile heiße, blubbernde Suppe in der Tischmitte. Chinesisches Fondue. Ganz stilecht bekommen wir sogar einen Eiskübel für unser Bier. Großartig. Wir sind im absoluten Hotspot der Hot Pots. Bärbel und mir schmeckt's, obwohl wir nicht zu hundert Prozent sicher sind, was wir da eigentlich alles essen. Egal.

»Noch eine Runde?«, fragt Bärbel.

»Ja klar!«

Es gibt sogar Hummer auf der Karte – was kostet die Welt, her damit! Kein Problem, sagt der Kellner. »Welchen denn?«

»Hä? Was meinen Sie mit ›Welchen denn‹?«

»Na, kommen Sie mit!« Wir gehen zum Schaufenster, in dem unzählige Hummer in den Aquarien ängstlich rumstrampeln. Ich soll auf einen zeigen, der werde für mich zubereitet. Ok, das kann ich nicht, ich nehm lieber noch 'ne Portion Porree. Ich will nicht auf das Viech zeigen, das mich noch anguckt, während ich es zum Tode verurteile. Der Kellner lacht, klopft mir auf die Schulter. »Ja, so ist das mit euch Europäern. Das bin ich gewohnt, ihr könnt das nicht so gut. Die meisten scheitern beim Aussuchen des Hummers. Aber bei dir hätte ich gedacht, dass du es packst. Du bist so groß.« Ok, Zusammenhang? Egal. Ich halte es für ein gutes Scheitern meinerseits.

Was die Hongkonger übrigens auch noch toll machen ist Dim Sum. Bärbel bucht uns eine spezielle Tour, bei der die ganze Gruppe von einer Einheimischen in ein Restaurant geführt wird, um dann das traditionelle Dim Sum aufgetischt zu bekommen. »Liebe Leute, bitte hier rein.« Unser Guide ist eine Dame Ende vierzig, würde ich tippen. Wir betreten das Restaurant. Hoppla, ich zucke erst mal leicht zusammen. Der Laden ist rappelvoll – und genauso laut. »Mischimaschilaschirumschibumm«, sagt unser Guide zu mir.

»Waaaaaaas?«, schreie ich sie an.

»Wir haben da drüben einen Tisch reserviert.« Das verstehe ich nur, weil ich mich zu ihr runterbeuge und sie mir laut ins Ohr bölkt. Leider geht das am Tisch so weiter. Damit wir uns untereinander hören, müssen wir schreien. Unsere Guide-Dame, deren Namen ich nicht verstanden habe, erklärt, dass es für ein gutes Restaurant in Hongkong spreche, wenn es nuschelnuschel.

»Waaaas?«, schreit fast die ganze Gruppe sie gleichzeitig an.

»Wenn es laut ist im Restaurant«, kreischt sie zurück. »Es ist nicht wichtig, wie voll der Laden ist, sondern wie groß der Lärmpegel ist, den er erzeugt.« Dieser Schuppen gehört eindeutig zu den Düsenjets unter den Restaurants. Wo ist das romantische Candle-Light-Dinner neben den Südseewellen, wenn man es braucht?

Dim Sum bedeutet so viel wie »was das Herz berührt«. Es sind chinesische Tapas. Tapas ist Spanisch für »Niemand wird satt«. Kleine Portionen von irgendwas. Wir bekommen die dafür typischen Bambuskörbchen vorgestellt, aus denen es dampft und gut riecht. Gedämpfte Gerichte, ein bisschen was Frittiertes. Jeder isst von allem ein bisschen. Zum Probieren. »Es geht nicht darum, satt zu werden, sondern möglichst viel zu kosten«, sagt unser Guide. Glaub ich, versteh ich aber nicht. Wer geht in ein Restaurant, um nicht satt zu werden? Aufgrund der Lautstärke bin ich mir nicht so sicher, was wir gegessen haben. Bärbel auch nicht, signalisieren ihre hochgezogenen Schultern. Fast alles schmeckt aber sehr lecker. Küche, das haben die richtig drauf in Hongkong.

Weit mehr als zwei Wochen sind wir in Hongkong, erleben sogar das Neujahrsfest mit. Feiern und kochen – die Menschen hier verstehen es, gut zu leben. Praktisch für sie, dass sie die Hektik völlig kaltlässt, dass sie es toll finden, wenn es laut ist. Hongkong ist das perfekte Paradies für Hektik-Resistente. Apropos Paradies – wann kommen wir eigentlich mal wieder nach Fidschi?

## *Die doppelte Hektikhölle*

*(Jakarta/Bali, Indonesien)*

Ist zwar nicht Fidschi, aber doch ein bisschen ähnlich. Zumindest, was die Bilder im Kopf betrifft. Bali. Soll ja auch ganz zauberhaft sein. Die ganzen Hochzeitsreisenden werden schon wissen, warum sie hierherkommen. Bärbel und ich haben also nach der ein klein bisschen hektischen Zeit in Hongkong und dem kurzen Abstecher nach Macau etwas Entspannung geplant. Auf Bali. Allerdings: Wir müssen einen Zwischenstopp in Jakarta machen, ein Direktflug von Hongkong nach Bali kommt für uns nicht in Frage. Finanziell. Wenn wir also schon nach Jakarta müssen, dann können wir auch zwei Nächte bleiben und uns die Stadt angucken. Dachten wir uns. Klingt nach einem schlauen Plan? Ist es aber nicht.

Das wird uns recht schnell klar. Etwa genau auf dem Weg vom Flieger zum Flughafenterminal. Schon da strahlte uns wieder irgendeine Hektik entgegen. Während Hongkong noch kontrollierter Stress war, gibt's in Jakarta das bislang größte Chaos, was ich je erlebt habe. Schuld daran ist vor allem das, das da bei den Indonesiern auf der Straße los ist. »Verkehr« kann man das nicht nennen. Gegen Jakartas Straßen ist der Kreisverkehr am Triumphbogen in Paris eine verkehrsberuhigte Zone. Das Gute ist: Taxifahren ist günstig. Das Schlechte: *Alle* Taxen der Welt sind hier unterwegs. Gleichzeitig. Dazu

Mopeds, Menschen, Tiere, Schlaglöcher, Müll. Alles auf der Straße. Beileid an alle, die sich hier fortbewegen müssen. Ein gemütlicher Spaziergang auf einem der Bürgersteige der Millionenstadt ist wie eine Klangschalenmeditation bei der Loveparade: unmöglich.

Jakarta erschlägt uns, nicht mal Bärbel schafft es, hier allzu viel Positives zu entdecken. Immerhin hat sie eine gute Idee: »Wie wäre es, wenn wir mal ins Kino gehen? Da haben wir dann wenigstens ein bisschen Ruhe von dem ganzen Lärm hier.« Sauber, machen wir. Film egal. Raus aus der Hektik. Zurücklehnen und durchatmen. Dachten wir.

Tatort Kinokassenschlange. Bärbel kümmert sich um die Tickets, ich stehe anteilnahmslos daneben. Von dem Gespräch zwischen Bärbel und dem Kinokarten-Knirps bekomme ich nichts mit. Auch wenn es Luftlinie anderthalb Meter von mir entfernt stattfindet. Film, Sprache, Länge – ist mir alles egal.

»... ok? *Ok?*«, raunzt mich Bärbel von der Seite an.

»Ja, klar.« Was war die Frage? Ich will doch nur meine Ruhe. »Und keine Sorge, Sie passen auch in den Stuhl, mein Herr. Kein Problem wegen Ihrer Größe«, sagt der Verkäufer-Fuzzi zu mir. Hatte ich ihn was gefragt? Hab ich gar nicht mitbekommen. Ich lächel abwesend so freundlich ich kann, Bärbel bezahlt, wir schlendern in den Kinosaal. Aha. Die Sessel sind keine Sessel, sondern so komische Sitzschalen. Sehen futuristisch aus. Wie in Sportwagen. Recht weit weg vom Nachbarn. Das Schöne aber ist: Auch recht weit weg von der Reihe vor uns. Vielleicht meinte das der Fuzzi von eben? Es ist schon mal vorgekommen, dass meine Kniescheiben direkten Körperkontakt mit den Rippen und der Wirbelsäule des Menschen in der Reihe vor mir hatten. Das ist aber eher die Ausnahme, viele Kinos haben genug Sitzreihenabstand. Ist ja schließlich kein Flugzeug. Aber die Beine ausstrecken können, so wie in diesem Kino in Jakarta, das habe ich auch noch nicht erlebt. Freut mich. Wir setzen uns.

Am Sitz vor mir entdecke ich etwas, das mich kurz stutzig macht. Was ist …? Ist das etwa …? Dann schnall ich es, erschrecke mich ein wenig – und will sofort Bärbel warnen. Zu spät! Denn es geht schon los. Wie aus dem Nichts.

Ein lautes Zischen im Saal, gefolgt von leichtem Ruckeln meines Sitzes. Als hätten sich irgendwelche Bremsen gelöst. Der Sitz vor mir – und somit alle Sitze im Kino, auch meiner – ist aufgebockt. Nicht fest im Boden verankert, sondern mit so komischen Federn versehen. An der Rückseite hat er ein paar Löcher, die in meine Richtung zeigen. Langsam wird mir alles klar.

Ich schaue nach links zu Bärbel. Die hat, wie auch immer, von alldem noch nichts mitbekommen und stopft seelenruhig Popcorn in sich rein. Ich will fragen, ob sie das Ruckeln bemerkt hat. Keine Chance! Der wilde Ritt geht ruckartig los, reißt als Erstes die Sitze nach vorne und sofort wieder zurück. Popcorn wirbelt wild durch die Luft. Bärbel stößt einen kleinen Schrei aus, wie ein paar andere Menschen auch hier im Kino. Sie guckt mich entsetzt an, verliert sofort Farbe und Popcorn aus ihrem Gesicht.

Der Vorhang geht auf, ein erster Kino-Trailer startet. »Was ist hier los?«, ruft Bärbel mir rüber.

»Keine Ahnung, du hast doch die Tickets gekauft und dich mit dem Typen unterhalten. Hat er nicht irgendwas gesagt?«

»Keine Ahnung, ich habe den nicht verstanden. Hab dich dann doch gefragt, ob es ok ist, dass die Tickets etwas teurer sind als sonst – du hast ja gesagt.«

Aso. Ich zuppel mein Ticket aus der Hosentasche. 4DX steht da drauf. Und auch der Filmname. Wir gucken nach der aktuellen Trailerparade also nachher *Chappie*. Gut zu wissen. »4DX ist dann wohl die Steigerung von 3D, also vierdimensionales Kino. Anscheinend rattern da die Stühle mit«, versuche ich Bärbel zu erklären.

»Hää? Was?« Unsere Sitze können ihr das offenbar besser begreifbar machen. Sie schleudern Bärbel erst nach links, dann rechts und schnell wieder nach links. Auf der Leinwand steigt eine Verfolgungsjagd – und uns will man das Gefühl geben, mittendrin zu sein. Die Szenen in dem Trailer und die Bewegungen der Sitze sind perfekt aufeinander abgestimmt.

»Aber warum …« Bärbels Versuch, mir irgendwas rüberzubölken, wird von Luftstößen aus dem Sitz vor uns und heftigen Stößen in die Nierengegend unterbrochen. Eine Schießerei gefolgt von einer Schlägerei. Aha. Wieder fallen Schüsse auf der Leinwand, wieder schießt ein Luftstoß an meinem Hals vorbei. Mein Sitz schleudert mich nach hinten, um mich im gleichen Moment nach rechts und wieder nach vorne zu schmeißen. Ich muss mich festhalten, fange aber auch an zu lachen. Dann wird mir schlagartig bewusst, was das bedeutet: Bärbel braucht ja auf jeder Autofahrt, auf jedem Schiff und eigentlich immer, wenn es ruckelig wird, entweder Reisetabletten oder reichlich Kotztüten. Jetzt hat sie weder den genialen Kaikoura-Cracker eingeworfen noch irgendeine Plastiktüte dabei. Einzig eine halb volle Popcorntüte hält sie in der Hand.

Das Kino rastet immer mehr aus – und ich meine nicht die Menschen darin. Scheinwerfer und Lautsprecher an den Wänden begleiten ein Gewitter, immer mehr Boxschläge bearbeiten meinen Rücken, neben Wind kommt jetzt auch noch Wasser aus den Düsen vor uns. Die Sitze spucken uns an. Bärbel kann auch nicht mehr, sie findet's lustig. Noch. Überall nasses, klebriges Popcorn auf ihrem Pulli und dem Sitz verteilt, die Tüte schon fast leer. Aschfahles Gesicht – aber sie gackert herzlich. Da wollen wir mal ein bisschen Ruhe vor der ganzen Hektik dieser Welt – dann das!

Anstrengend sind für Bärbel vor allem die Trailer. Da bebt der Sessel. Nach ein paar Minuten ist die Überraschungs-Gute-Laune aus Bärbels Gesicht gewichen. Offensichtlich konzentriert sie sich, damit ihr nicht übel wird. Ich allerdings kann nicht mehr, halte mir meinen Bauch vor Lachen. Mitleid? Keine Spur. Die Szene ist einfach zu lustig. Schließlich hat sich Bärbel auch selbst in diese Lage gebracht, ohne es zu wissen. Jetzt sitzt sie da neben mir, wird in ihrem Sitz nach vorne, hinten, rechts und links geschleudert. Schon wieder Verfolgungsjagd. Die sind bei 4DX besonders witzig. Für mich.

Weil sie das so aber nicht lange durchhalten wird, überlegen wir doch, ob wir abhauen und wieder in den Lärm Jakartas eintauchen sollen. Zum Glück ist der Film *Chappie* nicht mehr gespickt mit Spezialeffekten. Ein bisschen Ruckeln da, ein bisschen Luft hier, mal ein Donner. Völlig überflüssig. Bärbels Gesichtsfarbe kehrt zurück. Wir bleiben. Schönen Dank auch, dass man in dieser Stadt noch nicht mal in einem Kinosaal zur Ruhe kommt.

Die brauchen wir aber ganz dringend. Drei Tage

Jakarta sind vier zu viel. Gut, dass wir zeitnah nach Bali reisen. Baaaaali. Hach, das klingt doch schon entspannend. Stellt sich raus: Ist es aber nicht. Auch auf Bali gibt's kein Bula.

Ich jedenfalls hab mir die Insel anders vorgestellt. Nicht besser. Oder schlechter. Anders eben. Bali. Wenn man das so hört, fängt man an zu träumen. In Wirklichkeit sind das hauptsächlich Reisfelder und Tempel. Ja, es ist ein Paradies. Aber eben nicht das, was man sich so erträumt. Die Insel hat eine ganz eigene, besondere Strahlkraft. Weiße Sandstrände sind selten – Mopeds hingegen nicht.

Wir werden am Flughafen abgeholt, für die knapp fünfunddreißig Kilometer nach Ubud in unsere Unterkunft brauchen wir zwei Stunden. Und Nerven. Keine Ahnung, ob das hier Rechts- oder Linksverkehr ist. Chaos auf jeden Fall. Schon wieder so ein Verkehr. Bärbel und ich sitzen hinten im Auto unseres Chauffeurs und gucken uns an. »Das ist jetzt nicht deren Ernst«, sagt sie und nickt Richtung Fenster. Nach draußen. Wo uns rechts und links Mopeds überholen – und entgegenkommen. Zwei, drei Mal spüren wir, wie der Wagen irgendwo anditscht. Ob an einem Auto, Moped oder Fußgänger weiß niemand. Interessiert aber offenbar auch keinen. Bemerkenswert, wie seelenruhig unser Fahrer seine Karre durch die Milliarden Mopeds, Mofas, Motorräder und Autos steuert. Lärm, Hektik, Hupen, Abgase. Hier wollen wir uns also erholen. Volltreffer.

»Ich heiße Bimo. Herzlich willkommen auf Bali. Seid ihr zum ersten Mal hier?« Bimo aus Bali will reden. Na toll. Zum Glück übernimmt das Bärbel. So kann sie sich vom Verkehr ablenken. Ich starre einfach weiter aus dem Fenster, studiere das Chaos und lass die beiden quatschen. Kaum in Ubud angekommen, schnappen sich sehr kleine Menschen unsere großen Gepäckstücke. »Neee, lassen Sie ruhig, ich nehm gerne die beiden großen Rucksäcke«, biete ich an. Und ernte nur abweisende Handbewegungen. »Das machen wir schon, mein Herr. Das gehört zum Service dazu.« Freundlich tätschelt mir Bimo auf die Schulter. Überredet.

Parallel zu dem sehr schmalen Weg zur Unterkunft verläuft ein kakaofarbener Bach. Sehr appetitlich. Auf der anderen Seite ist eine hohe Mauer – kommen uns Fußgänger entgegen, wird's eng. Kommt uns ein Moped entgegen (warum überrascht mich das nicht mehr?), wird's logistisch spannend. Alles klappt irgendwie. »Wichtig ist, dass ihr abends eine Taschenlampe mitnehmt«, sagt Bimo. »Licht gibt's hier entlang des Weges nicht.« Jau. Das könnte sonst ärgerlich enden. Die Unterkunft ist schnuckelig geschmückt. Viele Pflanzen, Buddhafiguren und so'n Zeug. Das Zimmer ist keine Suite, aber ausreichend. Mein erster Blick geht wie immer zum Bett: kein Brett am Fußende. Entspanntes Schlafen also. Der Ausblick über ein riesiges Reisfeld ist authentisch. Erschöpft von der Fahrt lassen wir uns erst mal aufs Bett fallen und stellen fest: Es ist ruhig hier. Wie angenehm!

Lange braucht Bärbel aber nicht, bis es sie in den Füßen juckt. »Wollen wir los? Mal ein bisschen die Gegend erkunden?«

»Lass uns noch zehn Minuten ausruhen, dann geht's los«, schlage ich als Kompromiss vor. Sie nickt. Wir nicken kurz weg, wachen knapp eine Stunde später wieder auf.

»Das tat gut.« Der Satz kam von Bärbel, wohlgemerkt. »Jetzt aber los!« Der auch.

Wir streunen ein bisschen durch die Straßen – haben aber recht schnell die Schnauze voll vom Lärm. Überall Mopeds. Je lauter, desto geiler. Muss so sein. Alles andere macht keinen Sinn. Gehupt wird bei jeder Kurve, bei jedem entgegenkommenden Fahrzeug, bei jedem entgegenkommenden Menschen, weil ein anderer hupt, weil kein anderer hupt, weil man schon lange nicht mehr gehupt hat, weil man jemanden grüßen möchte. Oder beschimpfen. Oder weil kein Schaltjahr ist.

Ein faszinierendes Spektakel der etwas anderen Art bietet sich uns abends in einem kleinen Restaurant. An den Lampen hier draußen auf der Terrasse sitzen beachtliche Eidechsen. Ich glaub, das sind schon Warane. Auf jeden Fall sind sie nicht wirklich klein, und wir werden Zeugen, wie sie Käfer fressen, die so groß sind, dass sie in Deutschland an die Leine müssten. Nach dem ersten kleinen Schreck beruhigen wir uns wieder. Das gute Bali-Bier hilft dabei. Wo es allerdings nicht hilft ist beim Heimweg. Torkelnd und natürlich ohne Licht balancieren wir über den schmalen Weg mit dem braunen Flüsschen direkt daneben. Das ist so lange witzig, bis uns entweder ein Moped entgegenkommt oder ein Fuß in der Gülle landet. Trunkselig, trocken und sicher wieder zu Hause im »Nirwa Ubud Homestay« angekommen, treffen wir Bimo wieder – und lassen uns eine Tour aufschwatzen. »Dann lernt ihr Bali mal so richtig kennen.« Bärbel hat schon bezahlt, da hat er den Satz noch nicht ganz ausgesprochen. Mir soll's recht sein. Hier ist es ruhig, mehr möchte ich grad gar nicht. Beruhigt betrunken schlafe ich ein.

Am nächsten Morgen geht es gleich nach dem Frühstück los – Bali, zeig uns, was du kannst! Tatsächlich klappern wir spektakuläre Stationen ab. Wir füttern wilde

Affen, essen für wenig Geld gut zu Mittag, besuchen 97 Tempel, in denen wir zum Teil beide Sarongs, einen Wickelrock, tragen müssen – und entdecken einen Ort der etwas anderen Art. Nach mehreren Stunden Fahrt und geschätzten acht Kilometern Raumgewinn halten wir an, werden von zwei charmanten Jungs Mitte/Ende zwanzig abgeholt. Die zeigen uns ihren ganzen Stolz: Kaffee. Und zwei schnuckelige Tierchen. Die sehen aus wie zu groß gewordene schwarze Kätzchen. Mit doch recht spitzen Zähnen. Das seien Luwaks, erklärt man uns. Leider sitzen die gefangen in einem Käfig, was nicht artgerecht ist. »Die Luwaks essen gerne Kaffeebohnen, scheiden die dann unverdaut wieder aus. Anschließend werden die Bohnen gereinigt und von Hand zermahlen. Möchten Sie eine Tasse probieren?« 'tschuldigung, was?? Ich soll ausgeschissenen Kaffee trinken? Ok!

Umgerechnet 3,50 Euro kostet eine Pipette. Viel mehr ist in dem kleinen Tässchen nicht drin. Aber die Zubereitung ist beeindruckend. Vor der anmutigen Kulisse balischer Reisterrassen wird in einem goldenen Brühapparat das edle Zeug mit heißem Wasser aufgekocht. Was dann unten rauströpfelt ist der berühmte teuerste Kaffee der Welt: Luwak-Kaffee. Weil er eben von diesen Katzenviechern ausgeschissen und von Hand gemahlen wird.

»Und, wie schmeckt er dir?«, frage ich Bärbel.

»Krass intensiv. Starker Kaffee. Und dir?«

»Joaaa. Intensiv trifft es ganz gut«, pflichte ich ihr bei. Aber dass ich jetzt sage, ich kann nie mehr ohne? Nöö. Ist ein besonderer Tagebuchmoment, einmal den teuersten Kaffee der Welt live in den Wäldern Balis direkt neben zwei Luwaks getrunken zu haben. Mehr nicht. Natürlich kaufen wir auch gleich mehrere Tüten von dem Stoff. Für die lieben Daheimgebliebenen. Aber niemand der Beschenkten wird später irgendwas von einer Geschmacksexplosion berichten, einem Suchtverfall oder einer Spontanabreise nach Indonesien. Bloß weil der ausgeschissen ist, muss es also nicht gleich der beste Kaffee der Welt sein. Aber er ist ja dafür auch nicht berühmt – sondern nur für seinen Preis.

Noch ein absolutes Highlight gibt's am nächsten Morgen: unser Frühstück. Denn in der eher bescheidenen Unterkunft bekommen wir grünen Pfannkuchen. Der ist überragend! Mit Bananen, Äpfeln oder Ananas. *Das* ist eine Geschmacksexplosion. Wir gehen ganz stark davon aus, dass davon keine Zutat ausgeschissen ist.

Bali, Bangkok, Berlin. Tja, so gehen die kürzesten sieben Monate zu Ende, die ich je erlebt habe. Südamerika, Australien, Asien. Drei Kontinente, unzählige Abenteuer. Nicht immer einfach mit 205 Zentimetern Körpergröße und Schuhgröße 52. Einen Großteil der Weltreise durfte ich an der Seite von Bärbel verbringen. Auch nicht immer einfach. Und als Fazit, was hat mir die Tour gebracht? Zum einen habe ich das Alleinreisen entdeckt. Das ist gar nicht so schlimm, wie ich immer dachte. Auch das Wandern ist hip. Haie nicht gefährlich, Spinnen interessant. In Patagonien und Neuseeland gibt's die wohl schönste Natur der Welt. Viele neue Seiten habe ich entdeckt, an mir und Bärbel. Gezofft haben wir uns und immer wieder auch vertragen. Der britische Schriftsteller Graham Greene hat vollkommen recht, wenn er sagt: Niemand kommt von einer Reise so zurück, wie er weggefahren ist.

# DANKE!

An Marianne, ohne dich gäbe es dieses Buch nicht.

An Sari – siehe Marianne.

An Beatrice. Für die viele Starthilfe und die ganzen Tipps.

An Marco, Steph und Flaig – wisst ihr selbst.

An die ganze IGS. Sprudellio!

An Herrn Röhrs.

Natürlich an Stieno und Nathan.